AVEC CARTES ET DESSINS

De MM. Adolphe, Amédée VARIN

PARIS

H. CHAMPION, L.

15, QUAI MALAQUAIS

HISTOIRE

DE

CHARLY-SUR-MARNE

OUVRAGES DU Dr A. CORLIEU

La mort des rois de France, depuis François Ier jusqu'à la Révolution française. Etudes médicales et historiques. Paris, Germer-Baillière, 1873, 1vol. in-12 .

Géographie historique de la Brie Galeuse ou Galvése. Paris, H. Champion, 1873, br. in-8º avec carte.

Géographie du canton de Charly-sur-Marne, avec carte. Charly, chez C. Haquin, 1879, 1 vol. in-12, — 1 fr. 25.

L'ancienne Faculté de médecine de Paris, Paris, A. Delahaye et Lecrosnier, 1877, 1 vol. in-8º, fig.

La mort de Louis XVII, br. in-8º, 1877.

L'Hôpital des cliniques de la Faculté de médecine de Paris, br. in-8º, 1878.

La Faculté de médecine après juillet 1830, br. in-8º, 1878.

Le chef des travaux anatomiques de la Faculté de médecine de Paris, br. in-8º, 1878.

Le concours pour la chaire de clinique chirurgicale de Dupuytren, br. in-8º, 1879.

L'assassinat du duc de Berry, br. in-8º, 1879.

Jacques Mentel, docteur régent et professeur à la Faculté de médecine de Paris, br. in-8º, 1880.

Etude médicale sur la retraite des Dix Mille; br. in-8º, 1880.

De quelle maladie est mort le roi François Ier? br. in-8º, 1880.

Aide-mémoire de médecine, de chirurgie et d'accouchements, 1 vol. in-12, avec 420 fig., 3e édition, J.-B. Baillière, 1877.

Nouvelle médecine des familles, sous le pseudonyme de Saint-Vincent, 1 vol. in-12, 5e édition, 1879.

HISTOIRE

DE

CHARLY-SUR-MARNE

PAR

LE Dr A. CORLIEU

BIBLIOTHÉCAIRE ADJOINT DE LA FACULTÉ DE MÉDECINE DE PARIS

LAURÉAT DE L'ACADÉMIE DE MÉDECINE

CHEVALIER DES ORDRES DE LA LÉGION D'HONNEUR ET DE CHARLES III

MEMBRE DE LA SOCIÉTÉ HISTORIQUE DE CHATEAU-THIERRY, ETC.

AVEC CARTES ET DESSINS

de MM. Adolphe, Amédée VARIN et Henri PILLE

PARIS

H. CHAMPION, LIBRAIRE

15, QUAI MALAQUAIS, 15

—

1881

A LA MÉMOIRE

<table>
<tr><td align="center">DE MON PÈRE</td><td align="center">DE MA MÈRE</td></tr>
<tr><td align="center">A. CORLIEU</td><td align="center">V. VILCOQ</td></tr>
<tr><td align="center">NÉ A LAVAL (MAYENNE),</td><td align="center">NÉE A CHARLY-SUR-MARNE</td></tr>
<tr><td align="center">le 2. mai 1799.</td><td align="center">le 17 février 1798.</td></tr>
</table>

MARIÉS LE

21 juin 1821.
21 juin 1871.

<table>
<tr><td align="center">DÉCÉDÉ A CHARLY</td><td align="center">DÉCÉDÉE A CHARLY</td></tr>
<tr><td align="center">le 13 juin 1875.</td><td align="center">le 17 juillet 1874.</td></tr>
</table>

CHARLY

Vue générale, prise en haut de la montagne du Rez.

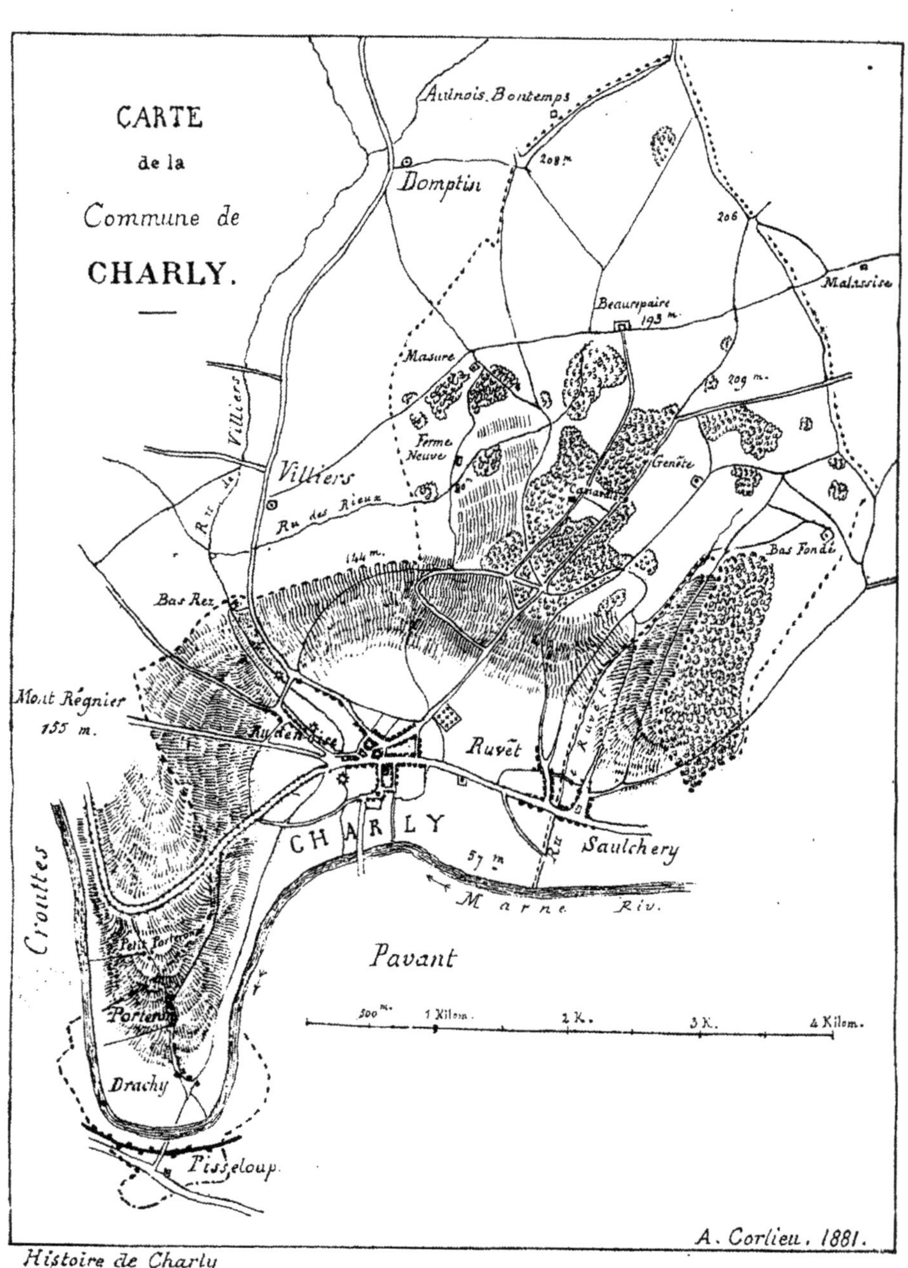

Histoire de Charly

PRÉFACE

Retracer l'histoire du pays qui nous a vus naître, qui a été témoin des premiers jeux de notre enfance et auquel nous lient nos plus chers souvenirs, est une tâche quelquefois ingrate, mais toujours pleine de charmes. Et quand le pays dont on recherche l'origine et le développement est un modeste bourg, qui n'a jamais fait parler de lui, ni en bien ni en mal ; quand pour se diriger dans ses investigations, on n'a aucun travail antérieur, la tâche est encore plus ardue : il faut une affection quasi filiale pour se mettre à la recherche de tout ce qui peut, de près ou de loin, toucher à l'œuvre qu'on entreprend.

C'est aux Archives nationales, — c'est à la Bibliothèque nationale, dans les Chartes et Diplômes qui nous ont été conservés ou transcrits par les Religieux, — c'est dans les histoires particulières des abbayes de Notre-Dame de Soissons et et de Saint-Jean-des-Vignes, — c'est dans les nombreux documents qui sont dans les Archives de l'Aisne, dans les Archives du Bailliage de Charly, dans les Archives de l'Hôtel-Dieu de Soissons, — c'est enfin dans les cahiers de la paroisse et dans les registres de l'état civil de Charly, que j'ai dû chercher tous les matériaux qui m'ont servi. J'ai consacré plus de quinze années à ces recherches. Quelque incomplète que soit cette histoire, elle renferme tous les documents que j'ai pu réunir sur Charly, depuis son origine jusqu'à l'époque actuelle. Pour donner toute garantie à ceux qui me liront, j'ai tenu essentiellement à préciser les sources où j'ai puisé.

Le dessin est indispensable pour mieux appeler l'attention sur certains objets près desquels on passe avec indifférence, parce qu'on les voit tous les jours, ou bien encore pour conserver le souvenir d'autres objets qui sont appelés à disparaître. J'ai eu la bonne fortune de rencontrer trois de nos compatriotes, dont le talent d'artiste est bien connu. MM. Adolphe, Amédée Varin et Henri Pille m'ont fourni des dessins avec un empressement et une complaisance que je suis heureux de signaler et dont je les remercie publiquement.

Un livre d'histoire locale est le livre du foyer et de la famille : il nous fait revivre avec nos ancêtres et devient, pour ainsi dire, le trait d'union entre le passé et l'avenir. Un tel ouvrage n'est pas appelé à sortir des limites restreintes du pays. Pour voir le jour, il lui faut l'encouragement sympathique de ceux qui aiment le sol où ils sont nés, eux ou leurs ancêtres, sur lequel ils vivent, ou qui les fait vivre. J'ai été sensible, je dois le dire, à l'empressement avec lequel mes compatriotes ont souscrit à cette histoire locale : je ne puis mieux les en remercier qu'en publiant leurs noms, qui vivront aussi longtemps que le livre lui-même, et qui montreront à leurs descendants que leurs pères aussi avaient l'amour du pays natal.

Paris, 26 mars 1881.

A. CORLIEU.

INTRODUCTION

Considérations géologiques sur Charly

Lorsqu'on jette les yeux sur la carte géographique du Dépôt de la Guerre ou sur le plan géologique du département de l'Aisne, dressé en 1845 par d'Archiac, et qu'on examine le cours sinueux de la Marne entre Château-Thierry et La Ferté-sous-Jouarre, on voit que cette rivière arrose une vallée que bordent de chaque côté des montagnes, dont la hauteur varie entre 97 et 212 mètres au-dessus du niveau de la mer. L'espace compris entre le pied de ces montagnes constituait, d'après les données géologiques, le lit primitif de la Marne, qui avait alors une largeur variant entre 2 et 6 kilomètres environ.

La Marne, appelée par les Romains *Materna* ou *Matrona*, entraîne, comme toutes les eaux courantes, des sables, du limon, des cailloux qu'elle dépose insensiblement sur ses bords et qui ont ainsi rétréci peu à peu son lit primitif.

Pour se former une idée de la composition du sol de Charly, qu'on considère la coupe qui a été faite vis-à-vis le pont de Nogent pour la construction de la chaussée, on verra que le sol est divisé en couches assez régulières. Tout le terrain qui constitue le sol de Charly est ainsi formé de couches superposées.

Le sol de Charly est constitué par des terrains appartenant à la période tertiaire, c'est-à-dire par des terrains supérieurs. Si l'on pratiquait une fouille profonde sur les montagnes qui bordent la Marne, on trouverait en allant de haut en bas, des couches plus ou moins épaisses, régulièrement superposées dans l'ordre suivant :

1° Alluvions ;

2° Meulières ;

3° Marnes vertes ;

4° Gypse ou pierres à plâtre ;

5° Calcaire lacustre ou d'eau douce, dit de Saint-Ouen;

6° Grès coquilliers, sables et grès de Beauchamps ;

7° Calcaire grossier;

8° Sables inférieurs du Soissonnais, argile, lignites, etc.

Quelques-unes de ces couches réclament une explication.

On appelle *alluvion* l'accumulation successive et lente de vase, de sable, de gravier, de débris organiques et autres, que les eaux ont entraînés avec elles. Les terres ainsi formées prennent le nom de *terres d'alluvion ;* ce sont les plus récents de tous les terrains. Toutefois la formation de ces terrains remonte à des temps très anciens et bien antérieurs à l'époque actuelle.

On distingue deux espèces d'alluvions : les *alluvions anciennes* et les *alluvions modernes*. Les alluvions anciennes sont constituées par des fragments de rochers, de sable, de cailloux si énormes qu'on ne peut expliquer leur présence que par suite d'un cataclysme violent ayant produit des érosions et qui, sous l'influence de puissants courants, aurait déposé des détritus roulés à des distances et à des hauteurs plus ou moins considérables. On trouve ces alluvions anciennes à Drachy et sur la côte de Saulchery. Toute la vallée de la Marne est formée d'alluvions modernes.

La couche de *meulières* est composée de pierres dures, servant à faire des pierres à moulin. Il en existe dans le bois du Mouton à Nogent.

La couche suivante est constituée par les *marnes vertes*, mélange de calcaire, d'argile et de sable, et dont on se sert pour fabriquer des briques, des tuiles, des poteries. On l'exploite près de la Ferroterie.

Au-dessous de cette couche, est la couche de *gypse* ou *pierre à plâtre*. On en trouve des carrières à Villaré, à Champruche.

La couche inférieure est constituée par du *calcaire d'eau douce* ou *lacustre*, dit calcaire de Saint-Ouen. Cette couche, très développée dans la Brie, contient des débris de poissons, d'oiseaux antédiluviens. Ces terrains paraissent s'être formés au fond des lacs d'eau douce.

La couche suivante est formée par des *grès coquilliers*, du sable, des grès dits de Beauchamps. Elle a quelquefois jusqu'à quarante mètres de profondeur. On se sert de ces grès pour le pavage. On y trouve des débris de mollusques, de coquilles, etc.

Au-dessous est la couche de *calcaire grossier*, constituée par des bancs énormes de pierre, qui sont exploités pour la construction. On y trouve des débris d'animaux, de végétaux, de mollusques.

Au-dessous encore sont les *sables*, dits du Soissonnais, les argiles, lignites, etc.

La présence des débris d'animaux dans ces différents terrains est une preuve incontestable des bouleversements qui ont eu lieu dans les temps antédiluviens.

Autrefois le plateau de la Brie formait une série de couches ou nappes parfaitement continues, qui ont été coupées par les érosions produites par les grands bouleversements de terre. C'est dans ce vaste sillon que s'est formée la vallée de la Marne.

L'étude géologique du territoire de Charly doit comprendre : 1° la vallée, 2° les coteaux, 3° les plateaux.

1° *La vallée*. Qu'on se figure ces terrains coupés à la suite d'un violent cataclysme, on comprendra que des deux côtés de la Marne et à la même altitude, les couches des terrains soient les mêmes. Le lit primitif de la Marne s'est retiré peu à peu, et les eaux ont laissé sur ses bords des terres mouvantes, qui constituent le sol de la plaine de Charly, et qu'on appelle *alluvions modernes*, par opposition aux alluvions anciennes qu'on constate au-dessus de Saulchery et à Drachy. Le remplissage de cette vallée est formée par des limons, du sable, des graviers qui vont en s'épaississant jusqu'au pied de la côte.

2° *Les coteaux* qui encaissent la Marne, présentent au point de vue de leur composition géologique une uniformité remarquable. Les couches qui les constituent, parfaitement horizontales, se retrouvent de part et d'autre de la rivière à une même altitude. C'est l'érosion qui les a interrompues. Toutes ces assises appartiennent aux différents horizons de terrains tertiaires inférieurs (éocène) et moyen (miocène).

3° *Les plateaux* sont constitués par un limon argileux et ferrugineux qui n'existe que sur les sommets extrêmes (180 à 218 mètres d'altitude), et qui est beaucoup plus développé sur les collines du sud que sur celles du nord. Au-dessus de ce limon argileux, on retrouve par ordre de superposition, les meulières, les marnes vertes, le gypse, etc.

Sous le rapport agronomique, la vallée, les coteaux et les plateaux donnent des produits différents.

La vallée est propre à la culture des céréales. Les sables et graviers actuels sont favorables à la culture maraîchère, aux prairies.

Les coteaux du système gypseux portent des vignes, quand l'exposition est favorable.

Le limon des plateaux est très propre à la culture des céréales ; quand il manque, quand le sol est trop argileux, — ce qui nécessite le drainage, — ou trop caillouteux, les plateaux ne supportent que des bois.

Les principales plantes qui croissent naturellement à Charly et qui constituent sa flore sont :

L'*adonis autumnalis* (adonide), de la famille des renonculacées ;

L'*atropa belladona* (belladone), de la famille des solanées ;

L'*ornithogalum minimum* (ornithogale), ou dame d'onze heures, de la famille des liliacées ;

La *rosa gallica* (rose de Provins), de la famille des rosacées ;

La *salvia sclara* (sauge), de la famille des labiées ;

Le *scirpus ovatus* (scirpe), de la famille des cypéracées;

La *tulipa sylvestris* (tulipe des bois), de la famille des liliacées ;

Le *papaver rheas* (pavot des champs), de la famille des papavéracées;

La *centaurea cyanus* (bleuet ou casse-lunettes), de la famille des composées.

Charly est situé à environ 600 mètres de la rive droite de la Marne, à 57 mètres au-dessus du niveau de la mer, à 48° 58′ 39″ de latitude Nord et à 0° 56′ 54″ de longitude Est.

CHAPITRE PREMIER

SOMMAIRE. — *Charly depuis son origine jusqu'en* 1154.

L'origine de Charly paraît fort ancienne. Cette localité faisait partie du domaine royal, portion du territoire qui était la propriété exclusive du roi et dont il pouvait donner l'usufruit à son gré. Aucune pièce authentique ne relate l'origine de Charly, comme on voit beaucoup de villages construits par décrets royaux sur le bord des rivières, sur la lisière des bois, ou bien dans les plaines, soit pour la défense du sol, soit pour la culture de la terre, soit pour les plaisirs de la chasse.

Charly doit probablement son nom à Charles, ainsi que l'indique le mot latin par lequel cette localité est désignée dans les chartes anciennes, *Carliacus* (858), *Carliaca villa* (1088), *Charliacus* (1110), *Charleium* (1147), *Challiacus* (1261). La présence fréquente de Charles Martel à Château-Thierry, où résida Thierry IV, après la défaite des Neustriens dans les environs de Soissons (719-720), ferait, avec quelque apparence de raison, supposer qu'il n'a pas été étranger à Charly, ce qui pourrait en quelque sorte expliquer le nom de *Carliaca villa*, métairie de Charles, à moins d'admettre que cette culture ou métairie, *villa*, ait emprunté sa dénomination *Carliaca* au nom de Charles II le Chauve, son donataire. Il serait difficile de rattacher l'origine de Charly au nom de Charlemagne (768-814) qui, résidant le plus souvent à Aix-la-Chapelle, n'a guère laissé de souvenirs dans nos contrées.

Quelques savants attribuent à Charly une origine beaucoup plus ancienne, d'après des monnaies qui, selon eux, auraient été frappées à Charly, et sur lesquelles on lit *Chariliaco* et *Cariliaco* (De Ponton d'Amécourt). Ils pensent que ces monnaies sont de l'époque mérovingienne, voient dans le nom *Cariliaco* une racine galloromaine d'où serait dérivée la forme *Carliacus*, et hésitent à reconnaître la racine *Karl*, *Carl*, ou *Charles* dans la formation du nom de Charly. De toutes ces hypothèses, la première nous semble la seule admissible.

La *villa Carliaca* ne devait pas être quelque chose de bien important : c'était, comme toutes les *villæ* du moyen âge, une espèce de métairie, consistant en huttes, cabanes ou grands bâtiments qui servaient à l'exploitation des terres et à la demeure des colons et des esclaves qui les cultivaient.

C'est en 858 que l'on trouve Charly pour la première fois dans les actes publics (1). Charles II le Chauve, après s'être partagé l'Empire avec Lothaire en 840, s'occupa beaucoup des questions religieuses, porta une grande partie de ses soins sur l'organisation des couvents et voulut mettre les religieux à l'abri des besoins matériels de la vie. Il publia en 858, en faveur de l'ab-

______

(1) Germain, *Histoire de l'abbaye royale de Notre-Dame de Soissons*, p. 429.

baye royale de Notre-Dame de Soissons, une charte par laquelle il désigne quelques villages qui étaient de son domaine, comme devant subvenir aux besoins des religieuses de cette maison. Charly était du nombre, et dans cette charte nous voyons cette localité, détachée du domaine royal, devenir propriété de l'abbaye de Notre-Dame de Soissons. Il y est dit, en effet, que quelques villages ou *villæ* enverront annuellement, intégralement, et sans aucune espèce de diminution, tout ce qui sera nécessaire au boire et au manger de ces servantes du Seigneur. Les noms de ces villages sont : Pargny, CHARLY, Courmelles, Morsain, Resson, Carizy, Nanteuil, Acy, Œuilly, Billy, Chavignon, Corcy, Trosly, etc.

Cette charte datée de Compiègne, où les grands vassaux étaient réunis en assemblée générale, était scellée d'un sceau d'or en placard. Au-dessus du sceau étaient la signature et le chiffre de Charles le Chauve et, autour, les noms des archevêques de Reims, Sens, Trèves, Rouen, Tours, de Rothade et de plusieurs évêques et abbés.

Charles le Chauve avait pris un intérêt tout particulier à l'abbaye de Notre-Dame de Soissons, dont une de ses filles fut abbesse et par conséquent Dame-Seigneur de Charly ; c'était Rothilde, qui entra au monastère lorsqu'elle fut devenue veuve, et qui mourut le 11 avril 925.

Charles Martel, après sa victoire, avait donné à ses compagnons d'armes quelques bénéfices ou terres appartenant aux ecclésiastiques. Cette habitude de récompenser ainsi des guerriers dura quelque temps, et lorsque Hugues Capet eut détrôné la race de Pépin, la confusion fut considérable ; chaque seigneur s'empara de ce qu'il put, absolument comme Hugues Capet s'était emparé de la dignité royale en 1076. Un certain Hugues, vassal de l'évêque de Soissons à Château-Thierry (*Hugo, miles de Castro-Theodorici*), fut du nombre des accapareurs. Il tenait en fief cinq autels (1) (*altaria*) appartenant à l'évêque de Soissons, savoir : Charly, Montlevon, Saint-Agnan, le Grand-Rozoy et Arthèze aujourd'hui appelé Saint-Bandry, et, de sa propre autorité, il s'était fait le protecteur séculier de ces autels, au détriment de Gaucher de la Ferté, qui l'était de droit. Menacé d'excommunication, Hugues n'osa pas conserver plus longtemps ce qu'il avait pris, et il s'empressa de remettre tous ces biens entre les mains de Thibauld de Pierrefonds, évêque de Soissons. Il ajouta à cette restitution d'autres biens qui lui appartenaient pour être donnés à l'église Saint-Jean-Baptiste-du-Mont et y fonder une abbaye d'hommes. L'évêque Thibauld aurait bien pu faire lui-même la fondation, mais il préféra « par modestie » laisser cet honneur à Hugues, à qui cependant il infligea une pénitence pour le punir de son larcin (2). Pour donner plus d'autorité à la charte de fondation de cette abbaye, qui prit le nom d'abbaye de Saint-Jean-des-Vignes, à cause des vignes nombreuses qui lui furent données, et afin de prévenir toute usurpation nouvelle, Thibauld de Pierrefonds et Hugues de Château-Thierry

(1) A cette époque on établissait une distinction un peu spécieuse entre les mots *église* et *autel*. Une cure s'appelait *église*, quant aux droits des laïcs, comprenant les oblations; et *autel*, quant aux droits spirituels. « L'autel était censé demeurer à la disposition de l'évêque, et l'*église*, avec le titre de *personnat* appartenait à tel seigneur et à ses hoirs. » Plus tard on confondit les mots autel et cure (Pécheur, *Annales eccl. du diocèse de Soissons*, t. II, p. 11.)

(2) De Louen, *Histoire de l'abbaye Saint-Jean-des-Vignes*, pp. 7, 273, 276. — Bibl. Nationale, *Chartes et Diplômes*, t. XXXI, fol. 178, 179, 180.

allèrent ensemble demander au roi Philippe Ier la confirmation de cette charte de fondation.

Douze ans plus tard, en 1088, Hugues tomba malade sans espoir. Toutes les précautions possibles avaient été prises pour assurer sa donation à l'abbaye, et Hilgot, cinquante-et-unième évêque de Soissons, avait de nouveau confirmé aux chanoines les vignobles de Saint-Jean et du village de Charly, *villæ Carliacæ*. Hugues, pour compléter sa pénitence et s'assurer le ciel, ajouta pour l'abbaye de Saint-Jean-des-Vignes plusieurs héritages, tant en vignes qu'en terres labourables, situés dans la paroisse de Charly, et ces donations furent de nouveau confirmées par Henri, successeur d'Hilgot à l'évêché de Soissons.

CHARTE D'HENRI

Evêque de Soissons, confirmant la seconde donation de Hugues

« HENRI, par la permission de Dieu, évêque de Soissons.

» Je veux qu'il soit connu de tous les ordres de la Sainte Religion que Hugues de Château-Thierry, fils de Jambert, homme lige de l'évêque de Soissons, retenait en bénéfice quelques biens ecclésiastiques et des dîmes. Comprenant l'injustice de sa conduite, il pensa que le repentir devait être égal au péché. Se dépouillant de tout ce qu'il tenait en sa possession, il pria l'évêque de ce siège d'attacher à l'abbaye de Saint-Jean des chanoines qui pussent combattre régulièrement pour Dieu, et se servir en même temps, pour leurs besoins corporels,

de ces biens ecclésiastiques dont il avait disposé précédemment et qu'il avait rendus à l'évêque Thibauld, ce
qui avait été confirmé par le sieur Thibauld, homme de
sainte mémoire. Mais lorsque la nature avait presque
mis fin aux jours de Hugues, afin qu'il ne lui restât plus
aucun scrupule, il donna pour l'entretien des chanoines
les vinages de Saint-Jean et du village qu'on appelle
Charly (*villæ quæ Charliaca nuncupatur*). Cette donation
fut pleinement approuvée et consentie par Hilgot, mon
prédécesseur, par Hugues d'Aucoulf..., et par les autres
héritiers. Moi-même, à la demande de notre frère Roger,
deuxième abbé de cette maison, j'accorde et j'approuve
cette donation. Et pour preuve, je la confirme par ces
lettres approuvées par l'archidiacre Fulcon...

» Fait l'an de l'Incarnation 1088, épacte et indic-
tion XVIII, sous le règne de Philippe, la dixième année
de l'épiscopat d'Henri... (1) »

En résumé, après avoir appartenu primitivement au
domaine royal, Charly est passé par donation, en tant
que propriété foncière, entre les mains de l'abbaye de
Notre-Dame de Soissons. Hugues, vassal de l'évêque de
Soissons à Château-Thierry, avait accaparé et conservé
une partie du pays où il avait déjà quelques propriétés,
et, par crainte de l'excommunication et de la damnation,
il rendit ce dont il s'était emparé illégalement, savoir :
l'autel et les vignobles de Charly, *altare et vinatica villæ
Carliacæ*, et il ajouta à sa restitution presque tout ce
qu'il possédait à Charly. Il donna ces biens à l'abbaye
de Saint-Jean-Baptiste-du-Mont à Soissons, qui prit dès
lors le nom de Saint-Jean-des-Vignes. Mais il y eut une

(1) Bibl. Nationale, *Chartres et Diplômes*, t. XXXI, fol. 170. Traduit
du latin.

condition à ce don, c'est que l'abbaye de Saint-Jean serait tenue de fournir des prieurs ou curés à Charly. L'abbé de Saint-Jean était ce qu'on appelait le *présentateur* à la cure, c'est-à-dire qu'il était chargé de présenter les curés ou prieurs, qui étaient tous chanoines et johannistes, c'est-à-dire de l'abbaye de Saint-Jean. Le dernier prieur-curé de Charly fut Paul Petit, de 1776 à 1793.

Pour prévenir de nouveaux embarras et pour régulariser la situation des religieuses de Notre-Dame de Soissons, on s'adressa au pape Eugène III qui était venu en France pour assister au concile de Reims, et qui signa, à Paris, à la date du 8 juin 1147, une bulle dans laquelle il fit le dénombrement des biens de l'abbaye, des églises qui lui appartenaient et il détermina l'exemption dont elle jouissait relativement à ses produits. Il ratifia tous ses privilèges et déclara que le monastère de Notre-Dame de Soissons relevait immédiatement du Saint-Siège. Dans cette bulle qui ne contient par moins de quatre pages, il fait l'énumération des biens qui dépendaient de l'abbaye et on y trouve Charly et ses dépendances, *Carliacum cum appendicis suis...*, la juridiction sur Charly..., des muids de vin, et un demi-muid d'avoine à Charly ainsi que d'autres produits (1).

Les seigneurs, vicomtes de La Ferté-Aucoulf, aujourd'hui La Ferté-sous-Jouarre, avaient aussi quelques droits sur Charly. Au nombre des abbesses de Notre-Dame de Soissons fut Mathilde I de 1116 à 1146 : elle était fille de Godefroid, vicomte de La Ferté-Aucoulf et d'Ermengarde, et sœur du vicomte Pierre, qui mourut à

(1) Germain, *Ouv. cit.* p. 439.

la fleur de l'âge. Godefroid et Ermengarde furent tellement frappés de cette mort qu'ils prirent tous deux l'habit religieux. Ermengarde entra à l'abbaye de Notre-Dame de Soissons, sous sa fille Mathilde I. Ils possédaient conjointement avec Hécelin et Matthieu de Lorraine un droit de juridiction sur Charly; ils en firent l'abandon à l'abbaye de Notre-Dame de Soissons. Pour confirmer cette donation, Henri Ier dit le Large ou le Libéral, comte de Troyes, publia la charte suivante en 1154.

CHARTE D'HENRI Ier, COMTE DE TROYES

« Comme il arrive souvent que les événements qui ne sont pas écrits puissent, ou par l'effet de la négligence ou par l'ignorance de la postérité ou par la suite du temps, s'échapper de la mémoire, moi, Henri, comte Palatin de Troyes, veux qu'il soit fixé dans la mémoire des gens présents et à venir que je donne à perpétuité à l'église de Notre-Dame de Soissons le bénéfice de la juridiction *viaturæ* (1) de Charly qui était de mon fief. Ce susdit bénéfice de juridiction avait été donné comme offrande par Godefroid, vicomte de La Ferté-Aucoulf, par Hécelin et Matthieu de Lorraine à la susdite abbaye de Notre-Dame de Soissons, du temps de l'abbesse Mathilde, fille du susdit vicomte Godefroid. Pour que cette donation soit durable et inaliénable, j'ai fait rédiger la présente charte et l'ai confirmée par l'apposition de mon sceau.

---

(1) Germain, *Ouv. cité*, traduit *viatura* par *voyrie*; c'est une erreur. Du Cange, dans son dictionnaire, donne une signification identique aux mots *viatura*, *viaria*, *advocatia* et il cite précisément la phrase latine de cette charte. Pour lui, *viatura* et *advocatia* signifient Droit de juridiction et non Droit de voirie.

» Les témoins furent : Girard de Chantemerle ; Matthieu de Lorraine ; Garnier, prévôt de Soissons ; Pierre, son fils ; Hugues, prévôt de Charly ; Odon, son fils.

» Fait l'an de l'Incarnation de Notre-Seigneur, 1154, sous le règne de Louis, roi de France, par le ministère de mon chancelier (1). »

(1) *Gallia Christiana*, t. IX, col. 444. — Arch. de l'Aisne, *Cartulaire de l'abbaye de Notre-Dame de Soissons*, fol. 256.

CHAPITRE II

SOMMAIRE. — *Charly depuis la fin du XIIe siècle jusqu'à la grande peste de 1347. — Acquisition de l'abbesse, Dame de Charly ; Droits, Dîmes, Cens, Rentes.*

Bien que l'abbesse de Notre-Dame de Soissons fût Dame seigneur de Charly, il était fort gênant pour elle de se voir entourée de petits propriétaires, avec lesquels elle pouvait être en contestation, quant aux droits, quant aux dîmes et aux rentes. Aussi voyons-nous les abbesses chercher à augmenter continuellement leurs domaines et à amortir les obligations et les droits qu'on avait sur elles. D'autres seigneurs avaient également des vassaux à Charly. Vers 1172, Henri Ier le Large ou le Libéral, comte de Champagne, comptait parmi ses vassaux de Charly *Odes de Charly*, qui lui devait trois mois de garde, c'est-à-dire qu'il devait monter la garde pendant trois mois chez son seigneur : « *Li fiez est lo bois de Charli et une mainée de homes à Chasteltierri* (1). »

(1) A. Longnon, *Livre des vassaux de Champagne*, p. 73, 78, *mainée* signifie *famille*. — Le fief donnait à celui qui le possédait un titre nobiliaire, titre attaché à la propriété elle-même. Il y avait des fiefs donnant à leurs possesseurs le titre de *Sieur*, de *Baron*, de *Comte*, etc. Le fief relevait du roi ou du seigneur d'un autre domaine, et était concédé sous condition de foi et hommage.

En 1199, Jean de Montmirail, seigneur de la Ferté-Gaucher et d'Oisy, homme fort riche et très estimé pour ses bonnes œuvres, avait, soit par lui-même, soit par ses alliances, des droits sur Charly, droits de *gruerie* surtout (1). Cette même année, après avoir traité, du consentement d'Helvide, sa femme et de leur fils Jean, avec deux habitants de Charly pour des terres qu'il donna à l'abbaye, il concéda à Pierre de Chavigny et à son frère Garnier trente-deux arpents de terre en gruerie à Charly.

Au mois de décembre 1202, Blanche, comtesse Palatine de Champagne, descendante de Henri qui, en 1154, avait abandonné à l'abbesse de Notre-Dame de Soissons sa juridiction sur Charly, fit un accommodement considérable de cinquante arpents de bois situés à Charly, qu'elle permit à l'abbesse de faire essarter ou défricher. (Archives de l'Aisne, Cartulaire de l'abbaye de Notre-Dame de Soissons, fᵒ 245.)

En octobre 1206, l'évêque de Soissons, Nivelon, confirma à l'abbaye la possession de *novales,* ou terres nouvellement défrichées dans les paroisses de Charly, Coupru et Chouy. (*Ibid.*)

En 1208, une transaction fut passée entre les Dames et Hugues, chevalier de Charly (*Hugo, Miles de Charly*), qui reconnut n'avoir aucun droit de vinage ni de forfai-

---

(1) J.-B. de Machaut, *Histoire de Jean de Montmirail*, p. 426. — La *Gruerie* était la juridiction qui, dans l'ancienne monarchie, connaissait en première instance de toutes les contestations au sujet des eaux et forêts de son ressort et des délits qui s'y commettaient. La Gruerie était aussi un droit perçu, par le roi ou par les seigneurs du lieu, sur la vente de bois faite en forêt.

ture (1) à Charly, et que ces droits appartenaient aux Dames. (*Ibid.*, f° 250.)

En juillet 1212, le même Jean de Montmirail, voulant faire cesser des différends qui s'étaient élevés entre l'abbesse de Notre-Dame de Soissons et sa famille, relativement à la gruerie du bois de Charly et de Coupru, publia une charte par laquelle il consentait à ce que cette gruerie fût partagée par moitié entre lui et les Dames, et qu'elles jouissent librement des terres qu'elles avaient fait défricher. (*Ibid.*, f° 251.)

En mai 1219, la communauté des Dames amenant inévitablement des contestations entre les décimateurs, une sentence arbitrale fut prononcée entre les Dames de l'Abbaye et les religieux de Saint-Jean-des-Vignes, à l'occasion de dîmes communes à Charly et à Chaudun. (*Ibid.*, f° 250.)

En février 1220, les dames de l'Abbaye de Notre-Dame de Soissons achètent de Jean, prévôt de Charly, un fief que Hugues et Jean de Charly tenaient de lui. (*Ibid.*, f° 253.)

En 1227, Jean II de Montmirail déclara qu'il donnait à l'abbaye toutes les acquisitions qu'il avait faites à Charly avant que son frère en devînt seigneur (3). La même année, au mois de mai, Mathieu de Montmirail céda aux Dames un droit d'amortissement qui lui pou-

---

(1) *Vinage*, droit perçu par les seigneurs sur le vin récolté dans leur seigneurie ou qui passait sur leurs terres. — *Forfaiture*, félonie du vassal envers son seigneur.

(2) Bibl. nationale, *Supplément à don Grenier*, manusc. n° 205.

(3) Germain, *Ouv, cité*, p. 173.

vait être dû pour les acquisitions faites par les Dames dans les dépendances de la juridiction de Charly qui lui appartenait, à la charge par lesdites Dames de payer l'amortissement pour ce qu'elles acquerraient à l'avenir. (*Ibid.*, f° 251.)

En 1230, au mois de mai, Mathieu de Montmirail, abandonna à l'abbaye de Soissons un droit de *four* (*de furno*), qu'il avait à Charly (1).

En novembre 1234, Jean, comte de Chartres, seigneur de Montmirail et d'Oisy, fit donation aux Dames de Soissons d'un droit de gruerie qui lui appartenait sur trente arpents de bois, dépendance de la Grange de Beaurepaire, dont elles étaient propriétaires. (*Ibid.*, f° 252.)

En juillet 1240, le prieur curé de Charly affecta aux Dames, du consentement de l'abbé et du couvent de Saint-Jean-des-Vignes, dont il était membre, deux muids de blé (environ 3,756 litres) d'hibernage de rente à prendre sur le moulin de Marne et douze deniers de cens sur la maison presbytérale. (*Ibid.*, f° 259.) Ce moulin de Marne est détruit de temps immémorial : l'emplacement porte le nom de *Maniquet*.

En 1242, 1243, 1244, 1245, 1246, Agnès de Chérizy, 26° abbesse de Notre-Dame, acquit plusieurs héritages à Charly, de Jean de la Ferté, chevalier (2).

____

(1) Machault, *Ouv. cité*, p. 246. — Le *droit de four* constituait pour les vassaux l'obligation de faire cuire leur pain au four banal du seigneur, sous peine d'amende.

(2) Germain, *Ouv. cité*, p. 188.

En mai 1246, Mathieu Dumoutier, seigneur d'Antin, vendit aux Dames de l'Abbaye quinze sous de cens qu'il avait à prendre sur la censive appartenant aux Dames : cette vente fut passée moyennant 14 livres. (*Ibid.*, f° 243.)

En décembre 1251, Jean de la Ferté, vendit aux Dames, moyennant 60 livres parisis (environ 134 francs de notre monnaie), tout ce qui lui appartenait dans la paroisse et le territoire de Charly, en rentes, terres, prés et autres héritages de droits. (*Ibid.*, f° 252.)

En 1259, 1260, Odeline de Drachy ou Trachy, 27° abbesse, fit des accords avec les curés de Charly, pour éviter des discussions avec les religieux de Saint-Jean-des-Vignes, coseigneurs avec elle. Elle augmenta ses domaines de l'abbaye en achetant des terres à Outin de Charly (1).

En 1261, le mardi après les Rameaux, une sentence arbitrale fut rendue entre les Dames d'une part, l'abbé et les religieux de Saint-Jean, d'autre part, tant pour ces derniers que pour le prieur curé de Charly, membre de leur ordre, au sujet des dîmes des paroisses de Charly et de Chaudun, appartenant par indivis aux Dames et aux curés ; cette sentence s'étendait à l'amortissement des acquisitions respectives faites dans la censive, dont elles demeurèrent respectivement déchargées jusqu'alors, à la charge que chacun payerait à l'avenir. (*Ibid.*, f° 257.)

En 1268, au mois d'octobre, Henry de Mez, chevalier, et sa femme Marguerite vendirent aux Dames dix-huit

(1) Germain, *Ouv. cité*, p. 194.

setiers d'avoine de rente qui leur étaient dus sur les moulins de Marne et de ville situés à Charly, et appartenant aux Dames. Cette vente fut faite moyennant 18 livres parisis. (*Ibid.*, f° 257.)

En 1269, le lundi avant les brandons (1), Jean, prévôt de Charly, vendit à Jean de Montdidier, chanoine de Noyon, deux arpents, deux perches et demie de terre labourable, située à Charly, et joignant aux terres de ces Dames, moyennant 32 livres parisis et 8 sous. (Arch. de l'Aisne, *ibid.*, f° 255.) Les Dames ayant été donataires de Jean de Montdidier, en 1276, ces terres devinrent leur propriété. A cette époque, Adam était maire de Charly. (*Olim.* I, f° 58, r°.)

En 1271, au mois de janvier, le même Jean de Charly vendit au même Jean de Montdidier, un muid de blé de rente, mesure de Gaudelu, qui lui était dû à lui prévôt, sur le moulin appartenant aux Dames, à Charly. Cette vente fut passée moyennant la somme de 32 livres parisis (Arch. de l'Aisne, *ibid.*, f° 270.)

En 1271, au mois de février, un différend s'était élevé entre les Dames de l'Abbaye de Soissons et le prieur curé de Charly, à l'occasion des *novales* ou terres nouvellement défrichées dans la paroisse de Charly. Ces contestations étaient inévitables entre décimateurs et des différends étaient déjà survenus en 1219 et 1261 pour des motifs analogues. A la suite d'un compromis entre les Dames et les religieux de Saint-Jean-des-

---

(1) L'usage des brandons consistait à allumer un feu de joie, le premier dimanche de Carême, à la porte des personnes mariées dans l'année. *Voir* Chapitre xiii.

Vignes, on prit pour arbitre Raoul de Vailly, archidiacre de Soissons, qui concilia les parties (*Ibid.*, fº 274.)

En 1273, au mois de mai, le même Jean, prévôt de Charly, vendit à Jean de Montdidier deux arpents de prés situés à Charly, qui étaient tenus en fief desdites Dames. Cette vente fut faite moyennant 24 livres parisis. (*Ibib.*, fº 256.)

En 1277, au mois de mars, Guillaume de Montraintru vendit au même Jean de Montdidier un muid de blé de rente, mesure de Gandelu, qu'il avait à prendre sur le moulin de Charly, appartenant aux Dames religieuses : cette vente fut faite moyennant 36 livres parisis. (*Ibid.*, fº 259.)

La même année, Pierre de Montrevest, écuyer, et sa femme Pétronille, firent don aux Dames d'un demi-muid de blé de rente qui leur était dû sur les moulins de Marne et de Ville. Ils abandonnèrent en même temps tous les droits qu'ils avaient sur les moulins. (*Ibid.*, fº 249.)

En 1279, Messire Jean de Montdidïer, chanoine de Noyon, fit un testament, par lequel il donna à l'abbesse de Notre-Dame de Soissons tout ce qu'il possédait à Charly, Bassevelle, Coupru, Acy et Billy et ce qu'il avait acheté en 1269, 1271, 1273. (*Ibid.*, fº 263.)

En 1280, Jean, prévôt de Charly, vendit aux religieuses de Notre-Dame de Soissons tous les droits qu'il avait sur les deux moulins de Charly et de Marne. En même temps, il vendit plus de trois quartiers de prés situés sur la rivière de Marne, lieudit la Germe. Cette double vente fut faite moyennant 89 livres parisis. — La même année, Pierre de Montrevest, écuyer, vendit aux Dames trois quartiers et une perche de prés à Charly, joignant de toutes parts aux prés desdites Dames : cette vente fut passée moyennant 30 livres. (*Ibid.*, f° 258.)

La même année, le même Hugues de Charly vendit aux dames 1 arpent 14 verges de terre en une pièce, au terroir de Charly, lieudit Pélard, moyennant 17 livres 2 sous. (*Ibid.* f° 261.)

En 1281, Jean de Charly vendit aux Dames plusieurs cens et rentes qui lui étaient dus à Charly, moyennant 6 livres. (*Ibid.* fol. 255.) — La même année, Guillaume de Caisy vendit aux Dames 9 setiers de blé et avoine de rentes qui lui étaient dus sur les moulins de Charly et de Marne et un quartaut et demi de vin rouge de rente qui lui était dû par le prévôt de Charly ; cette vente fut faite moyennant 20 livres parisis. (*Ibid.* f° 243.)

En 1290, au mois d'août, un nouveau différend s'était élevé entre les religieuses de Notre-Dame de Soissons et les religieux de Saint-Jean-des-Vignes, comme on l'avait déjà vu en 1219, en 1261, en 1271 ; il s'agissait de 50 arpents de terres labourables à Charly et de la dîme sur un lieu appelé Ru Verdenoise (aujourd'hui Rudenoise). Etienne, archidiacre de Soissons et Guillaume Cornu, chanoine de Paris, nommés comme arbitres, accordèrent les deux parties. (*Ibid.* f° 248.)

En 1292, le lundi après la fête de la Madeleine, un bail à rentes fut passé par les Dames à Colin Coliffais d'une maison située à Chauchery (aujourd'hui Saulchery), moyennant une livre de rente. (*Ibid.* f° 260.)

En 1310, au mois de février, une transaction fut passée entre les Dames d'une part et d'autre part Thomas Du Bois, chevalier et Marguerite sa femme, portant que le fief et la justice qui en dépendait et que Du Bois avait à Charly, s'étendait depuis le ruisseau étant au-dessous de la maison d'Echard Du Bois jusqu'à celle de Thomas Du Bois; et s'il arrivait quelques méfaits en d'autres lieux, la justice en appartiendrait aux officiers des Dames à Charly. (*Ibid.* f° 253.)

En 1316, Emmeline de Coucy fit de nouvelles acquisitions de bois près de Charly, et, le 21 novembre 1323, Oudard Du Bois vendit aux Dames 12 arpents de bois et savarts situés dans le terroir de Charly, lieudit le bois d'Escoucherel (1), joignant aux Dames et en leur mouvance, moyennant 40 livres 5 sous. (*Ibid.* f° 254.)

D'après ce qui précède, on peut voir que si l'abbesse de Notre-Dame de Soissons était Dame de la paroisse de Charly depuis la donation de Charles le Chauve en 858, cela n'empêchait pas un certain nombre d'habitants de posséder quelques propriétés et même quelques droits sur le terroir de Charly. On voit, en effet, en 1227, Mathieu de Montmirail céder aux Dames des droits d'amortissement pour des acquisitions faites par les Dames de sa juridiction de Charly; — en 1234, c'est Jean, comte de Chartres, seigneur de Montmirail qui leur céda un droit de gruerie sur le bois de Beaurepaire; — en 1240, c'est le curé de Charly qui leur abandonne une rente de blé qui lui était due sur le moulin de Marne; — en 1246,

(1) Il y avait un bois de ce nom dans la commune de Domptin. Ce bois est aujourd'hui détruit et on en ignore l'emplacement.

c'est Mathieu Dumoutier qui leur vend 15 sous de cens à prendre sur la censive ; — en 1251, c'est Jean de la Ferté qui leur vend tous les droits qu'il pouvait avoir sur Charly ; — en 1238, c'est Henry de Mez qui leur vend une rente de 18 setiers d'avoine qu'il avait à percevoir sur le moulin de Marne ; — en 1277, c'est Pierre de Montrevest qui leur abandonne une rente d'un demi-muid de blé qu'il avait à percevoir sur les moulins de Marne et de Ville ; — en 1280, c'est Jean de Charly qui leur vend tous les droits qu'il pouvait avoir sur les deux moulins ; — en 1281, c'est le même Jean qui leur vend plusieurs cens et rentes qu'il avait à Charly ; — en 1281, c'est Guillaume de Caisy qui leur vend une rente de 9 setiers de blé et avoine qui lui était due sur les moulins ; — en 1323, c'est Oudart Du Bois qui leur vend 12 arpents de bois et savarts au lieudit le bois d'Escoucherel.

L'évêque de Soissons avait aussi des revenus temporels à Charly. On trouve dans dans les Transcrits du Vermandois, à la date du 22 janvier 1373, la déclaration des fiefs et rentes qu'il avait à Charly, savoir : — une rente appelée la *Tarte* (?) de Charly payable en septembre et renouvelable trois à cinq fois l'an ; une autre à Rue Danoise (Rudenoise) qui doit être payée six fois l'an ; — 27 muids sur le vinage de Charly ; — la taille de Saint-André, 10 livres par an ; — au lieu appelé Rue Hardie, 4 tonneaux de vin rouge par an, payables à la Saint-Martin ; — 6 pichets de noix, etc., etc., etc. Les grands décimateurs de Charly étaient donc : 1° l'abbaye de Notre-Dame de Soissons, 2° l'abbaye de Saint-Jean-des-Vignes, 3° le prieur de Charly, 4° l'évêque de Soissons.

Pendant plusieurs siècles, les abbesses de Notre-Dame de Soissons ont cherché à agrandir leurs propriétés à Charly, afin d'échapper autant que possible à toutes les contestations inévitables entre possesseurs. Les principaux fiefs à Charly étaient :

1° Le fief de *La Bousselle ;*

2° Le fief de *Saint-Brisson ;*

3° Le fief du *Fort ;*

4° Le fief du *Martroy* ou *Martois ;*

5° Le fief de *Boisvilliers* ou *La Masure ;*

6° Le fief du *Mont Dorin ;*

7° Le fief de la *Porte Bacot* ou *Bas Col ;*

8° Le fief de *La Haye ;*

9° Le fief de *Saint-Pierre ;*

10° Le fief de *Montgrigny* ou *Mont Régnier,* appartenant aux religieux de Saint-Jean-des-Vignes et consistant en une maison et plusieurs terres d'un revenu annuel de 8 livres ;

11° Le fief d'Olivier *Du Bosc,* consistant en maison, terres, bois, cens et d'une valeur de 20 livres par an, duquel dépendaient deux autres fiefs, l'un de 10 livres, l'autre de 24 livres de revenu ;

12° Le fief de *Hutin Romeux,* consistant en une maison, terres labourables et bois, valant par an 8 livres de revenu. (Arch. de l'Aisne, *ibid.* f° 521.)

Avec les données précédentes, il est possible de connaître la valeur approximative du sol et de ses différents produits à Charly, aux XIII° et XIV° siècles.

En 1268 18 setiers d'avoine de rente

           valaient. . . . . . . 18 liv. parisis.

1269 2 arpents, 2 perches et demie. 32 — 8 sous.

1271 1 muid de blé de rente . . . 32 —

1273	2 arpents de pré.	24 liv. 2 sous.
1277	1 muid de blé de rente. . .	36 —
1280	1 — et 3 quartiers de pré.	89 —
—	3 quartiers et 1 perche de pré.	10 —
—	2 arpents de terre. . . .	30 —
—	1 arpent, 14 verges. . . .	17 —
1281	9 setiers de blé et avoine de rente et un quartaut et demi de vin rouge de rente.	20 liv.
1323	12 arpents de bois et savarts.	40 — 5 sous.

Il resterait à connaître la valeur de l'argent à cette époque comparée à celle de l'époque actuelle. Sous saint Louis, les monnaies en usage étaient la *livre* d'argent *parisis* et la *livre tournois*, le *sou*, le *denier* et l'*obole*. La *livre parisis* valait approximativement 22 fr. 45 c. de notre monnaie actuelle ; la *livre tournois* valait près de 18 fr.; le *sou parisis*, 1 fr. 15 c. ; le *sou tournois*, environ 0 fr. 90 c. ; le *denier parisis*, environ 0 fr. 10 c. ; le *denier tournois*, environ 7 centimes et demi ; l'*obole tournois* environ 4 cent. ; l'*obole parisis*, environ 5 cent. — Le système *parisis* était en usage à Paris et dans le nord de la France ; le système *tournois* était en usage à Tours et dans le Midi (1). La *livre parisis* fut supprimée en 1667 et la *livre tournois* resta.

Il y a dans le tableau ci-dessus une somme qui n'est pas en rapport avec les autres, c'est la dernière : il est en effet surprenant que les 12 arpents de bois et savarts ne vaillent que 40 livres 5 sous en 1323, quand 2 arpents de terre valent 30 livres en 1280. Le document ne

____

(1) *Historiens de France*, t. XXI, p, 79.

précise pas la quantité de bois et la quantité de savarts ;
ce qui peut faire supposer qu'il y avait peu de bois et
beaucoup de savarts.

Il y avait à Charly, outre l'abbesse de Notre-Dame de
Soissons, quelques seigneurs laïcs, vassaux des comtes
de Champagne. Comme ils n'ont joué aucun rôle im-
portant, nous nous contenterons de les indiquer. C'é-
taient, vers 1150, Odo ou Eudes de Charly, — vers 1154,
Angarin, — vers 1158, Ulgis, — vers 1172, Odo ou
Eudes, — vers 1190, Guy, chevalier (miles) de Charly ;
— vers 1208, Hugues, chevalier ; — vers 1220, Jean et
Etienne, — vers 1260, Outin, — vers 1266, Jean de la
Ferté, — en 1288, Hugues II, écuyer ; — en 1300, Thomas
Du Boys, seigneur ; — en 1306, Oudard Du Boys, son fils.

CHAPITRE III

SOMMAIRE. — *Charly est détaché de la prévôté de Pierrefonds et du bailliage de Senlis (1347). — Ordonnance de Philippe VI de Valois attachant Charly, Bassevelle et Coupru à la vicomté de Paris. — La fille du connétable de Saint-Pol à Charly. — Louis XII établit à Charly deux foires et un marché. — L'abbé Gargan, prieur de Charly, est nommé vicaire général. — Jeune fille de Charly brûlée vive comme vaudoise et sorcière (1556).*

En 1347 apparut une horrible peste, connue dans l'histoire sous le nom de *Peste de Florence* ou *Peste noire*. Elle ravagea la France et jeta partout la misère et le désespoir. Les fermes avaient été brûlées pendant les guerres avec les Anglais; elles furent abandonnées pendant la peste : il n'y avait partout que désolation et ruines. Elisabeth de Chatillon, trente-troisième abbesse de Notre-Dame de Soissons, chercha autant que possible à réparer ces désastres dans les domaines de l'abbaye. Quand le calme fut rétabli, elle fit restaurer presque toutes les fermes qui avaient été brûlées ou abandonnées et qui étaient dans un état déplorable. « Elle y mit des pressoirs tout neufs et rétablit les estangs de Beaurepaire et de Bacevel, qui'estoient ruinez (1). »

A cette époque la terre de Charly ainsi que celles de Bassevelle et de Coupru relevaient de la prévôté de Pierrefonds et du baillage de Senlis, et l'abbesse de Notre-Dame de Soissons avait dans les trois localités les droits de haute, moyenne et basse justice. Mais « après que la bonté divine eust arresté le cours de cette horrible peste, Elisabeth ayant reconnu que les officiers de la justice de Pierrefons, bien loin de terminer les procez qu'on estoit obligé de soutenir devant eux, anticipoient sans cesse sur les.droits de l'Abbaye ; Elle pria le Roy Philippe de Valois, son protecteur, de retirer les terres de Charly, Couperu et Bacevel de la jurisdiction de Pierrefons et de les soumettre à la vicomté de Paris, ce qu'elle obtint l'an 1347, moyennant la somme de deux cens livres. Le Roy lui accorda aussy des sauvegardes pour la garantie des insultes des seigneurs, ses voisins, qui, sous prétexte de guerre, maltraitroient les fermiers de l'Abbaye dont on ne pouvait rien tirer (2). »

Le 7 avril 1347, Philippe VI de Valois rendit l'ordonnance suivante qui attachait Charly, Bassevelle et Coupru à la vicomté de Paris, ce qui dura jusqu'à la Révolution française ; en effet en 1789, c'est à Paris que Charly adressa ses cahiers de plaintes et doléances du Tiers-Etat.

« PHILIPPE par la grace de Dieu Roys de France, sçavoir faisons à tous presens et à venir. Que comme sur ce

<hr>

(1) Germain, *Ouvrage cité*, p. 227.
(2) Germain, *Ouvrage cité*, p. 221.

que les Religieuses, Abbesses et couvent de Nostre Dame
de Soissons et les habitans des villes de Charly et Couperu et Baceveel nous ont humblement à grant instance
supplié que lesdites villes de Charly, Couperu et Baceveel avec leurs appartenans. esquelles lesdites Religieuses ont. Si comme elles dient. toute justice. haulte.
moyenne. et basse. et sont d'ancienneté du ressort et de
la souveraineté de la Prevosté de Pierrefons au bailliage
de Senlis. Nous veuillions les oster et exempter dudict
ressort et souveraineté et les mettre et translater au ressort et souveraineté de la Vicomté de Paris. meesme-
ment comme selon ce qu'elles dient ce soit et seroit
proufit à nous. à elles. aux habitans desdictes trois villes
et aultres villes voisines. Certaine information ait esté
faite sur ce et de nostre commandement pour le Bailly
de Meaulx ou son lieutenant. appelé à ce nostre procureur du lieu. et depuis aussi en ait esté faite une autre
sur ce que nos amez et feaulx conseillers Symon de
Coucy et Robert de Charny chevaliers et maistre
Pierre de Demeville appelés avec le bailly de Senlis. le
procureur du bailliage de Senlis et maistre Jehan Fourcy
nostre conseiller, et par icelles informations lesquelles
ont esté veües bien et diligemment par aulcuns de nostre
Conseil et de nostre Commandement. soit apparu clere-
ment et evidament que nous ne avons esdites trois villes
que la souveraineté de ressort. que ce seroit tres grant
proffit auxdictes Religieuses et aux habitans desdictes
trois villes et des aultres villes voisines et moult petit
domage et prejudice à Nous se icelles trois villes estoient
et sont estées du ressort et souveraineté de ladite Prevosté de Pierrefons et mises en ressort et souveraineté
de ladite Vicomté de Paris. Nous ce considéré. et parmi
deux cens livres tournois que nous pour ce faire et oc-

troyer avons eu et reçu desdites Religieuses. avons osté et ostons. exempté et exemptons icelles trois villes avec leursdictes appendances dudict ressort et souveraineté de ladicte Prevosté de Pierrefons. et les avons mises et translatées. mettons et translatons par ces presentes audict ressort et souveraineté de ladicte Vicomté de Paris. et avons ordenné. voulons et ordenons les habitans d'icelles et de leurs dictes appendances ressortissent et ressortiront dores en avant devant nostre Prevosté de Paris qui a present est et qui pour le temps sera en la forme et manière que yceulx et leurs devanciers ont ressorti jusques à ores en ladicte Prevosté et souveraineté de Pierrefons devant le Prevost de Pierrefons ou le bailly de Senlis ou et leurs predecesseurs jadis prevosts et baillis desdicts lieux et que ledict prevost de Paris qu'ils ont à present ait et aura la cour et cognoissance de toutes les causes qui en cas de ressort et souveraineté peuvent et pourront touchier lesdictes trois villes et leursdictes appartenances et les habitans d'icelles tant en demandant comme en defendant. Ainsi que lesdicts Baillifs de Senlis et prevost de Pierrefons et leurs dicts prédécesseurs l'ont et peu avoir jusques a ores desdictes villes et appartenances en ladicte prevosté de toutes les causes qui es dicts cas de ressort et souveraineté ont touchié et peuvent avoir touchié les dictes trois villes. leurs dictes appartenances et lesdicts habitans d'icelles. et ce considérées les choses dessusdictes. et à la supplication desdictes religieuses et habitans avons nous faict et ordenné de grace especiale et de nostre aultorité en plein pouvoir royal et de certaine science. Mandons au Bailly de Senlis et Prevost de Pierrefons et à tous les autres justiciers de nostre Royaume ou à leurs lieutenans presens et à venir. Que contre la

teneur et forme de nostre presente grace ils n'attemptent
ne ne facent chose aucune au prejudice d'icelle. desdictes Religieuses et des habitans en quelque manière
que ce soit. et que ce soit ferme et establi a tous jours
nous avons fait mettre nostre scel à ces presentes lettres.
Sauf en autres choses votre droit et l'aultruy en toutes.
Donnees à Paris l'an de grace mil trois cens quarante
et sept du mois d'avril.

» Sur le reply. par le Roy. a la relation de Messieurs
les abbés de Saint-Denys, de Marmostiers et de Corbie.
Signé j. de Cona. avec parafe (1). »

Malgré cette ordonnance royale le prévôt de Pierrefonds tenta d'intervenir encore dans la justice de Charly
et le 19 juillet 1348, Philippe de Valois donna des lettres
patentes par lesquelles il maintenait aux Dames leurs
droits de haute, moyenne et basse justice dans la seigneurie de Charly ; il défendit en même temps au prévôt
de Pierrefonds de connaître des appellations desdites
justices, l'appel devant être porté au Châtelet de Paris (2). Deux mois après, c'est-à-dire au mois de septembre 1348, le prévôt de Paris adressa des lettres de
jussion aux huissiers du Châtelet pour mettre à exécution les sentences et autres actes qui seraient passés
sous les sceaux de la justice des Dames à Charly, avec
défense au prévôt de Pierrefonds d'en connaître, conformément à l'Ordonnance du mois d'avril 1347 (3). Enfin en 1349 le prévôt de Paris adressa d'autres lettres

---

(1) Bibl. Nat., *Chartes et Diplômes*, t. CCXXI, f°˙ 65, 67. Copie
textuelle avec l'orthographe et la ponctuation.

(2) Arch. de l'Aisne, *Cart. de l'abbaye de Notre-Dame de Soissons*,
f° 249.

(3) *Ibid.* f° 244.

portant que, conformément à l'ordonnance du roi de 1347, les justices des seigneuries de Charly, Bassevelle, Coupru et Jagnes, appartenant aux Dames, ressortiraient par appel au Châtelet (1). En 1460, sous Charles VII toute justice fut de nouveau confirmée à l'abbaye de Notre-Dame de Soissons (2).

En 1475, Edouard IV, roi d'Angleterre et Charles le Téméraire voulaient à la fois attaquer Louis XI. Le connétable de Saint-Pol, Louis de Luxembourg, qui avait des sympathies anciennes pour l'Angleterre, s'efforça de se créer une souveraineté indépendante en trompant tour à tour Edouard IV, Louis XI et Charles le Téméraire. Quelques succès remportés sur les deux ennemis de la France lui avaient valu la confiance du roi, le titre de connétable, le comté de Guines, la seigneurie de Novion et la main de Louise de Savoie, sœur de la reine de France. Mais il avait eu l'imprudence d'écrire des lettres compromettantes aux trois rivaux, lettres qu'ils se communiquèrent et qui leur firent voir qu'on les trompait tous les trois. Le traité de Pecquigny amena cet échange de correspondances; ce fut l'arrêt de mort du connétable de Saint-Pol qui périt décapité en place de Grève le 19 décembre 1475. Il avait une fille, Marie de Luxembourg, qui était abbesse de Notre-Dame de Soissons et Dame de Charly. Bien que religieuse et étrangère à la politique, elle eut à souffrir des persécutions exercées contre sa famille. « Marguerite quoique dégagée du monde ne laissa pas d'être enveloppée dans le malheur de sa famille et ny sa profession religieuse, ny son

(1) *Ibid.* 268.
(2) Germain, *Ouvrage cité*, p. 234,

innocence ne la purent exempter de l'exil, qu'il luy fallut subir comme les autres. Quelques gens avides se sai-
sirent aussitôt des revenus du monastère et plusieurs
s'enrichirent des dépouilles de la maison et des épargnes
de cette illustre persécutée. A peine luy permit-on de
demeurer à Charly, qui est une dépendance de Notre-
Dame ; encore ne pouvait-elle jouir du revenu de cette
terre pour sa subsistance (1). »

En 1507, Louis XII fut sollicité par les Religieuses de
Notre-Dame de Soissons pour qu'il voulût bien établir à
Charly deux foires annuelles qui furent fixées, la première, le premier lundi après la Saint-Remy (1er octobre) ; la seconde, le mardi après les SS.-Innocents
(28 décembre). On y ajouta un marché le jeudi de chaque
semaine (2). Une nouvelle Ordonnance de Louis XV en
1756 modifia cette institution. La première foire est
tombée en désuétude ; la deuxième seule dure encore.

Le 25 octobre 1565 mourut Basin, abbé de Saint-
Jean-des-Vignes de Soissons. Avant de mourir, il avait
fait élire pour son successeur Du Pré ; mais ce choix
n'avait pas été agréé du roi. Charles de Bourbon, cardinal et archevêque de Rouen, fut nommé abbé commendataire (3). Sachant qu'on avait également songé à mettre
à la tête de l'abbaye le prieur curé de Charly, Gargan, il

(1) Germain, *Ouvrage cité*, p. 240.
(2) Melleville, *Dict. du départ. de l'Aisne,* 2e éd., t. I, p. 209.
(3) Pierre Basin fut le dernier abbé régulier de Saint-Jean-des-
Vignes : il était le 31e. Après lui il n'y eut plus que des abbés commen-
dataires, qui avaient tous les bénéfices de l'abbaye, mais n'étaient pas
tenus à la résidence, et n'étaient plus nommés à l'élection, selon la
volonté de Hugues de Château-Thierry, et selon la charte de Thibauld de Pierrefonds.

voulut l'en dédommager et le nomma son grand vicaire, avec pouvoir de disposer des bénéfices tant réguliers que séculiers de son abbaye, et de présenter au nom du supérieur aux charges et bourses du collège de Beauvais à Paris, aujourd'hui lycée Louis-le-Grand (1).

Après la conspiration d'Amboise, en 1560, Charles de Guise, cardinal de Lorraine et archevêque de Reims, fut mis à la tête des finances et des affaires religieuses. Il se montra très sévère à l'égard des calvinistes et aurait voulu établir l'inquisition en France ; mais le Parlement et le chancelier Lhospital s'y opposèrent. Cependant une jeune fille de Charly fut brûlée vive comme sorcière en 1566. Claude Haton, qui fut curé de Mériot près de Provins, publia des mémoires ou récits des événements qui se sont passés dans la Champagne et dans la Brie, de 1553 à 1582. On y lit : « Dans les villages de Champagne et de Brie..... la croyance se répand parmi les paysans, que pour honorer la Saincte Vierge, ilz doibvent s'abstenir de travailler aux champs le samedy depuis l'heure de midy et que le repos du samedy a été formellement ordonné par la Vierge dans diverses révélations et apparitions. Une jeune fille de Charly-sur-Marne prez d'Epernay se vante d'avoir receu ces confidences et donne des signes miraculeux de sa mission. Le cardinal de Lorraine la fait arrester et interroger : elle est bruslée vive comme vaudoise et sorcière. Claude Haton s'informe des gens agez s'il est vray que le repos du samedy ait été anciennement observé. Les presbtres et curez de la Brie tombent dans cette impiété ou la laissent propager.

(1) De Louën, *Histoire de l'abbaye de Saint-Jean-des-Vignes*, p. 129.

Claude Haton alors vicaire des Ormes et le vicaire de Donnemarie, sont les seuls qui s'efforcent de détourner le peuple par leurs exhortations (1). »

Les recherches pour connaître le nom de cette fille ont été infructueuses, car, de 1566 à 1569, les registres manquent à cause des troubles.

(1) Claude Haton, *Mém.* ou *récit des évén. de Champagne et de Brie*, de 1553 à 1582, 2 vol. in-4°. Ed. Bourquelot. t. I, p. 418. Il y a une erreur de géographie locale dans le livre de Claude Hator, qui place Charly près d'Epernay.

CHAPITRE IV

Dès la fin du quinzième siècle et au commencement du seizième, la population des campagnes fut un peu affranchie du servage, et commença à prendre part à la vie active. Sous le rapport judiciaire, la France était alors divisée en deux pays, pays de *droit écrit*, et pays de *droit coutumier*. Les pays de droit écrit étaient les provinces méridionales qui suivaient le droit romain ; les autres qui suivaient les coutumes locales constituaient les pays de droit coutumier. Mais les Coutumes variant selon les différentes contrées et les différentes provinces, il en résultait souvent des contestations.

Le projet de rédiger toutes les Coutumes en France, et de les publier, revisées et sanctionnées par l'autorité royale avait été conçu et annoncé par Charles VIII ;

mais ce fut Louis XII qui en commença l'exécution. De 1505 à 1515, année de sa mort, vingt Coutumes furent recueillies, parmi lesquelles celles de Paris en 1510. Mais la Coutume de Paris fut revisée et réformée en 1580, et comme Charly avait été attaché à la vicomté de Paris en 1347, cette localité envoya à Paris ses représentants qui avaient été nommés à l'élection.

Sous Henri III, le lundi 22 février 1580, fut rédigée en la grande salle de l'évêché de Paris, sous la présidence de Christophe de Thou, prévôt des marchands, la Coutume de la vicomté et prévôté de Paris, en présence de délégués du clergé, de la noblesse et du Tiers-État. On trouve dans le Coutumier général de France (1), que *les manans et habitans de Charly* y furent représentés par maîtres Charles Taupin et Martin Delahaye, députés par les habitants de Charly, au nom du Tiers-État. Toutefois, Simon Marion, au nom du procureur général de Monsieur (2), frère unique du roi, crut devoir faire une opposition relativement à quelques pays, parmi lesquels était Charly, si ces coutumes devaient nuire aux intérêts du frère du roi. Il a été passé outre.

Pendant les années 1593, 1594 etc., époque où la Ligue tenait nos contrées, les habitants de Charly avaient contracté des dettes pour l'acquit et le payement de leurs tailles (3). Le roi Henri IV, ordonna par un décret du 4 janvier 1600, un impôt local pour l'acquittement de cette dette. « Le Roy, en son conseil ordonne un « impôt de mille six escus sur les habitans de Charly en

(1) *Coutumier général de France*, t. III, p. 67.
(2) François, duc d'Alençon, mort à Château-Thierry, en 1584, sans avoir été marié.
(3) V. Chap. x.

« la présente année et la suivante pour estre employé
« en l'acquit des dettes par eux contractées pour l'acquit
« et payement de leurs tailles des années 1593, 1594.....
« et que à cette fin des lettres d'assiette leur seront expé-
« diées..... (1) »

La manière défectueuse de cultiver le sol, le mauvais
état des moyens de communication joints aux mauvaises récoltes, exposaient les habitants aux disettes. Il
fallait régler le prix des grains pour arrêter les spécula-
teurs. Les archives du bailliage de Charly, nous apprennent que le 14 septembre 1631, le bailli de Charly fit
une ordonnance pour fixer ainsi qu'il suit le prix du
pain :

Pain blanc du poids de 13 onces. . . . . . 2 sous;
Pain bourgeois du poids de 20 onces. . 2 sous.

Les mêmes archives nous indiquent le prix des grains
en novembre 1642 :

Beau blé. . . . . . . 50 sous le pichet ;
Moyen. . . . . 48 à 50 sous ;
Seigle . . . . 30 sous ;
Orge. . . . . 27 à 28 sous ;
Avoine. . . . . 13 sous.

Le 20 juin 1647 les prix baissèrent d'une façon assez
notable :

Beau blé. . . . . . . 40 sous le pichet ;
Moyen. . . . . 37 sous ;
Méteil. . . . . 27 sous ;
Orge. . . . . 18 sous.

(1) Archives nationales , *Sect. Administ.* Cote E 2, 4ᵉ arrêt.

On a vu précédemment que c'était l'abbaye de Saint-Jean-des-Vignes, qui fournissait les prieurs à la cure de Charly. C'était un droit reconnu par le Concordat de 1516 entre Francois Ier et le pape Léon X, par lequel ce dernier abandonnait au roi le pouvoir de nommer aux évêchés et aux bénéfices ecclésiastiques ; c'était ce qu'on appelait l'*Indult des rois*, qui existe encore aujourd'hui. Mais il y avait un autre indult, appelé *Indult du Parlement*, par lequel le chancelier de France, les présidents, conseillers, greffiers, etc., du Parlement avaient le droit de requérir un bénéfice pour eux-mêmes, s'ils étaient clercs ou pour un candidat présenté par eux.

« Depuis le Concordat, dit De Louën, l'abbaye de Saint-
« Jean-des-Vignes n'avait encore souffert aucune atteinte
« sur son ancienne possession de ne nommer aux béné-
« fices vacants que des chanoines profès de notre ab-
« baye ; cependant quelques indultaires ont voulu nous
« troubler dans cette jouissance..... Le premier est, qu'a-
« près la mort de M. Doujat (1), notre confrère, prieur
« curé de Charly, qui arriva le dernier novembre 1626,
« M. Robert de Conty, notre confrère, ayant été pourvu
« à la charge de Charly, frère Nicolas Mesgard, prêtre
« religieux profès du Mont-Saint-Martin, Ordre de Pré-
« montré, ayant l'indult de maistre Charles Prevost,
« conseiller en la Cour du Parlement de Paris, fit signi-
« fier son indult sur notre abbaye. L'affaire fut évoquée
« au Grand Conseil et il fut décidé par arrest de cette
« Cour que M. Robert de Conty seroit maintenu et gardé

---

(1) Son prédécesseur Jacques Dufresne, ancien prieur curé de Charly, chanoine de Saint-Jean-des-Vignes, fut élu grand prieur de la maison de Saint-Jean en plusieurs élections pendant quinze ans, et fut ensuite créé cardinal de Saint-Jacques. (De Louën, *Ouv. cité*, p. 15.)

« en la possession et jouissance de la cure de Charly,
« le 27 du mois de mars 1629. »

Les débuts de Robert de Conty à Charly ne furent pas
exempts de difficultés. Robert Huguet, prêtre et vicaire
de Charly supporta avec peine l'arrivée de son nouveau
prieur et ne ménagea pas les propos injurieux à son
égard. Menacé de prise de corps par Robert de Conty, il
déclara qu'il avait agi « comme mal advisé et sans
« subjet ny occasion quelconque ny que ledit sieur de
« Conty luy ayt meffait ny mesdit de quelque fasson que
« ce soit. Il auroit neanmoingts dit et proféré en parti-
« culier que en publicq plusieurs propos injurieux et
« scandaleux contre l'honneur, bonne vie, fame (répu-
« tation) et renommée dudit sieur de Conty..... qu'il
« tient et répute ledit sieur de Conty pour homme de
« bien et d'honneur et de bonne réputation, non notté
« desdictes injures mentionnées cy dessus, information
« de touttes lesquelles injures ledit Huguet se repent,
« prie ledit sieur de Conty de les oublier, n'entendant à
« l'advenir de récidive sous peine de punition corpo-
« relle. Fait en présence de Robert de Conty, [curé de
« Charly; de Du May, curé de Nogent-l'Artaud; de Ni-
« cole de Busigny, curé de Romeny; le 24 juil. 1629 (1). »

A Robert de Conty, succéda en 1636, à la cure de
Charly, Sébastien Lagnier, chanoine profès de Saint-
Jean-des-Vignes. Alors recommença une nouvelle lutte
d'indultaires. Frère André Pelon, prêtre religieux profès
de l'Ordre de Saint-Augustin, pourvu de l'indult que lui
avait accordé Jacques d'Islorin, conseiller au Parlement
de Paris, voulut troubler Lagnier dans la possession de
la cure. L'affaire fut encore plaidée au Grand Conseil, et,

______

(1) Archives du bailliage de Charly.

comme dans le cas précédent, l'arrêt fut rendu en faveur de Sébastien Lagnier.

Après une stérilité de seize ans, la reine Anne d'Autriche était devenue grosse. Elle accoucha à Saint-Germain le 5 septembre 1638, d'un fils, qui fut plus tard Louis XIV. Ce fut une fête pour toute la France; des réjouissances publiques furent ordonnées, *sous peine d'amende*. Injonction fut faite aux habitants de Charly « de « se trouver eux et leurs fils capables de porter les « armes le 8 septembre 1638, à cinq heures, avec armes, « devant la porte des sergents de garde, pour de là s'a- « cheminer au devant de la maison seigneuriale et rece- « voir l'ordre pour assister aux feux de joie qui seront « faits ledit jour à l'imitation des aultres villes voisines « pour la naissance du Dauphin, à peine pour les contre- « venans de dix livres d'amende. Injonction est faite « aux habitans de ne se livrer le jour à aulcun travail « manuel sous la même peine et d'assister à la proces- « sion géneralle qui sera faite à l'issue des Vespres et au « *Te Deum* qui sera chanté en l'Eglise, au retour de la « procession (1). »

Quoique Charly n'eût pas de milice, le port d'armes n'était pas interdit. On en fit parfois un mauvais usage, soit en détruisant les pigeons de l'abbesse, soit autrement. Et en effet, le 7 mars 1632, pendant la célébration de la messe, un coup de feu tiré d'une maison située en face de l'église vint blesser une petite fille de cinq ans. Procès-verbal du bailli et information furent dressés (2).

(1) Archives du bailliage de Charly.
(2) Archives du bailliage de Charly.

Il y avait à cette époque une fonderie en cuivre à Charly. Le terrier de Pavant nous apprend que, en 1650, Alexandre de Saint-Amand était fondeur en cuivre.

Quand, après la Fronde et à la suite d'intrigues, Mazarin dut quitter la Cour à Pontoise, pour se rendre à Metz où il avait été exilé, il passa par Charly et résolut d'y tenter le sort des armes. Il avait avec lui environ mille chevaux, un certain nombre de voitures et les gens de sa suite. Un gentilhomme qui l'accompagnait et l'aimait peu, connut le projet du cardinal et il en avertit par lettres Lardouin qui commandait quelques troupes des princes sous le comte de Tavannes, six ou sept cents chevaux ou environ.

Une première rencontre eut lieu entre Charly et Château-Thierry, « dans un petit bois qui cotoye la rivière « de Marne, appelé le bois de Morizet. » Mazarin eut cinquante-deux hommes mis hors de combat. Après ce premier échec, il voulut se retirer sur Château-Thierry, mais il en fut empêché par le neveu du maréchal d'Ausmont, qui l'engagea à tenter une nouvelle lutte. Le mercredi 21 août 1652, sur les deux ou trois heures après midi jusqu'à quatre heures, il y eut de légères escarmouches, puis une attaque vigoureuse. Vers cinq heures et demie, le parti Mazarin, voyant que celui des princes faisait front, lâcha pied. Mazarin perdit quarante-huit hommes et se laissa faire cinquante-six prisonniers : le reste s'enfuit à Château-Thierry : il perdit en outre six chariots de bagages et beaucoup de chevaux. Du côté des princes il y eut trente-quatre hommes tués ou blessés. « Le bois ou estoit les gens des princes est entre « Bonneille et Romegny, à la veuë de Nogen l'Arthaut « qui est de l'autre costé de la rivière de Marne, le susdit

« bois se nomme le bois de Morizet et les Mazarins ayant
« gagné le bois des Escolliers au dessus d'Essonne l'ab-
« baye, distant de Chasteautierry d'un quart de lieuë,
« ayant gagné le fauxbourg Saint-Martin et de Saint-
« Crépin de laditte ville, le gouverneur l'ayant receu
« dans le chasteau cy devant appartenant à M. de Saint-
« Paul, et ses trouppes ayant passé le pont de Chasteau-
« tierry, sont restez proche de Nelle, village proche le
« fauxbourg de Marne... (1) ».

Dans le commencement du dix-huitième siècle, une
épidémie terrible sévit en Europe ; c'était la peste, ca-
ractérisée par des frissons intenses, des vomissements
abondants, une douleur vive et constrictive à la région
du cœur, une forte fièvre presque toujours accompagnée
ou suivie de l'éruption de bubons ou de l'inflammation
des parotides. La marche de la maladie était très rapide, presque foudroyante ; elle tuait en un, deux ou
trois jours les individus qu'elle frappait. Cette épidémie
avait paru en 1627 en Lorraine, à Lyon et à Paris ;
en 1629, elle envahit la Lombardie ; en 1630, le midi de
la France ; de 1636 à 1665, elle se montra huit fois en
Angleterre, en Allemagne et dans le midi de l'Europe ;
en 1666, elle reparut à Londres où elle fit 97,000 victimes environ dans la ville même (2). La frayeur était
générale : le pape avait ordonné un jubilé universel pour
conjurer le fléau. A Charly, la crainte de la contagion
fut si grande, que les habitants prirent la résolution, à

(1) *La ruze mazarine descouverté depuis sa sortie de Pontoise jusques
aux approches de la ville de Chasteautierry, avec la deffaite de ses
trouppes, proche le bois de Morizet, distant d'une lieuë de Charli-sur-
Marne.* — Paris 1652, in-4°, pièce.

(2) Ozanam, *Maladies épidémiques*, t. I, p. 113.

l'exemple de plus de six cents autres paroisses, d'aller processionnellement à l'église de Saint-Médard-de-Soissons, où était la châsse des reliques de Saint-Sébastien (1). La procession partit de Charly le lundi 16 juillet 1657, à une heure du matin pour arriver à sept heures à Neuilly-Saint-Front, où la messe fut solennellement chantée par le vicaire de la paroisse de Charly qui conduisait la procession, l'abbé Pierre Lefranc, prêtre de Reims. La procession arriva le même jour à Soissons, où elle entra sur les sept ou huit heures du soir en très bel ordre, au nombre de plus de huit cents personnes. Le lendemain, après la messe célébrée à Saint-Sébastien, et après le autres stations faites à Saint-Gervais, à Saint-Jean-des-Vignes, à Notre-Dame, elle revint au gîte à Neuilly, sur les neuf heures du soir, et le lendemain mercredi 18, vers midi, elle fit sa rentrée à l'église de Charly (2).

Les reliques de Saint-Sébastien étaient en grande vénération dans le diocèse de Soissons et dans toute la Picardie depuis le neuvième siècle, par la confiance qu'elles inspiraient aux populations en cas de peste. Dans ces circonstances, dit dom Ducrocq, on partait en procession et l'on déposait des offrandes sur la châsse du Saint. La confrérie des chevaliers de l'Arc fut instituée à Soissons, pour veiller jour et nuit sur les saintes reliques. Dans les autres pays, où les archers n'avaient pas la garde des reliques, les membres de la confrérie s'exer-

(1) J'ignore quel fut le nombre des victimes à Charly, car les cahiers de la paroisse incomplètement tenus n'indiquent pour cette année que 29 décès. Les années où la mortalité a été la plus considérable pour les deux paroisses de Charly et Saulchery, sont les suivantes : en 1679, 130 décès; en 1681, 145 décès; en 1694, 191 décès; en 1703, 184 décès ; en 1709, 159 décès ; en 1832, année du premier choléra, il y eut à Charly 74 décès.

(2) Extrait des registres de la paroisse de Charly, année 1657.

çaient à des jours fixes, à tirer à l'arc : ils escortaient le clergé dans les grandes processions (1). Telle est l'origine de la compagnie des chevaliers de l'Arc de Charly, qui fut reconstituée le 5 mai 1781, et dont de La Loge de Saint-Brisson était le capitaine, quand éclata la Révolution de 1789.

C'est sans doute à cause de l'influence protectrice de ces reliques, qu'on chantait jadis à Charly, une prose en fort mauvais latin, le jour de Saint-Sébastien, à la messe des chevaliers de l'Arc le 20 janvier, prose dont les trois lignes suivantes étaient reprises après chaque strophe :

> O martyr Sebastiane,
> Audi pia precamina
> Familiæ christianæ.

(1) Charles, *Vie et histoire du culte de saint Sébastien*, Soissons, 1719, in-12.

CHAPITRE V

Sᴏᴍᴍᴀɪʀᴇ. — *L'Hôtel-Dieu de Charly. — Ses revenus. — Sa suppression. — Son rétablissement.*

Si, au douzième et au treizième siècle, la France chrétienne se couvrait d'églises, dans les siècles suivants, la charité des princes et des seigneurs éleva des maisons hospitalières à côté des temples religieux. Charly se trouvant sur une route très fréquentée, la route d'Allemagne, à mi-chemin de la Ferté-sous-Jouarre et de Château-Thierry, possédait, comme beaucoup de petites localités, un hôpital ou maladrerie, qu'il tenait de la munificence de l'abbaye de Notre-Dame-de-Soissons. A' cette époque les hôpitaux ne servaient pas seulement à recevoir des malades ; ils étaient encore, ainsi que l'indiquait leur nom, une sorte de maison hospitalière, d'hôtellerie, où l'on recevait les pauvres voyageurs à qui l'on offrait un gîte bien modeste, très souvent de la paille pour couche et quelques aliments grossiers. Ils n'y faisaient pas un long séjour, deux ou trois nuits tout au plus, et puis l'Hôtel-Dieu n'était pas riche : il consistait en une maison sur l'emplacement· de laquelle était l'étude des notaires Em. Coutelier, Vignon et Martin, et

en deux arpents, seize perches de terre. La rue a conservé le nom de *rue de l'Hôtel-Dieu,* dont par corruption
on a fait le nom de *rue des Gueux.*

L'administration hospitalière ne se faisait pas non
plus avec la régularité que nous trouvons aujourd'hui
dans ces maisons : il s'y pratiquait des malversations.
Des plaintes graves furent adressées au roi Louis XIII,
sur certains abus. Pour les prévenir, il ordonna le
6 août 1613, une enquête à ce sujet, et le 27 janvier 1614,
le grand Aumônier de France publia un règlement pour
que les administrateurs, commissaires, fermiers etc.,
des hôpitaux et maladreries fissent, par-devant notaire,
la déclaration des biens et revenus des hôpitaux ; il
exigea que dorénavant les administrateurs fournissent
caution. Quant aux administrateurs, leurs fonctions furent payées d'après un tarif qui était « le tiers des reve-
« nus desdits lieux, sans qu'il puisse excéder la somme
« de sept vingts livres tournois (140 livres) » (1), à quelque somme que s'élevât le revenu de l'hôpital ou maladrerie. Il exigea aussi qu'ils rendissent leurs comptes
tous les trois ans. C'est cet édit qui a donné lieu à la déclaration suivante de Louis-Jacques Marchand, administrateur de l'Hôtel-Dieu de Charly en 1614.

*Charly. — Hospital. — Généralité de Soissons. — Élection
de Soissons. — 14 novembre 1614.*

« Louis Jacques Marchand, demeurant à Charly, au
« nom et comme administrateur de l'Hostel Dieu dudit

(1) *Recueil des édits et déclarations concernant les hôpitaux et maladreries de France,* Paris, 1675, in-f°., p. 63.

« Charly, a dit, déclaré et affirmé ledit Hostel Dieu se
« consiste en une maison de logis de fond en comble
« couverte de tuiles et le jardin derrière, contenant huit
« perches ou environ, le lieu comme il se comporte, avec
« deux arpens seize perches, tant terres labourables,
« vignes et crochets, le tout affermé par an à la somme
« de trente deux livres tournois, et lesquels héritages
« ont été donnés par les Dames religieuses et abbesses
« de Nostre Dame de Soissons ; laquelle présente décla-
« ration ledit administrateur a dit être véritable et ainsi
« l'affirme par devant vous, messeigneurs les Conseil-
« lers, députés par le Roy, pour la liquidation des droits
« de tous fiefs et nouveaux acquets, comme il a été fait
« par devant le notaire et qu'à ma cognoissance avoir
« autres héritages que ceux cy-dessus déclarés, promet-
« tant que, au cas que on trouve d'autres en sa cognois-
« sance, de les dénoncer et mettre en nottes. Fait en pré-
« sence de Messire Peausson, praticien et dame Gene-
« viève Lesur, le quatorzième jour de novembre de l'an
« mil six cent quatorze (1). »

Les administrateurs des hôpitaux qui d'abord étaient
des religieux, et qui plus tard furent des laïques, n'étaient
nommés que temporairement. Sous François Ier et
Henri II, ils n'étaient nommés que pour trois ans, après
lesquels ils devaient rendre leurs comptes ; ils pouvaient
être réélus, comme on le verra pour Robert Bourniche,
qui a administré pendant trente ans l'Hôtel-Dieu de
Charly. Plus tard ils furent nommés pour six ans.

Le 12 novembre 1642, après la mort de Quentin Breton,
administrateur depuis 1632, et organiste de la paroisse,

(1) Archives nationales, cote P, 773, boîte 83.

Robert Bourniche, soldat estropié, demeurant ordinairement à Charly, avait été nommé administrateur de l'Hôtel-Dieu, par le cardinal de Lyon, alors grand Aumônier de France. Sa nomination avait été approuvée par lettres du roi Louis XIII, en date du 16 mars 1643, signées et enregistrées aux registres de la Chambre de la Réformation générale des hôpitaux et maladreries de France, le 24 du même mois. Il avait eu pour caution François Roger, conseiller du roi et secrétaire ordinaire du Cabinet.

Le 30 août 1657, les bâtiments menaçaient ruine et nécessitèrent des réparations urgentes. Au mois de décembre 1672, le roi réunit les maladreries et hôpitaux à l'ordre de Notre-Dame du Mont-Carmel-de-Saint-Lazare-de-Jérusalem, dont François-Michel Le Tellier, marquis de Louvois, fut nommé vicaire général, par Louis XIV, le 4 février 1673.

Le 8 juillet de la même année, après avoir rendu ses comptes, Robert Bourniche fut de nouveau nommé administrateur de l'Hôtel-Dieu de Charly.

Un acte fut dressé par lequel Bourniche reprit « à « titre de ferme et de loyer pour jouir pendant six ans, « à partir du premier janvier dernier, les droits, fruits et « revenus dudit Hostel Dieu de Charly ». Le bail fut fait « moyennant le prix de trente livres pour et par chacune « desdites six années, payable chaque année à Noël, aux « commandeurs et chevaliers de l'Ordre de Notre-Dame-« du-Mont-Carmel-de-Saint-Lazare, entre les mains de « Charles Collin, sieur de Vervilliers, commis à la re-« cepte des revenus dudit Ordre, en son bureau de l'hos-« tel d'Argenson, rue des poulies..... à la charge de faire

« célébrer l'office divin dans la chapelle de l'Hostel-Dieu,
« entretenir ladite chapelle et bastimens de toutes menuës
« réparations.....; plus, de faire labourer, cultiver et
« ensemencer lesdites terres et les fumer près et loin, .
« sans les dessoler ni les dessaisonner... (1) »

Robert Bourniche administrait paisiblement sa petite maladrerie de Charly, mais il n'en était pas de même de tous ses confrères.

Quand Louvois mourut, le 16 juillet 1691, Dangeau fut nommé à sa place grand Aumônier; mais bientôt des réclamations eurent lieu de tous côtés, et au mois de mars 1693, Louis XIV révoqua les Édits de 1672 et 1674. On résolut alors de supprimer un certain nombre de petites maladreries qui avaient peu d'importance, et de les réunir à celles des villes voisines qui avaient plus de ressources et plus de besoins. Charly se vit ainsi dépossédé de son hôpital; Champruche eut le même sort, et aujourd'hui nous pouvons nous demander quelle devait être l'importance de la maladrerie de Champruche, petit hameau de quatre ou cinq maisons dans la commune de Crouttes.

Le 21 janvier 1695, sur le rapport de Ribeyre, conseiller d'État, le roi décida la suppression des hôpitaux et maladreries de Chézy-en-Orxois, de Charly, de Champruche, de Blesmes et de Chierry, de Chézy-l'Abbaye, d'Etampes, de Nogentel, de Dormans, de Verneuil-sur-Marne, d'Aulnois et d'Essômes, de Crézancy, de Condé-en-Brie, de Montlevon, d'Essises et de Montfaucon, de

---

(1) Archives nationales, *Section adm.,* cote S. 4902.

Lhuys, de Cohan, d'Houssé, de Mont-Notre-Dame ; les revenus de ces hôpitaux ou maladreries furent tranférés à l'Hôtel-Dieu de Château-Thierry, qui n'avait alors que dix-huit lits (1).

Trois ans après, le 18 juin 1698, Louis XIV supprima définitivement l'Hôtel-Dieu de Charly, ainsi que les hôpitaux précédemment nommés, par l'ordonnance suivante :

« LOUIS, par la grâce de Dieu, etc.

« Notre bien-aimée la dame de la Bretonnière, prieure et administratrice de l'Hostel-Dieu de la ville de Chasteau-Thierry, diocèse de Soissons, nous a fait démontrer que, par nos édits et déclarations des mois de mars, avril et aoust 1693, nous aurions désuni de l'ordre de Nostre-Dame-de-Mont-Carmel et de Saint-Lazare les maladreries et léproseries qui y avaient été jointes par notre édit du mois de décembre 1632, déclarations et arrests rendus en conséquence et icelles réunies aux hospitaux et Hostel-Dieu desquels elles avaient été désunies, ce qui a donné lieu à l'arrest rendu en notre conseil le 21 janvier 1695 et 2 mars 1696, le premier portant union audit Hostel-Dieu de Chasteau-Thierry, des biens et revenus des maladreries de Chézy-en-Orxois, Charly, Champruche, Blesmes et Chéry (Chierry), Chézy-l'Abbaye, Estampes et Nogentel, Dormans, Verneuil-sur-Marne, Aunoy et Essommes, Crézancy, Condé-en-Brye, Montlevon, Essise et Montfaucon, Lhuis, Cohan, Houssé, et du Mont-Notre-Dame, et par le second édit, ordonné qu'il sera augmenté cinq lits audit Hostel-Dieu de Chas-

(1) Archives nationales, *Section judiciaire*, cote V. 6, 1165.

teau-Thierry, outre et par-dessus les dix-huit lits qui y sont actuellement, dans lesquels cinq lits il sera reçu par préférence à tous autres, un pauvre malade de la paroisse de Houssé, un de la paroisse de Mont-Notre-Dame, et un de la paroisse de Cohan, et qu'à cet effet toutes lettres nécessaires en seroient expédiées, lesquelles elle nous a très humblement fait supplier lui vouloir accorder ; à ces causes, après en avoir fait voir en notre conseil les susdits arrests du 21 janvier 1695 et 2 mars cy-attachés, sous le contrescel de notre chancellerie, et désirant que nosdits édits et déclarations des mois de mars, avril et aoust 1693 soient exécutés selon leur forme et teneur, nous avons joint, uni et incorporé, et par ces présentes signées de notre main, joignons, unissons et incorporons à l'Hostel-Dieu de la ville de Chasteau-Thierry les biens et revenus des maladreries de Chézy-en-Orxois, Charly, Champruche, Blesme et Chéry, Chézy-l'Abbaye, Estampes et Nogentel, Dormans, Verneuil-sur-Marne, Aunoy et Essommes, Crézancy, Condé-en-Brye, Montlevon, Essise et Montfaucon, Lhuis, Cohan, Houssé et du Mont-Notre-Dame, pour estre lesdits revenus employés à la nourriture et entretien des pauvres malades, dudit Hostel-Dieu, et en conséquence voulons qu'il soit augmenté cinq lits audit Hostel-Dieu, outre et par-dessus les dix-huit lits qui y sont actuellement, dans lesquels cinq lits il sera reçu, par préférence à tous autres, un pauvre malade de Chézy-l'Abbaye, un de la paroisse de Lhuis, un de la paroisse de Houssé, un de la paroisse du Mont-Notre-Dame, et un de la paroisse de Cohan, à la charge de satisfaire aux prières et services de fondation dont peuvent estre tenues toutes les maladreries et de recevoir les pauvres malades des lieux des ces situations à proportion des revenus desdites maladreries. A cet effet, ordonnons que les titres et papiers concernant lesdites maladreries, biens et revenus et dépendances qui peuvent estre en la possession de M. Jean Macé, cy-devant greffier de la Chambre royale aux Archives de l'ordre de Saint-Lazare, et entre les mains des commis et préposés par le sieur intendant commissaire par nous départi en la généralité de Soissons, mesme en celle des chevaliers dudit ordre, leurs agents, commis et fermiers et autres qui jouissoient desdits biens et revenus avant notre édit du mois de mars 1693, seront délivrez à ladite prieure et administratrice dudit Hostel-Dieu de Chasteau-Thierry, à ce faire les dépositaires contraints par toutes voies, ce faisant ils en demeureront bien et valablement déchargez. Ordonnons en mandement à nos amés et féaux les gens tenant notre Cour de Parlement à Paris, que ces présentes ils fassent enregistrer, et de leur contenu jouir et user ladite prieure et administratrice dudit Hostel-Dieu de Chasteau-Thierry, et celles qui luy succéderont..... *Car tel est notre plaisir*..... Donné à Marly, au mois de juin, l'an de grâce 1698, et de notre règne le 55ᵉ. Signé : LOUIS (1). »

Cette pièce a été enregistrée à la Chambre des Comptes le 6 août 1740.

Charly a donc été forcé, par cette ordonnance royale, de transférer à l'Hôtel-Dieu de Château-Thierry, tous les biens que possédait sa petite maladrerie ; en revanche le pays a droit à un lit à l'Hôtel-Dieu ; mais toutefois on

(1) Archives nationales. *Ordonnances de Louis XIV*, du 19 novembre 1697 au 20 septembre 1698, ZZZZ — X, 8681, feuillets 299 et suiv.

devra lui préférer les malades de Chézy-l'Abbaye, Lhuys, Houssé, Mont-Notre-Dame et Cohan.

Après une interruption de plus d'un siècle et demi, l'Hôtel-Dieu de Charly a été rétabli, grâce à la donation d'une personne charitable de Charly, mademoiselle Jeanne-Charlotte Leviel, qui a voulu terminer ses jours dans la maison qu'elle avait fondée de ses propres deniers. Cette maison hospitalière, destinée aux vieillards et aux infirmes, a été établie dans l'ancien presbytère de la paroisse, le 22 avril 1860. Elle est dirigée par les sœurs de Notre-Dame-de-Bon-Secours, sous le contrôle et la surveillance d'un Conseil d'administration de la localité, et elle admet des pensionnaires des deux sexes, temporaires et à vie.

CHAPITRE VI

Charly et Saulchery n'avaient jamais fait qu'une seule paroisse. En 1696, une épidémie sévit sur Saulchery et la mortalité pour cette localité s'éleva à 21 décès.

« A l'issue d'une éclipse de lune, qui s'est faite le 16ᵉ may dernier 1696, il est tombé un brouillard puant sur ce lieu de Saulchery. Tous ceux qui ont esté ledit jour et le lendemain fouir aux vignes, ont respiré (aïant le visage contre terre en travaillant) une odeur fade dont ils sont tombés malades à l'instant mesme, au nombre de cent personnes desquelles il en est mort en deux ou trois jours de temps vingt et un hommes tous jeunes. Ceux et celles qui n'avaient point travaillé aux vignes n'ont esté aucunement atteints de maladie, laquelle prenoit par un mal de teste et un commencement de vomissement, après quoy ils sentoient un feu qui les brûloit avec des envies de vomir.

« Ce qui auroit donné lieu aux officiers et aux habitants de Charly (pour empescher la communication et

que les morts soyent enterrez en l'église dudit Charly),
de poser quelques espèces de gardes aux portes, et d'a-
voir recours à M^r l'évesque de Soissons, pour avoir la permission de faire bénir par le sieur curé dudit Charly (1),
une terre proche ledit lieu de Saulchery, pour y faire
un cimetière, afin d'y enterrer les morts. Mais cela n'a
point esté exécuté, la maladie ayant esté connuë le
deuxiesme à troisiesme jour, pour n'estre que pourpre,
par des médecins et chirurgiens : et les 70 malades qui
restoient au pardessus des 21 décédez, ayant esté solli-
citez et secourus, ils ont esté entièrement guérys, sans
qu'il en soit mort aucun, et personne tel que ce soit
n'est mort ni n'est devenu malade depuis le 25 dudit
mois de may dans ce lieu de Saulchery, en sorte que
toutes choses sont à présent rétablies (2). » Il y eut un
décès le 15 mai, — deux le 17, — un le 18, — sept le 19,
— six le 20, — quatre le 21.

Saulchery, le Pont, qu'on appelait autrefois *Pont-à-
Nogent*, et Montoisel dépendaient de la paroisse de
Charly. Les moyens de communication à cette époque
étaient très mauvais, et grande est aujourd'hui la sur-
prise quand on entend dire que, pendant l'hiver, le chemin entre Charly et Ruvêt était presque impraticable,
que la route était défoncée et qu'il fallait plusieurs chevaux attelés à une charrette pour voiturer une seule
pièce de vin. Joignons à cela les débordements du ru de
Ruvêt, qui ne permettaient pas toujours de le traverser
impunément pendant les pluies d'hiver : ajoutons en-

---

(1) Le prieur curé de Charly était Jacques Bottier; les chirurgiens
étaient Antoine Hardré, Louis Rassicot et Antoine Delahaye.

(2) Lettre écrite par l'évèque de Soissous, Brulart de Sillery, le
9 juin 1696, à de Marlay ; voir *Écho de l'Aisne*, 7 juin 1873.

core que pendant cette saison, les communications entre
les deux pays se trouvaient forcément interrompues,
que les gens de Saulchery se plaignaient de ne pouvoir
aller à l'église, et que leurs malades ne pouvaient recevoir les derniers sacrements quand le ruisseau était dé-
bordé, etc. Toutes ces raisons ont été alléguées dans une
requête adressée le 28 mars 1718 à l'intendant de la généralité de Soissons, Béchameil, marquis de Nointel,
par les habitants de Saulchery pour obtenir l'autorisation de bâtir une église à leurs frais, par souscription volontaire et corvées, ce qui leur fut accordé par l'intermé-
diaire de l'évêque de Soissons, Languet, le 27 juin 1719.

C'est le 6 septembre 1719 qu'eurent lieu la pose de la
première pierre et la bénédiction d'une croix en bois
qui fut plantée à l'endroit où devait être le sanctuaire.

Sur cette pierre a été mise une plaque de cuivre,
gravée d'un côté aux armes de la maison de La Vieuville, et portant de l'autre ces mots : « *Louis, marquis de
La Vieuville, seigneur de Saulchery, le Pont et Montoizelle,
Nogent, Pavant et autres lieux a posé la première pierre de
cette église le 6ᵉ jour du mois de septembre* 1719. » Ce fut le
représentant du marquis de La Vieuville qui le remplaça à cette cérémonie, ainsi que le rapporte le procès-
verbal. La croix fut bénite par Antoine Copineau, curé
de Brasles, en présence du prieur curé de Charly,
Jacques Baudin (1).

(1) Voir, aux archives de la mairie de Saulchery, les pièces relatives
à la construction de l'église. Ces pièces ont été données à la commune
en 1860, par le capitaine Fr.-A. Boullenger qui en était le possesseur
et qui les tenait de son père, autrefois greffier de l'abbesse de Notre-
Dame de Soissons, à Charly. Voir surtout *Art. XXX*, p. 93.

Romeny était annexe de Charly et desservi par un vicaire de Charly.

En 1748, la paroisse de Charly se vit augmenter des hameaux de Drachy et Porteron, lors d'une tournée pastorale de l'évêque de Soissons, de Fitz-James, et Pisseloup fut attaché à la paroisse de Pavant (1).

(1) Voir chapitre xx.

CHAPITRE VII

La route d'Allemagne passait de temps immémorial par La Ferté-sous-Jouarre, Crouttes, Charly, Saulchery, Romeny, Chézy-l'Abbaye et Etampes, en remontant la rive gauche de la Marne depuis le bac de Romeny, où elle est encore pavée dans une longueur d'un kilomètre environ. Il n'y avait pas de communication bien établie ni bien directe entre Essômes et Charly, car les habitants et les moines de l'abbaye d'Essômes se plaignaient de ne pouvoir faire écouler facilement leurs vins sur la rive droite de la Marne. En 1673, le subdélégué Sutil et Prévost Le Gendarme obtinrent de l'intendant Méliand l'autorisation de faire faire le chemin d'Essômes à Charly.

Ce passage d'une route aussi importante donnait quelque vie à Charly, qui possédait beaucoup d'hôtelleries ou auberges, une poste aux chevaux et il avait nécessité la création d'un Hôtel-Dieu. On s'en fera facilement une idée en songeant à tous les passages des marchands, des troupes, de la cour, etc. Michel Montaigne, dans le voyage qu'il fit en Allemagne et en Italie en 1580, pour demander aux eaux minérales un soulagement à son affection calculeuse, rapporte qu'il passa par Charly (1).

Le passage de cette route avait quelquefois aussi l'inconvénient d'y occasionner le séjour de troupes dont la conduite laissait parfois beaucoup à désirer. Le 21 août 1615, les troupes de la reine mère entrèrent à Charly. Le 15 février 1634, de Méry, lieutenant d'une compagnie du régiment de Piémont au service de la France, enlevait de vive force les deniers de l'ustensile, en dépôt chez Jean Dubroue, receveur à Charly (2). — En 1655-1656, lors de la guerre entre la France et l'Espagne, séjour et passage de troupes. Le 1er mars 1656, on prescrivit à Charly une levée de 30 livres par jour, pour fourniture de nourriture et ustensiles aux gens de guerre. — Le 7 juin 1656, un arrêté fut pris pour défendre à la garnison de Charly la destruction des pigeons de l'abbesse. — Le 8 janvier 1658, par ordre de l'intendant de la généralité de Soissons, on imposa à Charly le logement d'un détachement de cavalerie, sous les ordres de de Protoy, commandant la compagnie du régiment étranger de de Saint-Marcel. Charly dut payer de dix en dix jours, dix sous par jour et par homme. Ces cavaliers y séjournèrent quelque temps,

(1) « De Meaux où nous disnames le matin, nous vinsmes coucher à Charly, sept lieues, le lendemain qui fust jeudi matin vinsmes disner à Dormans. »

(2) On appelait *ustensile* le droit pour les troupes de passage de prendre chez l'habitant, le lit, le pot, la place au feu et à la chandelle : l'ustensile était quelquefois fourni en argent.

car le premier mai de la même année, on dresse un
procès-verbal constatant des violences et des désordres
commis chez divers habitants par les cavaliers ce de
Saint-Marcel, avec assentiment de leur lieutenant qui
était logé à l'hôtel Saint-Martin. Les cavaliers étaient
entrés avec leurs chevaux dans la boutique du sieur
Deschamps et les avaient attachés aux armoires, fou-
lant aux pieds les pièces d'étoffes ; ils brisèrent les portes
et emportèrent les meubles et le vin (1).

La voirie n'était pas alors entretenue comme elle l'est
aujourd'hui, et on a vu dans le chapitre vi en quel déplorable état se trouvait le chemin de Ruvêt à Charly. Il
existe au ministère des travaux publics une note sur
l'état de la route d'Allemagne à cette époque. Nous en
extrayons ce qui concerne notre pays.

« Le chemin monte insensiblement depuis le village
« de Crouttes jusqu'à la croix A ; depuis laquelle jus-
« qu'au pont sur le ru de la fontaine Sainte-Croix,
« n° 4, en bon état, le chemin est assez bon, mais très
« roide : depuis ledit pont jusque vis-à-vis la Justice, le
« chemin est une ravine profonde, roide, remplie de
« gros quartiers de rochers que les eaux entraînent sou-
« vent et qui laissent des vides profonds où les voitures
« ne pourroient passer si les habitants n'avoient soin d'y
« remédier de temps en temps. Depuis la Justice jus-
« qu'à la croix de Moregni le chemin monte insensible-
« ment dans une terre forte. Depuis ladite croix jusqu'au
« bas de la montagne le chemin est roide, surtout vers
« la fin où il est une ravine remplie de quartiers de

(1) Archives du Bailliage de Charly.

« rochers et sujette aux mêmes inconvénients que la
« précédente. Du bas de cette montagne le chemin passe
« dans un bon sable, à la fin duquel il y a un pavé en
« bon état qui finit à l'entrée de Charly, sous lequel il y
« a deux arches ; la première, n° 5, auroit besoin de ré-
« paration ; la deuxième n° 6 est en bon état.

« La rue de Charly est fort mal pavée ou, pour mieux
« dire, ne l'est pas du tout, n'étant ferrée qu'en quel-
« ques endroits. Depuis Charly jusqu'à la Croix-Saint-
« Loup, où le chemin fait deux branches qui vont se
« réunir au bac de Romeny, la route passe dans la terre
« forte. Depuis ladite croix jusqu'au hameau de Ruvêt
« et au ru de Saulchery, en suivant le chemin haut, la
« route passe dans une terre de même qualité.

« Depuis le ru, où une arche serait nécessaire, jus-
« qu'à l'extrémité du village de Saulchery, le chemin
« quoique ferré n'est pas bon, à cause d'un petit ruis-
« seau qui coule dedans. De Saulchery au pont de No-
« gent le chemin est en partie ferré. Du pont de Nogent
« jusqu'à l'entrée de Romeny, le chemin passe dans
« une terre forte, d'où en temps de pluie on ne saurait se
« tirer. Depuis l'entrée du village de Romeny jusqu'au
« bac dudit lieu, le chemin est ferré en partie et le reste
« est bien pavé... A la sortie du bac de Romeny on trouve
« un bon pavé de grès sur le bord de la Marne de
« 590 toises... »

Dans la visite des forêts appartenant à l'abbaye de Notre-
Dame de Soissons, le 21 juin 1780, on constata qu'il y
avait dix marronniers formant une bordure du jeu d'arc
sur le chemin de Charly à Saulchery, âgés de plus de
cinquante ans, de la valeur de trois livres dix sous pièce.

Ces arbres étaient réclamés par les chevaliers de l'arc de Charly qui prétendaient qu'ils leur appartenaient.

Sur la droite du chemin de Charly à Ruvêt existait une petite promenade entourée de deux rangées d'arbres, avec une croix au milieu ; c'était la *Croix-Saint-Loup*. Il était d'usage, quand on inhumait un habitant de Saulchery ou de Ruvêt, de faire une station devant cette croix ; c'est là que le clergé de Charly allait prendre le défunt. Aujourd'hui la station se fait à l'entrée de Charly. La promenade de la Croix-Saint-Loup est remplacée par une maison occupée actuellement par madame veuve Gratiot-Cornette.

C'est en 1754 que la route d'Allemagne cessa de passer par Charly, Chézy-l'Abbaye et Etampes : elle traversait les bois et propriétés du seigneur de Villiers-sur-Marne. Mais un différend survenu entre le seigneur et l'administration, ou bien l'influence de madame de Pompadour a fait changer la direction de la route qui passa définitivement par la Ferme-Paris. Jeanne-Antoinette Poisson, marquise de Pompadour, avait des intérêts de famille à Marigny et était originaire de La Ferté-sous-Jouarre où était né son grand-père. Son père, François Poisson, était né à Paris et y avait exercé d'abord la profession de boucher ; puis il avait amassé quelque argent à vendre du blé aux entrepreneurs des vivres ; mais ayant été condamné pour malversations, il dut se cacher (1). Sa fille, la trop célèbre marquise, est née à

(1) François Poisson a été inhumé dans l'église de Marigny où existe son tombeau avec l'inscription suivante : « Ici repose François Poisson, seigneur de Marigny, Montreuil-aux-Lions et autres lieux, décédé le 26 juin MDCCLIV, âgé de 70 ans. Son fils Abel-François Poisson,

Paris le 29 décembre 1721, sur la paroisse Saint-Eustache (1). Elle avait épousé, grâce à sa remarquable beauté, un banquier, Lenormand, seigneur d'Etiolles, sous-fermier et neveu du fermier général Lenormand de Tournehem, qui avait des rapports assez intimes avec la mère Poisson. Par son habileté et sa fourberie, la femme du banquier Lenormand d'Etiolles devint en 1745 l'une des maîtresses de Louis XV, qui la créa marquise de Pompadour, après la campagne de Fontenoy, en mai 1745, où elle avait accompagné le roi. Son frère Abel Poisson était devenu, grâce à elle, intendant des bâtiments royaux et fut fait marquis de Marigny (2). Il ne fallait pas demander beaucoup de moralité à la Cour de cette époque, et ces misérables intrigues suffirent pour faire suivre à une route importante une direction peu rationnelle et priver ainsi une dizaine de villages situés sur le bord de la Marne de tous les avantages attachés à une route très fréquentée. Charly y perdit son

marquis de Marigny, seigneur de Montreuil-aux-Lions et autres lieux, conseiller du roi en ses conseils, commandeur de ses ordres, directeur et ordonnateur général des bâtiments de S. M., jardins, arts, académies et manufactures royalles, a fait ériger ce monument de sa tendresse et de sa douleur à la mémoire du meilleur des pères. »

(1) *Acte de baptême de Jeanne-Antoinette Poisson.* — Paroisse Saint-Eustache. Reg. 191, fol. 256. « Du trente décembre mil sept cent vingt et un fut baptisée Jeanne-Antoinette Poisson, née d'hier, fille de François Poisson, écuyer de son Alt. Royale Monseigneur le duc d'Orléans et de Louise-Magdeleine de La Motte, son épouse, demeurant rûe de Cléry; le parcin Jean Paris de Montmartel, écuyer, Conseiller secretaire du Roi, Maison Couronne de France et de ses finances; la mareine dame Antoinette-Justine Paris, fille de Antoine Paris, écuyer trésorier receveur général de la Province du Dauphiné. « Signé : — Paris de Montmartel, Antoinette-Justine Paris, Poisson, Secousse.»

(2) Le château de Marigny avait appartenu à François de La Peyronie, premier chirurgien de Louis XV. A sa mort, arrivée le 25 avril 1747, il légua sa terre de Marigny à la Communauté des chirurgiens qui la vendit au roi deux cent mille livres.

relais de poste aux chevaux et une partie de son commerce.

Ce changement de route fut donc très préjudiciable
à Charly. Le syndic et les principaux habitants s'en alar-
mèrent et adressèrent au roi Louis XV de justes réclamations, appuyées du reste par l'abbesse de Notre-Dame
de Soissons. C'est en compensation de ce préjudice, bien
volontaire et peu honorable dans sa source, que deux
années plus tard, en 1756, Louis XV autorisa par Lettres
patentes deux nouvelles foires à Charly. C'était un pal-
liatif bien insuffisant. Déjà quelques années auparavant, Charly venait d'être autorisé à avoir trois marchés
par semaine, les lundis, jeudis et samedis.

LETTRES PATENTES AUTORISANT L'ÉTABLISSEMENT A CHARLY
D'UNE FOIRE ANNUELLE ET D'UN MARCHÉ FRANC MENSUEL

« Sur la requête présentée au Roi en son Conseil par
les syndics et habitants de Charly, Généralité de Soissons, contenant que le bien du commerce autant que
l'intérêt propre des supplians, rend nécessaire que Sa
Majesté veuille bien y établir un marché franc le lundi
de la deuxième semaine de chaque mois de l'année et
une foire fixée au 18 novembre de chaque année, outre
celle qui s'y tient ordinairement le 28 décembre. Charly
est situé sur la rivière de Marne, à trois lieues de Château-Thierry, à pareille distance de la Ferté-Aucol.
L'abbaye royale de N.-D. de Soissons y a seule droit
de justice. Les habitants de Bassevelle et Coupru y plai-
dent en première instance, et, avant le mois de septembre dernier, c'étoit par Charly que passoient la poste

et les voitures publiques de Paris à Strasbourg. Le préjudice que les supplians ont souffert par ce changement de route ne peut être réparé que par l'établissement d'une nouvelle foire et de marchés-francs qui porteront du côté du commerce leur industrie appliquée seulement auparavant à la consommation journalière que faisoient les voyageurs, et il est évident que c'est l'intérêt même du commerce ainsi que celui des supplians. La seule foire qui se tient à Charly est fixée au 28 décembre, saison incommode et dans laquelle les debordemens otent toute communication, en sorte que les supplians n'en retirent qu'un foible avantage. D'ailleurs la grâce qu'ils demandent à Sa Majesté ne peut nuire aux endroits voisins qui ont déjà leurs foires et marchés francs, tant à cause des jours auxquels les uns et les autres sont fixés qu'à cause de la distance dans laquelle Charly se trouve de chacun de ces endroits. Soissons en est éloigné de dix lieues, Meaux de sept, Coulommiers et Montmirail de cinq, Ferté (La Ferté-Milon) de sept, Crouy et Condé de cinq; et d'un autre côté Charly est environné d'une quantité de villages qui y aboutissent et de beaucoup de hameaux, et de ces différens villages les plus éloignés de Charly le sont de deux lieues seulement.

« Requéroient à ces causes les supplians qu'il plût à Sa Majesté, les maintenir et garder en la possession d'une foire franche accoutumée être tenue le 28 décembre de chaque année, leur accorder en outre une seconde foire franche qui se tiendra le 18 *novembre* aussy de chaque année, comme aussy leur accorder un marché franc qui se tiendra le lundi de la seconde semaine de chaque mois de l'année. Ordonner que sur l'arrêt qui interviendra toutes lettres nécessaires seront expédiées.

Vu ladite requête, ensemble l'avis du sous-intendant et commissaire départi de la généralité de Soissons, Ouï le rapport du sieur Peireux de Mora, conseiller d'Etat, le Roi en son conseil a permis et permet aux habitans de Charly en Soissonnais d'établir dans ladite paroisse un marché le second lundi de chaque mois et une foire qui se tiendra chaque année le 18° jour de novembre outre celle qui s'y tient ordinairement le 28 décembre, auquel jour 18 novembre les marchands et autres personnes pourront aller dans ladite paroisse de Charly et en sortir, y hanter, fréquenter, porter et conduire, vendre et acheter, trcquer et débiter toute sorte de marchandises permises et non prohibées et seront sur le présent arrêt toutes lettres nécessaires expédiées.

« Donné à Versailles le 14 septembre 1756 (1). »

Ces foires et marchés francs sont tombés en désuétude; celle du 28 décembre est la seule qui soit conservée.

(1) Archives nationales, *Sect. admin.* L. 1316.

CHAPITRE VIII

SOMMAIRE. — *La terre et la seigneurie de Charly sont vendues à Henry de La Loge. — L'importance de cette seigneurie a varié depuis le quatorzième siècle. — Les droits seigneuriaux. — La disette de 1789. — Prix des grains au dix-septième et au dix-huitième siècle.*

Depuis son mariage avec Anne-Elisabeth de Mesvilliers (24 novembre 1678) dont le père, Antoine de Mesvilliers, avait la seigneurie de La Masure, Alexis Henry de La Loge devint l'un des principaux propriétaires de Charly : il possédait aussi le fief et la terre du Mont-Dorin. Il avait acheté le 10 août 1760, les fiefs de Saint-Brisson et de la Bousselle qui avaient appartenu à la famille de La Haye et dont le dernier possesseur avait été Marc de La Haye, mort à Charly le 24 juin 1758. A cette époque, des titres étaient attachés aux fiefs : il put donc ajouter à son nom patronymique Henry de La Loge, celui de son fief, et il prit alors le nom de Henry de La Loge *de Saint-Brisson.*

Vers la fin du dix-huitième siècle, les religieuses éprouvèrent quelques embarras financiers : l'administration de leurs biens éloignés leur occasionnait beaucoup de dépenses. Elles présentèrent alors une requête au roi à l'effet d'obtenir l'autorisation de vendre la terre et seigneurie de Charly, s'appuyant sur les frais énormes que nécessitait pour elle l'entretien de cette propriété. Dans la requête on lit qu'à Charly « l'esprit d'insubor- « dination a fait de tels progrès qu'il en est résulté des « crimes effrayans, tel entr'autres que l'assassinat « récent d'un garde. Les choses sont même au point « aujourd'hui que le Gouvernement, frappé d'un tel dé- « sordre, vient d'ordonner le désarmement général de « Charly (1). » Les religieuses avaient eu quelques dif- ficultés avec Henry de La Loge de Saint-Brisson ; elles étaient même sur le point de plaider avec lui. L'autori- sation fut accordée, et Henry de La Loge de Saint- Brisson, administrateur général des domaines, acheta le 22 mai 1787, moyennant cent vingt mille livres la terre et seigneurie de Charly, consistant en château, ferme et terres, avec tous les droits attachés à cette seigneurie, que l'Abbaye Notre-Dame de Soissons avait possédée pendant 929 ans, de 858 à 1787. L'abbesse fit, par acte du 28 mai de la même année, l'acquisition de la ferme du Aulnois-Bontemps, pour la somme de cent mille livres.

Le nouveau seigneur, peu de temps après, vint pren- dre officiellement possession de sa seigneurie de Charly. Il fit son entrée dans son nouveau domaine par la *Porte des Buttes*, qui était l'ancienne porte d'entrée de Charly, défendue par deux tourelles, ainsi qu'on le voit sur le plan dressé en 1730. Les autorités locales se rendirent

(1) Archives nationales, série Q, carton n° 5.

au devant de lui, et les clefs déposées sur un plateau d'argent furent remises au nouveau seigneur.

La seigneurie de Charly comprenait la culture de la ferme et des droits divers :

1° La culture de la ferme consistait en 65 arpents de terres labourables au Val de Charly ; — 10 arpents 93 perches 1/2 au Val de Saulchery et de Pavant ; — 1 arpent 38 perches au lieudit les Allouettes ; — 9 arpents 30 perches au haut de la montagne de Montregnier ; — 59 perches de vignes en deux pièces ; — 4 arpents 1/2 de prés sur le terroir de Bassevelle. Cette culture avait été louée pour neuf ans le 31 juillet 1785, par l'abbesse de Notre-Dame de Soissons à Marc-Antoine Lavigne, laboureur à Charly, moyennant deux mille livres de redevances annuelles, payables en deux termes de mille livres à Noël et à la Saint-Jean-Baptiste. Outre les droits de dîme que le nouveau fermier devait acquitter, il avait encore à payer chaque année 40 livres au bailli de Charly ; au procureur fiscal de la justice, deux sacs de blé de bonne qualité, chaque sac pesant 250 livres ; au garde-chasse et bois de l'abbesse, 15 pichets d'avoine de bonne qualité, mesure de Meaux et 200 gerbées. Le fermier devait en outre labourer gratuitement la pièce de terre louée au passeur du bac, qui de son côté devait passer gratuitement le fermier, sa famille, ses gens, chevaux, voitures, etc. (1).

L'importance de cette seigneurie a varié avec le temps. A la date du 13 juin et du 3 juillet 1384, elle consistait en :

1° Maison, jardin et pourpris, ou enclos, — 50 arpents

(1) Extrait d'un acte passé à Soissons, par-devant Mᵉ. Darras, notaire. — Cette pièce m'a été communiquée par madame Richard, petite-fille de M. Lecompte, qui fut l'acquéreur de la ferme de Charly.

de terres labourables, — 9 arpents de prés ; — 5 sols de surcens ; — 2 arpents 1/2 de vignes ; — un moulin à choiselle (1) ; — un four et environ 200 poules, le tout valant par an environ, 54 livres tournois ;

2° Une manse (maison) à cause de laquelle sont dues 8 queues (tonneaux) de vin de vinage, une taille d'avoine, 4 livres de menus cens portant wans (garanties) et rentes ;

3° Toute justice audit Charly ;

4° Une taille de 13 livres tournois ou environ en argent ;

5° Un bac sur la rivière de Marne pouvant valoir annuellement 60 livres tournois ;

6° 160 arpents de bois, appelés le bois de La Hargne, le bois de Doucin (?). et le bois de Beaurepaire, lequel bois de La Hargne est en gruerie de mademoiselle de Coucy ;

7° 60 sols tournois de rentes, sur plusieurs terres et vignes, le tout de revenu annuel d'environ 27 livres tournois ;

8° Une maison avec ses aisances et clostures, située à Beaurepaire, 105 arpents de terres labourables, 60 arpents de savarts et de nulle valeur, 24 arpents de prés, par an 24 livres tournois.

9° Trois viviers contenant ensemble environ 60 à 70 arpents, dont il y en a deux petits qui ne reçoivent que les eaux du ciel, de revenu annuel d'environ 12 livres (2).

---

(1) On appelait moulin à *choiselle* (du mot *choir*) un moulin à chute d'eau : C'était le moulin dit *de ville.*

(2) Archives de l'Aisne, *Cartul. de l'Abbaye N.-D. de Soissons*, f° 513. — Voir aussi : Archives nationales, *Transcrits du Vermandois*, P. 136, f° XXXVI.

Le 26 octobre 1648, fut faite la déclaration de tous les droits et dépendances de la terre et seigneurie de Charly, pièce qui, par son importance, mérite d'être rapportée textuellement.

« Premierement appartiennent à mesdites Dames de Charly, tous droits de justice et chastellenie haulte, moyenne et basse exercés par le bailly, lieutenant, procureur fiscal, greffier, notaire tabellion, procureurs, postulans, sergens et aultres officiers à cause de laquelle justice il leur appartient les deffaults, exploits et mandats, confiscation, espaves, aubeines, et aultres droits appartenans à haulte justice, droit de pourvoir à la nomination des présentations de l'administration de l'Hostel-Dieu dudit Charly, et courtiers, gourmets, chargeurs et essayeurs de vins, les messagers et tous droits de voyrie dudit lieu.

« *Item*, appartient à mesdites Dames les droits de censives et vinage, lots, vins, ventes, saisines, dessaisines, escars escheant en toute ladite terre et seigneurie de Charly, estant ledit droit de vinage tel que les héritages qui en sont chargés et redebvables doibvent au prix de raison de quatre pintes de vin pour arpent, bon vin, loyal, sans fraude que les debtenteurs sont tenus et obligés de payer par chascun le jour Saint-Martin d'hyver en l'hostel seigneurial d'ycelles Dames, sinon à deffault de ce faire peuvent y estre contraints à en faire le payement le samedy de Pasques fleuries au prix du vin du ban ;

« *Item*, le droit du vin du ban quy estoit, que depuis le dernier samedy de devant Caresmes prenant jusqu'au samedy des Rameaux ou Pasques fleuries, que tous hostelliers, cabaretiers et aux aultres personnes ven-

dans vins en détail doibvent à mesdites Dames, de chascun poinsson, la huitième pinte et autres vaisseaux et
mesures à l'équipolent et sy font deffense de pouvoir
vendre vin durant ledit temps sans leur permission de
leur Procureur et Receveur, sous peine de 60 sols d'a-
mende, estant loisible à mesdites Dames, leur Procureur
et Receveur de faire mettre prix et taux audit vin du
ban, au prix toutefois que vault la pinte au temps susdit que ne doibvent estre plus hault, ny plus bas prix,
ains le moyen et pour ce faire peuvent faire assigner
lesdits hostelliers et cabaretiers par devant le Bailly
ou son lieutenant où ils sont tenus comparoir à peine
d'amende.

« *Item*, appartient à mesdites Dames seules tous droits
de chasse à cors et cris, fillets et aultres choses. en toute
l'estendue de la terre et seigneurie de Charly estans
toutes personnes en deffenses d'y pouvoir chasser sur
les peines porteez par les Ordonnances (1).

« Appartient à mesdites Dames la maison et l'hostel
seigneurial dudit Charly quy se consiste en maison à
demeurer, salles, granges, écuries, estables, bergeries,
coulombier et aultres bastimens et édifices préparez
à vins, jardins, clots, sur ce la quantité de quatre vingt
sept arpens de terres, prés, vignes et crochets lesquelles
sont franches de toutes dixmes grosses et menüës de
tout temps immémorial.

« *Item*, à mesdites Dames dans le bourg dudit Charly,
droit de hallage, amenage et mesurage des bleds et
aultres grains qui se vendent et livrent tant sous la

(1) 10 août 1665. Interdiction des armes à feu aux fils de Jérôme
Leroy et Antoine Graliot qui détruisaient à coup de fusil et d'arque-
buse les pigeons de la maison seigneuriale de Charly. (*Archives du
bailliage.*)

halle quy leur appartient qu'aux maisons des habitans et en celles de Ruvet et Rudenoise et aux subjects d'ycelles Dames et doibt estre payé pour le droit de mesurage douze deniers et demy pour septier de chascun grain et pour les aultres mesures à l'équipolent à l'exception des grains des moissons desdits habitans.

« *Item*, ont aussy Mesdames au bourg de Charly droit d'affouage des vins, droits de foires et marchés, pesage, aulnage, rouage, languyage et aultres droits.

« *Item*, elles ont droit de barcq sur la rivière de Marne à l'endroit dudit Charly pour passer et repasser ladite rivière toutes sortes de personnes tant de pied que de cheval et doibt estre payé pour homme à cheval neuf deniers, pour homme et aultre personne de pied trois deniers; item pour carrosse et chariots à quatre chevaux trois sols, item une charrette et aultre à deux chevaux deux sols et demy et pour les bestiaux à l'équipolent.

« Et sy appartient à mesdites Dames la maison, jardin où réside le batelier, consistant en trois quartiers ou environ.

« *Item*, il leur appartient aussy trois moulins à eau dont un est banal avec les jardins aciens (adjacents), terres, prés et héritages et dépendances, estans lesdits moulins situés à Rudenoise et nommé le moulin de Goubru, l'aultre de la Thuillerie et l'autre le moulin du bac (peut-être du bas).

« *Item*, elles peuvent faire appeler à leur requeste ou de leur procureur fiscal pardevant le Bailly ou son lieutenant tous les habitants subjects aux plaids généraux qui se tiennent en l'auditoire trois fois l'an, à sçavoir le premier lundy de mars, le lendemain de Quasimodo et le premier lundy d'octobre, lesquels sont tenus d'y comparoir à peine de sept sols six deniers d'amende contre chascun deffaillans.

« *Item*, sont tenus lesdits habitants subjects d'aller à la corvée tant pour les réparations des chemins que des fermetures et murailles, portes et aultres choses nécessaires pour leur conservation et dudit bourg de Charly et utilités publicques, mesme sont aussi tenus de comparoir à toutes assignations concernant la police, à peine d'amende arbitraire.

« *Item*, appartient à mesdites Dames oultre les censives, vinages et aultres droits seigneuriaux plusieurs aultres surcens à prendre sur maisons, biens et héritages, suivant les tiltres et déclaration fournies.

« *Item*, ont mesdites Dames en gruerie la quantité de neuf vingts (180) arpens de bois taillis appelés les bois de La Hargne auxquels elles prennent les deux tiers et le seigneur de Romeny l'autre tiers.

« *Item*, appartient à Mesdames une maison, cense et ferme seigneuriale appelée Beaurepaire, consistant en maison et demeure, plusieurs bastiments et édifices, colombier, terres labourables, prés, bois, pasturages et aultres héritages, aulnois, estangs contenant le tout quatre cens arpens et plus, laquelle maison, cense et ferme et héritage et dépendances tenuës comme leur hostel seigneurial dudit Charly franches de toutes dixmes grosses et menuës et toutes aultres charges, droits et debvoirs quelconques.

« *Item*, appartient aussy à mesdites Dames et sur les domaines de tous chascun les dixmes grosses et menuës quy s'y perçoivent sur les fermes et terres des montagnes dudit Charly, sçavoir des Aulnois-Bontemps, Beauregard, Chesnerond, Haulte Blanche Vigne, Chantereine, Hault et Bas Fondé et aultres lieux, et comme les droits de ces dixmes ont été de tout temps immémorial pour elles recueillis par les receveurs fermiers d'y-celles Dames.

« Plus ont encore Mesdames et leur appartenant un aultre droit de dixmes sur lesdites montagnes qui est appelé le Vinage commun, auquel Vinage commun elles prennent moitié avec les Curés dudit Charly; l'aultre moitié suivant les traits, accords, reglemens et transactions faits avec ledit Curé.

« De tous lesquels droits et devoirs et redevances, mesdites Dames ont tousjours jouy et comme elles jouissent encore à présent suivant les anciens tiltres et chartes de ladite abbaye, ainsy que les officiers ont dit et la plus grande saine partie desdits principaux habitans de Charly, Ruvest, Rudenoise subjects de mesdites Dames l'ont reconnu (1). »

L'abbesse de Notre-Dame de Soissons n'était pas seule en droit de percevoir des dîmes sur Charly. L'évêque de Soissons, l'abbaye de Saint-Jean-des-Vignes et le Prieur curé de Charly avaient également des droits et des revenus temporels sur la localité.

Le lundi 21 décembre 1389, l'évêque de Soissons, Simon de Bucy a dû faire la déclaration de son patrimoine, « tant au bailliage de Senlis comme ailleurs ». A la date du 8 août 1363, après sa nomination à l'épiscopat, il avait fait la déclaration suivante relativement à Charly et à Saulchery :

« C'est le denombrement des fiefs seans à Charly et Sauchery et ès appartenances que nous Aubert de

____
(1) Archives du bailliage de Charly.

Coucy, Chevalier, sire de Tronay, tenons et advouons tenir en foy et hommage de Reverend Père en Dieu Monseigneur l'Evesque de Soissons, une rente appelée la Tarte de Charly dont chascun an à la septembriche, laquelle doibt monter C et V sols l'an; mais elle est moult descheuë, tant par la mortalité que pour le fait de guerre.

« *Item*, la taille de la rue Danoise (aujourd'hui Rudenoise) qui doit valoir VI sous l'an;

« *Item*, le ressort de cette rue qui doibt monter chacun an IV sous, croist et descroit (bon an mal an).

« Sur les fouaces (espèce de pain blanc) qui doibt à Pasques environ 43 sous qui sont deschus.

« *Item*, pour les recepts des vigues de Charly, 27 sous 4 deniers mal payés ;

« *Item*, la taille de la Saint-Andry qui doibt monter chascun an à X livres. .

« *Item*, au lieu que on dit la rue Hardie chascun an 4 tonneaux de vin rouge, à payer à Saint-Martin, portans lots et ventes et lesquels sont bien deschus jusqu'au tiers.

« *Item*, à Saint-Martin environ XXX gelines (poules) de coutume et VI pichets de noix dont on n'en receoit mie (pas) à présent le quart ;

« *Item*, à la Saint-Denys environ VIII gelines de coutume mal payez.

« *Item*, au Noël environ 12 pains de 6 deniers le pain avec chascun pain un denier pour chaque pain.

« *Item*, au Noël environ 6 muids d'avoine à la mesure de Charly moult descheue.

« *Item*, en rue Danoise, environ 6 setiers d'avoine.

« *Item*, en hostises (1) environ 4 muids d'avoine crois-
sant et abaissant...

« *Item*, à Sauchery, etc..... » (2)

Ce n'était pas tout encore. L'abbaye de Saint-Jean-des-
Vignes et le prieur curé de Charly avaient aussi des dîmes
à percevoir sur Charly et sur Saulchery qui en dépendait comme paroisse. La part de la dîme de Charly attri-
buée à l'abbaye de Saint-Jean-des-Vignes et au prieur
curé se divisait en trois parties : deux étaient pour le
curé ; la troisième était pour l'abbé de Saint-Jean-des-
Vignes. Vers le milieu du dix-huitième siècle, on évaluait les dîmes du prieur curé de Charly à 4,000 livres,
celles de l'abbesse à 3,000 livres et celles de l'abbé de
Saint-Jean-des-Vignes à 2,000 livres ; il n'était plus question de l'évêque de Soissons (3).

Il n'est pas sans intérêt de revenir sur les droits seigneuriaux que l'abbesse de Notre-Dame de Soissons possédait à Charly.

L'abbesse de Notre-Dame de Soissons avait à Charly
droit de haute, moyenne et basse justice, c'est-à-dire
qu'elle pouvait y faire condamner à la prison, au pilori
et aux fourches patibulaires ainsi qu'à toutes les autres
peines ou amendes moins élevées. Dans les anciennes
cartes géographiques du gouvernement de Champagne,

(1) *Hostises*, nom donné à des chaumières habitées par des paysans
moyennant rétribution.

(2) Archives nationales, *Transcrits du Vermandois*, P. 136, f° 96,
Art. XXXIX.

(3) Houllier, *État ecclésiastique et civil du diocèse de Soissons*, p. 162,
381.

dans l'atlas de Cassini, la *Justice* ou lieu de supplice est indiquée sur le bord du chemin qui conduit de Rudenoise à Champruche, à peu près à égale distance entre Champruche et le moulin de Rudenoise.

L'abbesse ayant haute justice, les condamnations à mort pouvaient être prononcées dans sa juridiction. En effet, le 15 juin 1513, le Parlement de Paris rendit un arrêt confirmant la sentence rendue par le Prévôt de la Justice de Charly qui avait condamné Jean Palin, vacher, convaincu d'homicide en la personne de Louis Véron à être pendu, et dont l'exécution fut renvoyée devant ledit prévôt (1).

Comme moyenne justicière l'abbesse connaissait aussi, mais en première instance seulement, de toutes les causes civiles. En effet, le 12 juillet 1567, le Parlement rendit un arrêt (2) qui renvoyait devant le bailli de Charly l'exécution de la commutation de peine prononcée par arrêt contre Pierre Mondavoyne, condamné par ledit arrêt au fouet et au bannissement de la banlieue de Charly, au lieu de douze ans de galères auxquels il avait été condamné par la sentence du bailli. A la suite de cet arrêt on trouve une commission pour contraindre le receveur des Dames à Charly au payement de la somme de trente six livres pour les frais de la conduite dudit Mondavoyne des prisons de la Conciergerie du Palais de Paris jusqu'à Charly, le 17 juillet 1567.

Le 23 mars 1612, le Parlement de Paris prononça un autre arrêt qui confirmait une sentence du bailli des

(1) Archives de l'Aisne, *Cartul. de l'abbaye Notre-Dame de Soissons*, fo 276.

(2) Archives de l'Aisne, *Cartul. de l'abbaye Notre-Dame de Soissons*, fo 277, Voir Arch. Nation. *Sect. judiciaire.*

Dames à Charly, portant condamnation contre Jean Noël à 20 livres d'amende, applicables moitié au profit des Dames, moitié aux réparations des fortifications dudit Charly, parce que Noël était convaincu d'avoir volé et extorqué une promesse à Jean Charpentier.

Le 8 juillet 1613, le Parlement de Paris rendit un arrêt qui confirmait une sentence du bailli de Charly portant condamnation contre Marc Bochet à 70 livres d'amende pour avoir usé de fausses mesures envers Etienne Bellenger, dans le payement du droit de dîme de vin appartenant aux Dames, à raison de quatre pintes pour chaque poinçon, duquel Bellenger le procureur fiscal desdites Dames avait pris fait et cause. Il a été ordonné que la mesure de vin serait étalonnée par le bailli conformément à l'ancienne ; cette amende de 70 livres fut modérée par l'arrêt du Parlement à 52 livres parisis, dont 40 seraient au profit des Dames et 12 au profit de Bellenger (1).

Comme basse justicière, l'abbesse connaissait des matières personnelles ou réelles jusqu'à 60 sous parisis et des délits dont l'amende ne dépassait pas 10 sous.

L'abbesse n'était pas seule en possession des droits seigneuriaux de Charly. En 1109, Jean et Mathieu de Montmirail avaient des droits de gruerie sur 32 arpents de bois ; en 1212, on a vu Jean de Montmirail abandonner à l'abbesse sa moitié des droits de gruerie qu'il avait sur les bois de Charly et de Coupru ; en 1227, le même seigneur abandonnait des droits d'amortissement qu'il avait dans la juridiction de Charly ; en 1234, le même

(1) Archives de l'Aisne, *Cartul. de l'abbaye Notre-Dame de Soissons*, fo 178.

cédait à l'abbesse un droit de gruerie qu'il avait sur le bois de Beaurepaire.

Les droits que les prieurs curés de Charly et l'abbé de Saint-Jean-des-Vignes avaient sur Charly, donnaient parfois lieu à des contestations entre les deux parties, comme on l'a vu en 1219, en 1261, en 1271, en 1290 ; comme on l'a vu également au mois de mai 1349, où une transaction fut faite entre les Dames d'une part, les abbés et religieux de Saint-Jean d'autre part, relativement aux droits qu'ils prétendaient avoir sur quelques maisons situées à Charly, et à ceux que les Dames prétendaient avoir sur les maisons du curé et du vicaire de Charly. Dans cette dernière affaire les Dames consentirent à reconnaître ces maisons comme franches et exemptes de tous cens et rentes (1).

Les habitants de Charly pouvaient acquérir des terres, des maisons, etc., mais à la condition de payer à l'abbesse des droits, comme aujourd'hui on les paye à l'Etat par l'enregistrement. Dans toutes les ventes de propriétés foncières on dressait l'acte de vente et on l'envoyait à l'abbesse qui signait sur l'acte pour l'acquit des droits qu'elle percevait comme seigneur ou Dame de la paroisse. Jusqu'à un certain point, et eu égard aux droits de haute, moyenne et basse justice que l'abbesse avait sur Charly, ce pays était considéré comme le pays de l'abbesse. Aussi voyons-nous à cette époque Françoise Lejeune, 41ᵉ abbesse, qui s'était démise de sa dignité en faveur de Catherine de Bourbon, écrire à cette dernière de Charly où elle s'était retirée quelque

(1) Arch. de l'Aisne, *Ibid.* fᵒ 271.

temps pour les affaires de l'abbaye : « Madame l'abbesse de Soissons, *de vostre Charly...* » (1).

Comme tous les seigneurs, l'abbesse de Notre-Dame de Soissons avait à Charly une foule de privilèges, qui nous paraissent blessants aujourd'hui, mais dont une partie reposait sur des garanties que le seigneur présentait à ses vassaux. Ainsi les routes n'étant pas sûres, les seigneurs les faisaient garder et alors exigeaient une rémunération pour la garde et pour l'entretien. Il faut dire aussi que quelquefois les seigneurs ou leurs gens étaient eux-mêmes les plus grands pillards. Pour mettre autant que possible les affaires commerciales à l'abri du vol ou de la mauvaise foi, le seigneur avait fait bâtir une halle qu'il louait aux marchands, d'où les droits de halle ; il faisait surveiller les mesures, d'où les droits de mesurage. Comme tous les autres vassaux, les habitants de Charly n'avaient primitivement le droit de posséder ni four, ni moulin, ni pressoir. Ils devaient porter leurs grains aux moulins de l'abbesse, porter leur pain aux fours de l'abbesse, porter leurs vendanges aux pressoirs de l'abbesse, et lui laisser une portion de ce qu'ils apportaient pour payer le service rendu et en même temps pour s'acquitter de la dîme. On voit qu'alors fours, moulins et pressoirs constituaient pour l'abbesse un excellent revenu. En 1230, Mathieu de Montmirail abandonna à l'abbesse un droit de four qu'il avait sur Charly.

Les moulins n'étaient pas moins avantageux que le four ; et pour moudre tout le grain nécessaire à la population de Charly, il y avait de temps immémorial

(1) Germain, *Ouvr. cité.*

deux moulins, le moulin sur la Marne, au lieudit Maniquet, et le moulin de ville ou à choiselle. Joignons-y plus tard les moulins de Rudenoise, du Milieu appelé aussi moulin Morel ou de la Thuillerie et le moulin de Goubru ou Bas-rez. Ces moulins étaient grevés de certaines redevances ; ainsi le curé de Charly avait droit à deux muids de blé sur le moulin de Marne ; il en fit l'abandon en juillet 1240 ; Henry de Mez avait une rente de 18 setiers d'avoine sur le moulin de Marne ; en octobre 1268, les Dames s'exonérèrent de cette redevance moyennant 18 livres. Jean, prévôt de Charly, avait une rente de un muid de blé sur le moulin de Charly ; Pierre de Montrevest et sa femme avaient droit à un demi-muid de blé de rente sur les moulins de ville et de Marne ; ils en firent abandon aux Dames en 1277. Guillaume de Caisy avait une rente de 9 setiers de blé et d'avoine sur les moulins de ville et de Marne ; les Dames la rachetèrent en 1281.

Les meuniers étrangers n'avaient pas le droit de venir chercher du blé à Charly pour le moudre chez eux ; le 5 octobre 1450, une sentence fut rendue par le bailli des Dames à Charly, Jean Levesque, sentence qui les maintenait en leur droit de *banalité* à Charly et défendait à Pierre Barne, meunier étranger, de prendre les blés des habitants des paroisses ; par la même sentence le même droit fut maintenu pour le four (1).

On appelait *For-mariage* le droit que le serf payait à son seigneur pour épouser une personne foraine, c'est-

____

(1) Archives de l'Aisne. *Cartul. cité*, fᵒ 275. « En 1460 toute la justice de Charly fut confirmée à l'Abbaye Notre-Dame avec l'obligation aux habitants de ce lieu de faire moudre leurs grains au moulin des Religieuses ». Germain, *Ouv. cité* p. 234.

à-dire étrangère au pays. Le 17 septembre 1344, le Parlement rendit un arrêt qui maintenait les Dames Abbesses dans leurs droits de main-morte et de for-mariage sur leurs sujets et vassaux, dans les terres et seigneuries qu'elles avaient dans les dépendances des Comtés de Brie et de Champagne (1).

D'après la valeur de la seigneurie de Charly établie en 1384, le rapport annuel du bac de Charly était estimé à 60 livres. Mais les bacs, comme les autres propriétés, pouvaient être grevés de redevances. L'Abbesse de Nogent prétendait avoir quelques droits sur le passage du bac de Charly. Au mois d'octobre 1326, une sentence arbitrale déclara les hommes et femmes de corps desdites Dames Religieuses, exempts, eux, leurs bêtes, harnais et denrées du droit de passage qui pouvait être dû à l'Abbesse de Nogent sur le bac de Charly (2).

L'Abbesse, Dame de Charly, avait aussi droit de halle dont elle recevait le produit. L'existence d'une halle, outre l'avantage qu'elle avait pour les habitants par les mauvais temps, facilitait la perception des droits seigneuriaux ; car en vertu du droit de *minage*, les habitants étaient obligés de ne faire leur commerce que sous la halle de l'Abbesse. A la date du 4 octobre 1658, la halle fut louée aux marchands moyennant 40 sous par an, et chaque place avait 8 pieds au plus.

L'usage du ban de vendange était pour l'Abbesse un moyen de contrôle de dîme, de même que les fours, pressoirs, etc.

(1) Arch. de l'Aisne, *Ibid.* p. 256.
(2) Arch. de l'Aisne, *Ibid*, p. 513, 242.

Devant la maison seigneuriale il y avait une place plantée de deux rangées de tilleuls séculaires, appartenant, ainsi que la place elle-même, au seigneur de Charly. Après la Révolution de 1789, et par suite de l'abolition des droits seigneuriaux, la place devint propriété nationale ou communale, et on y planta un arbre de Liberté. Elle s'appela, sous la Restauration, place de la Grande-Croix, parce qu'on y avait élevé un calvaire. En 1830, elle prit la qualification pompeuse de Champ-de-Mars, qualification qui fut inscrite sur une des tourelles de l'ancien château. Mais les travaux nécessités par le repavage de Charly en 1841, ont fait disparaître la halle et son puits. Les magnifiques tilleuls que nous avons admirés naguère ont été abattus et remplacés en 1845 par l'Hôtel-de-Ville, construction d'un goût plus que douteux. Le calvaire a été transporté à l'entre-croisement des chemins de Pavant et du ru Gousset. Avec la halle et les arbres disparurent les derniers vestiges de la féodalité à Charly.

La maison d'habitation de la ferme de Charly, ou maison seigneuriale, était et est encore surmontée de tourelles que le seigneur seul avait le droit d'élever sur son habitation. Pour le manant le toit de chaume ou de tuiles était suffisant. Il ne lui était pas permis non plus d'avoir un pigeonnier.

On a vu que la justice était rendue à Charly par le Bailli, au nom de l'Abbesse. Les pièces suivantes, extraites textuellement des Archives du Bailliage de Charly nous permettront de nous reporter par la pensée à quelques siècles en arrière.

ARRÊTÉ

Contre les Emotions popullaires.

« De par Madame et Monsieur le Bailly de Charly, sur
« la requeste faite par le Procureur fiscal de la sei-
« gneurie dudit Charly et pour mettre fin aux émotions
« popullaires et autres,

« Deffences sont faites à toutes personnes :

« De jurer et blasphémer le sainct nom de Dieu.

« D'aller aux tavernes et aultres lieux publics les jours
« du sainct Dimanche et festes solemnelles et durant le
« service divin de la Messe et de Vespres sur peine de
« dix livres d'amende.

« Deffences sont faites à toutes personnes de tenir et
« rodder les ruës, faire assemblées et émotions popul-
« laires à son de tambour ny aultrement, ny crier et
« chanter chansons et libelles diffamatoires contre et
« au préjudice d'aultruy, afin d'éviter esclandre et acci-
« dent qui y pourroit advenir sur peine de pareille
« amende de dix livres.

« Seront les père et mère responsables pour leurs
« enffants, serviteurs et servantes et le présent sera
« publié.

Signé : « Guynet, Delahaye (1). »

« C'est publié au son de tambour, issue des Vespres
« par moy sergent soubsigné le dimanche onziesme jour
« du mois d'aoust mil six cens trente.

Signé : « Baudin. »

(1) Jean Guynet faisait les fonctions de procureur fiscal ; Charles
Delahaye était bailli.

ARRÊTÉ

Contre les blasphémateurs et pour l'observation du dimanche.

« De par MADAME et monsieur le Bailly de Charly, sur
« la requeste du procureur fiscal, deffenses sont faites
« à toutes personnes de jurer et blasphémer le saint
« nom de Dieu, de la Vierge Marie, saints et saintes du
» Paradis, sous peine d'amende portée par les Ordon-
« nances royaux.

« Et afin que les dits blasphémateurs ne soient tous
« scelez (cachés) enjoingnons à tous ceulx qui oiront
« dire et proférer de tels blasphèmes, de le venir dire
« et rapporter en justice dedans vingt quatre heures
« après, sur peine de soixante sols parisis d'amende.

« Pareillement faisons deffense à toutes personnes de
« se battre et quereller à peine d'amende arbitraire.

« Et d'aultant qu'il y a des femmes qui sont coustu-
« mières de quereller et injurier aulcunes personnes,
« se fiant au désaveu fait par leurs maris, Ordonnons
« en cas de récidive que doresenavant les dits maris
« seront responçables pour leurs femmes en ce qui est
« des peines pécuniaires.

« Enjoingnons à tous marchands ayant boutique sur
« ruë de la tenir fermée le jour de Dimanche et festes,
« sur peine de soixante sols d'amende.

« Comme aussy est enjoint à toutes personnes de ne-
« toier les ruës chascun au droit de soy sur peine de
« vingt sols d'amende.

« Pareillement deffendons à toutes personnes de jouer
« aux jeux de paulme, les boules ou aultrement pendant
« la messe et les vespres du jour du Saint Dimanche sur
« peine de soixante sols d'amende et de prison.

« Comme aussy d'aller boire et manger aux tavernes
« les dits jours de festes et Dimanche pendant le service
« divin, sur peine de pareille amende et aux taverniers
« de les recevoir en leurs maisons pendant le service
« divin, sur pareille peine.

« Comme aussy deffendons à toutes personnes de se
« promener soubs la halle, les ruës ou aultres lieux pu-
« blics pendant le service divin sur semblable peine.

« Et pour que nul n'y prétexte cause d'ignorance or-
« donnons que ces présentes seront luës et publieez ce
« jourd'huy au son de tambour.

« Fait ce jeudy matin, premier jour d'apvril 1638.

Signé : DELAHAYE. — VÉRON (1). »

Et on trouve dans les mêmes archives du bailliage qu'en 1659, Joseph Ozanne, dit le Savoyard, ayant été convaincu de blasphème fut condamné à 20 livres d'amende envers le fisc et à deux cierges de cire blanche pesant chacun une livre à mettre au grand autel de l'église de Charly.

On a vu précédemment que les affaires générales de la paroisse étaient traitées dans le plaid général qui se tenait trois fois par an sous la présidence du bailli, et que tous les paroissiens devaient y assister sous peine d'une amende de sept sous six deniers. Le plaid tenu le lundi 16 avril 1680, donnera une idée de ce qu'étaient ces assemblées.

« Pardevant nous JEAN MARCQ, bailly,
« A été aux comparans... et deffaut contre les deffail-
« lans, par notre jugement les avons condamnés en cha-

____

(1) Charles Delahaye était bailli; François Véron procureur fiscal.

« cun sept sols et demy d'amende, suivant la coutume
« et aussy, de ce que nul des habitans ne s'est opposé
« aux droits de Mesdames, a été par le procureur fiscal,
« et sur la réquisition de Nicolas Souart, syndicq des
« habitans dudit lieu, assisté de la plus grande partie
« d'iceux, avons en l'assemblée publicq ordonné que
« pendant la huitaine les chemins de Champruche et
« des environs de ce lieu en descendant seront réparés
« à corvée, et qu'à ce faire ils y seront contraints, au pré-
« sent ordre qu'il sera donné à peine de soixante sols
« d'amende payables nonobstant opposition ou appella-
« tion quelconque et sans préjudice d'icelles.

« Sur pareille remonstrance dudit procureur fiscal
« avons fait deffense de faire entrer les vaches et autres
« bestiaux dans les vignes de ce lieu sur peine de pa-
« reille amende.

« Sur la remonstrance que nous ont faite les habitans
« de Ruvest, avons ordonné que nous nous transporte-
« rions assisté du Procureur fiscal et du voyer de ce lieu
« sur ce chemin et autres qu'ils nous indiqueront pour
« en cognoistre l'état, etc., etc... »

Après ce temps d'arrêt sur l'administration locale et
seigneuriale de Charly, il est bon de reprendre la marche des événements depuis l'époque où nous les avons
laissés, c'est-à-dire depuis l'acquisition de la seigneurie
par Henry de La Loge de Saint-Brisson. Des différents
actes de son administration, en tant que seigneur de
Charly, il n'en est que deux qui nous intéressent, ce
sont l'arrêt du conseil d'Etat sur la perception du droit
de bac à Charly et la disette de 1789.

Une charte du 11 juillet 1384, déposée dans les archives de l'abbaye de Notre-Dame de Soissons, établissait que l'abbesse, comme Dame seigneur de la paroisse, avait sur la rivière de Marne à Charly un droit de bac qui rapportait soixante livres tournois par an. Lorsque Henry de La Loge de Saint-Brisson eut acheté les terres et seigneurie de Charly, il adressa au roi une requête pour être maintenu, conformément à ses titres, dans la propriété et possession du droit de bac et pour être autorisé à en percevoir les droits. Le roi rendit l'arrêt suivant le 2 février 1789.

« Vu par le Roi étant en son Conseil, les titres et pièces représentés en iceluy le 29 août 1724 et autres rendus en conséquence, par le sieur de La Loge de Saint-Brisson...

« Vu aussi l'avis du sieur Intendant et Commissaire départi en la Généralité de Soissons, les conclusions du sieur Doublet de Person, maître des requêtes, Procureur général de Sa Majesté en cette partie ;

« Vu pareillement l'avis des sieurs Commissaires nommés par ledit arrêt du 29 août 1724 et autres rendus en conséquence ;

« Ouï le rapport du sieur Lambert, conseiller d'Etat ordinaire et au Conseil des dépêches et au Conseil royal des finances et du commerce, LE ROI étant en son Conseil, conformément à l'avis desdits sieurs commissaires a maintenu et maintient le sieur de La Loge de Saint-Brisson dans la propriété, possession et jouissance d'un droit de bac dans l'étendue de la terre de Charly, sur la rivière de Marne, c'est-à-dire jusqu'à l'endroit de démarcation entre la terre de Drachy et celle de Croutles et jusqu'à l'endroit de démarcation de Charly et de

Saulchery et l'a autorisé et autorise à percevoir pour le
service du passage audit bac les droits ci-après, savoir :

1° Par chaque personne à pied . . . . .   6 den.
2° Par chaque personne à cheval . . . .   1 s. 6 den.
3° Par cheval chargé, compris le conducteur . . . .   2 s.
4° Par chaque bête asine chargée, compris le conducteur. . . . .   1 s. 6 den.
5° Par charrette chargée conduite par
 un cheval, compris le conducteur.   2 s. 6 den.
6° Par chaque cheval d'augmentation .   1 s.
7° Par carrosse ou chariot de quatre
 roues, compris le conducteur et
 les personnes qui seront dans les
 dites voitures .. . .   4 s.
8° Pour chaque cheval conduisant les
 dites voitures ou chariots à quatre
 roues . . . .   1 s.
9° Par cheval non chargé et aussi par
 chaque bœuf ou vache . . . . . .   9 den.
10° Par chaque bête asine non chargée,
 pourceau ou chèvre. . . . .   4 den.
12° Par chaque cent de moutons 15 sous et plus ou
moins à proportion du nombre.

« Fait Sa Majesté très expresses inhibitions, défenses
audit sieur de La Loge de Saint-Brisson de percevoir
d'autres ni plus forts droits que ceux compris dans le
tarif ci-dessus; lui ordonne Sa Majesté de placer aux
abords du bac des poteaux avec des feuilles de fer blanc
ou de tôle où sera écrit ce tarif en caractères lisibles et
à portée d'être lus; lui enjoint Sa Majesté d'entretenir

à l'avenir en bon état ledit bac et de faire en sorte que les chemins, chaussées et avenues soient sûrs et commodes ; qu'il se conforme pour la perception aux ordonnances, déclarations, etc. (1). »

Le 3 mars 1791, par acte dressé par Cl.-Ant. Fayet, notaire à Charly, en présence de Louis Noté et d'Antoine Niclot, Louis-Ferdinand Henry de La Loge de Saint-Brisson, fils d'Alexis Henry de La Loge, loue pour neuf ans à Jean-Louis Drémont, de Pavaut, le droit de passage avec bac, nacelle, etc., la maison avec le clos attenant, avec obligation de se conformer aux règlements et tarifs, moyennant *deux cent cinquante livres* de loyer par an. De La Loge de Saint-Brisson se réservait le passage gratuit pour lui, sa famille et ses gens. Peu de temps après, le bac de Charly devint propriété de l'Etat.

Avant de parler de la disette de 1789, il nous semble à propos de nous reporter en arrière pour faire connaître les différents prix des grains à Charly au dix-septième et au dix-huitième siècle.

De temps immémorial il se faisait à Charly un commerce assez important de grains. Le marché avait lieu tous les jeudis, sous la halle, et le blé y était apporté par tous les cultivateurs des environs. Le greffier du bailliage tenait un registre ou mercuriale, sur lequel il inscrivait le prix du pichet de blé ou d'autres grains vendus tous les jours de marchés. Ce registre était coté et parafé par le bailli de Charly. Le dernier greffier du bailliage a été Louis Boullenger, et nous possédons les registres tenus par lui depuis le jeudi 30 mars 1741 jusqu'en 1700.

(1) Archives du bailliage de Charly. C. 334, liasse.

Le blé se vendait au *pichet* ou *minot*. Le pichet ou minot, mesure de Charly, pesait 48 livres 4 onces pour le blé de première qualité, et 48 livres pour le blé de deuxième qualité. Le pichet ou minot, mesure de Meaux, pesait 50 livres 12 onces pour le blé de première qualité, et 48 pour celui de deuxième. Le pichet valait deux boisseaux, c'est-à-dire 26 litres 20 centilitres de notre mesure actuelle.

Le 14 septembre 1641, à cause de la cherté et de l'augmentation du prix du blé, le bailli de Charly avait rendu une ordonnance pour fixer ainsi qu'il suit le prix du pain :

Pain blanc, du poids de 13 onces. . . . . .   2 sous.
— bourgeois, ... 12 onces.   2

En novembre 1642, les grains furent vendus :

Beau blé, le pichet. . . . .   50 sous.
Moyen. . . . .   48 à 50
Seigle.   30
Orge. . . . .   27 à 28

Le 20 juin 1647, les prix étaient les suivants :

Beau blé, le pichet. . . . .   40 sous.
Moyen.   37
Seigle et méteil.   27
Orge.   18

Pendant la dernière moitié du dix-huitième siècle, de 1740 à 1791, le beau blé s'est vendu au minimum 1 livre 13 sous le pichet (en 1744), c'est le plus bas prix auquel il ait été coté. C'est en 1789 qu'il a atteint son prix le plus élevé, c'est-à-dire 9 livres 16 sous le pichet.

Ces cinquante années peuvent être divisées, quant à la récolte des grains, en bonnes, en médiocres et en mauvaises :

Prix minimum du pichet de blé de première qualité.

1744.	1 *liv.* 16 *sous.*
1743.	1 18
1756.	1 18
1742.	2 4
1754.	2 5
1750, 1751.	2 10
1755.	2 12
1760, 1761, 1762, 1763, 1766	2 *l.* 8 *s.* à 2 *l.* 19
1753.	3 5

Les années médiocres sont celles dans lesquelles le pichet de beau blé s'est vendu de 4 à 5 livres. Ce sont les suivantes :

1752.	4 *liv.* 9 *sous.*
1767.	4 *l.* 12 *s.* à 5 *l.* 6
1769.	4 15
1771, 1772, 1774, 1776.	4 15

Nous compterons comme mauvaises années celles dans lesquelles le pichet s'est vendu au-dessus de 6 livres. Ce sont les suivantes :

1740.	6 *liv.* 10 *sous.*
1768.	6 6
1770, ...	6 2
1775.	de 7 *l.* 6 *s.* à 5 *l.* 4

L'année la plus mauvaise est celle de 1789. Les récoltes de 1788 avaient manqué par suite du froid excessif de l'hiver. Il y eut quatre-vingts jours de gelée et le thermomètre baissa à — 16° Réaumur (— 20° Centigrades). Les blés devinrent rares sur le marché ; les habitants se plaignaient et non sans raison. Le mercredi 26 avril, le seigneur de Charly, De La Loge de Saint-Brisson, faisait écrire à ce propos la lettre suivante à l'Intendant de la Généralité de Soissons qui avait envoyé une certaine quantité de blé pour calmer les esprits : « Le tout pe-
« tit convoy de bled, monsieur, que vous avez accordé
« pour le marché de Charly a produit tout l'effet que
« j'en attendois. Il a calmé les esprits et dissipé l'inquié-
« tude. Il a même servi à prouver qu'il s'en falloit de
« beaucoup que l'espèce fût réellement aussi rare qu'on
« aimoit à le faire croire. Cette légère concurrence a,
« dans le marché suivant, fait tomber le prix du bled, et
« tous les marchands, soit laboureurs ou autres se sont
« tellement empressés d'apporter, qu'il y a eu sura-
« bondance. Je vous renouvelle ici tous mes remer-
« ciemens pour la faveur que vous avez apportée à cette
« bonne opération et je vous prie de nous l'accorder de
« nouveau, si par la cupidité des vendeurs, nous ve-
« nions à éprouver, d'ici à la moisson, les mêmes incon-
« vénients.

« Votre subdélégué d'Ouchy a bien répandu dans
« l'arrondissement l'arrêté du Conseil pour le bac, mais
« il s'est contenté d'en envoyer un seul exemplaire à la
« municipalité de Charly, de manière que moi-même je
« n'en ai pas un seul. Je vous serois donc infiniment
« obligé de vouloir bien m'en faire passer trois ou
« quatre exemplaires. Cette pièce légale surtout avec la

« suppression des trois mots *et de Sauchery,* faite par
« vous, étant nécessaire dans mes titres.

 « Agréez, etc... Signé : DE LA LOGE, vic. gén. de Mon-
« tauban (1). »

La Commission avait accordé à la paroisse de Charly
une quantité de quatre muids de blé mêlé de trois muids
d'avoine, le blé à 330 livres le muid pesant net 1,950 livres et l'avoine 40 écus le muid. La Commission sié-
geant à Soissons observa qu'elle avait reçu dernière-
ment un mémoire des paroisses voisines de Charly par
lequel les laboureurs se plaignaient de quelques excès
des droits que le seigneur de Charly percevait à son bac,
raison pour laquelle ils refusaient de porter du blé à
Charly. La Commission convint qu'on attendrait la
réponse de De La Loge de Saint-Brisson pour expédier
l'envoi qu'on lui destinait. Ce dernier, dans sa réponse,
demanda qu'on voulût bien ajouter six muids aux neuf
qu'on avait promis. « Les laboureurs, disait-il, épuisent
« peu à peu leurs grains. On a peine à les faire approvi-
« sionner les marchés. Le bled a été hier sous ma halle à
« 50 livres le setier. J'ai ménagé excessivement les neuf
« muids. Il y a eu des marchés où, pour éviter une
« émeute trop assurée, j'ai été contraint de diminuer
« considérablement ces neuf muids.

« Ce canton se trouve dans une misère affreuse et sans
« aucune ressource, celle des vignes lui ayant manqué
« par la gelée... (2). »

(1) Le signataire de cette lettre n'était pas le seigneur de Charly,
mais c'était son fils, l'abbé Charles Jean Henry De La Loge, en résidence momentanée auprès de son père.
(2) Arch. du Bailliage de Charly. C. 15. liasse.

Le tableau suivant fait connaître la quantité de blé apportée chaque jeudi au marché et le prix moyen du pichet :

	Blé apporté sous la halle :		Prix du pichet :				
23 avril	255	pichets.	7 *liv.*	6 *s.*	à 7 *liv.*	17 *s.*
30 avril	100	—	7		à 7	12
7 mai	260	—	6	15	à 7	11
14 mai	256	—	6		à 7	
20 mai	452	—	6	15	à 7	4
28 mai	170	—	6	16		
4 juin	115	—	7	4	à 7	12
10 juin	195	—	6	12	à 7	14
18 juin	115	—	7	10	à 8	4
25 juin . '	200	—	8	2	à 8	18
2 juillet	102	—	9		à 9	15
9 juillet	203	—	9	12		
13 juillet (lundi). .	40	—	9	6		
16 juillet	140	—	8	18	à 9	10
23 juillet	117	—	9	8	à 9	16
30 juillet	95	méteil.	5		à 6	10
6 août	50	méteil.	4			
13 août	96	pichets.	4	10	à 5	
20 août	71	—	3	10	à 5	
10 septembre . . .	71	—	4	15	à 5	5
24 septembre . . .	143	—	4		à 5	8
1ᵉʳ octobre	130	—	4	12	à 5	15.

A partir de cette époque le prix du blé fut celui des années moyennes et son prix varia de 5 livres 15 sous à 4 livres. Aujourd'hui le prix des objets de consommation a doublé. En prenant le prix moyen du blé à 30 fr. l'hectolitre, le pichet ou minot serait payé 7 fr. 86.

Mais cet état de gêne et de malaise ne régnait pas seulement à Charly ; il se manifestait par toute la France et était l'avant-coureur de l'acte immense qui allait s'accomplir, c'est-à-dire de la convocation des États Généraux de 1789.

CHAPITRE IX

SOMMAIRE. — *Les plaintes et doléances du Tiers-Etat de Charly*

L'état déplorable dans lequel était tombée la Monarchie française à la fin du dix-huitième siècle est trop connu pour que nous nous y arrêtions. Le seul remède qu'on invoquait dans ces circonstances, et qu'on appela alors à grands cris, fut la convocation des Etats Généraux, dans lesquels les Députés de la Noblesse, du Clergé et du Tiers-Etat feraient connaître les plaintes et doléances des trois ordres qu'ils représentaient.

On sait que, depuis 1347, Charly dépendait de la Vicomté et de la Prévôté de Paris, quoique faisant partie de la Généralité de Soissons et du Gouvernement général de Champagne. Charly était au nombre des paroisses que la Prévôté de Paris appelait *hors murs*. Le Prévôt de Paris rendit, le 4 avril 1789, une ordonnance pour convoquer les habitants de Charly à rédiger leurs plaintes et observations, en réponse à une sorte de questionnaire envoyé par le pouvoir. Le 13 avril 1789, ils rédigèrent leurs cahiers de doléances qui étaient écrits par les commissaires délégués des Assemblées primaires, com-

posées des bourgeois, et des habitants âgés de vingt-
cinq ans et inscrits au rôle des contributions : ces
cahiers devaient être ensuite approuvés par les électeurs. C'est de ces cahiers rédigés dans toutes les
paroisses de France que sortirent, aux Etats Généraux
de 1789, l'émancipation de la nation et l'égalité des
citoyens devant la loi.

*Cahier des plaintes, doléances et remontrances que présente
le Tiers-Etat des bourg et paroisse de Charly-sur-Marne,
assignés en exécution de l'Ordonnance de M. le Prévôt de
Paris, rendue le 4 avril 1789.*

« La sagesse des mesures prises par le Roi pour le
soulagement de son peuple fait renaître l'espérance du
bonheur public. Il sera cimenté par le résultat des
décisions qui seront arrêtées dans l'auguste Assemblée
des Etats généraux où tous les objets présentés seront
examinés, admis ou rejetés d'après les vrais besoins de
l'Etat et les vues paternelles et bienfaisantes de Sa
Majesté.

« Le bourg de Charly, satisfaisant à l'assignation qui
lui a été donnée le 11 avril 1789, va exposer succincte-
ment et en général ce qui lui paraît convenable pour la
réforme des abus, l'établissement d'un ordre fixe et
durable, la prospérité générale du royaume et le bien
de tous et de chacun des sujets de Sa Majesté.

Article 1. — Que tous les sujets du Roi indistinctement, communautés séculières et régulières excepté
les hôpitaux, les maladreries soient tributaires, propor-

tionnellement et en raison de leurs biens, revenus, négoces et facultés.

Art. 2. — Qu'un seul impôt ou deux, territorial et personnel (outre les droits domaniaux qui demeureront conservés et régis comme par le passé) réunissent et confondent toutes les dénominations de ceux qui subsistent ; que la perception de l'impôt territorial et personnel soit faite par Provinces ou Etats provinciaux, les percepteurs préposés par eux et choisis dans chaque lieu par la municipalité qui formera un rôle unique et commun de répartition, vérifié et rendu exécutoire par l'Assemblée provinciale et contre lequel nul ne pourra réclamer que dans les trois mois du jour de sa publication ; ensuite les deniers perçus à chaque quartier, portés à la caisse qui sera établie dans chaque province et de là au Trésor Royal sans frais.

Art. 3. — Et à cet effet exiger de tous sujets du Roi indistinctement, communautés séculières et régulières et gens de main-morte, des déclarations exactes de leurs biens, qu'ils renouvelleront après l'intervalle qui sera fixé, lesquelles contiendront chaque nature de biens en trois classes : bonnes, médiocres et au-dessous. dont l'estimation sera faite et que les fraudes ou fausses déclarations soient punies par un doublement, pendant un temps déterminé, de la taxe qu'auraient supportée les objets récélés ou non déclarés.

Art. 4. — Que la taille, accessoires, capitation, vingtième, décimes, l'impôt représentatif de la corvée royale, droits d'aide suppléés par l'impôt territorial et personnel, soient supprimés et le peuple délivré de cette foule d'employés qui l'oppriment.

Art. 5. — Sur la masse perçue dans chaque province, destiner une somme pour l'entretien des grandes routes, la confection de chemins vicinaux qui seront jugés les plus utiles par les Assemblées provinciales, relativement au produit du sol, exportation ou importation : ces travaux adjugés au rabais, après les plans faits et adoptés, surveillés exactement par des préposés fidèles et le payement fait après visite et réception.

Art. 6. — Que si le commerce du sel ne peut être libre, du moins que le prix en soit modéré et uniforme dans tout le Royaume, sans qu'aucun sujet soit tenu d'en prendre telle ou telle quantité, mais seulement ce qu'il jugera à propos pour sa consommation. (Compte rendu en 1781.)

Art. 7. — Les droits de contrôle, [insinuation, etc. (1), que les besoins de l'Etat ont fait imaginer et qui ont varié successivement, abandonnés pour ainsi dire à l'arbitraire des percepteurs par le chaos, la diversité et la complication des règlements qui les concernent, exigent un nouveau tarif modéré et qui établisse une proportion plus juste entre les actes qui concernent les riches et ceux qui intéressent les pauvres, et où surtout toutes les distinctions des diverses classes de la société et de la nature des actes fussent plus simples et plus sensibles, de manière que chaque contribuable pût facilement être instruit de son obligation. (Compte rendu au Roi en 1781.)

Art. 8. — L'agriculture, les manufactures, le commerce, source principale des richesses de l'Etat, doivent être protégés et favorisés.

La circulation des grains de province à province, libre en tant néanmoins que chacune conservera le né-

---

(1) *Insinuation,* Droit perçu pour l'inscription d'un acte sur un registre faisant autorité, afin de donner de l'authenticité à l'écriture.

cessaire à sa consommation, nécessaire surveillé par une police qui sera confiée aux administrations provinciales et suivie d'après les règlemens qui seront faits.

Art. 9. — Que l'exportation chez l'étranger soit seulement permise par le gouvernement lorsque, par les résultats que donneront les assemblées provinciales de la quantité des grains et du besoin qui existerait dans chaque province, il sera assuré de l'approvisionnement d'une année d'avance pour tout le Royaume ; prendre les précautions les plus capables de prévenir les abus lors de l'exportation et punir ceux qui outrepasseraient de peines rigoureuses.

Art. 10. — Concilier le droit de propriétaire maître du prix avec le droit précieux et incontestable de l'humanité à cette denrée de première nécessité ; empêcher la réticence trop attestée de la part des propriétaires, le monopole, la cupidité des capitalistes, des accapareurs et des emmagasineurs dont l'objet est de faire élever le prix excessivement ; par là ils réduisent la classe indigente du peuple à ne pouvoir atteindre à sa seule subsistance ; ses malheurs, en augmentant, le portent à des extrêmes qui ne s'arrêtent que par d'autres extrêmes, la peine de mort contre ceux qui ont voulu vivre forcément.

Art. 11. — Cette conciliation se trouvait dans la police qui avait lieu avant 1774, révoquée à cette époque par la défense de contraindre aucun marchand, fermier, laboureur ou autre, de porter des grains ou farines au marché.

Et inutilement le Roi a-t-il exhorté de garnir suffisamment les marchés, inutilement le Parlement a-t-il ordonné l'exécution des arrêts, règlemens et ordonnances concernant l'approvisionnement des marchés, la réticence n'a point cessé, les marchés n'ont pas été mieux garnis, parce que la défense de contraindre n'a pas été expressément levée, le surprix n'a fait qu'accroître, il est à son comble et l'indigent privé de pain.

Art. 12. — Les manufactures et le commerce, après l'agriculture, doivent attirer l'attention : les faciliter, les encourager, ne permettre l'importation des marchandises étrangères que par échanges, autant qu'il sera possible, et pour des besoins de nécessité, non de luxe, conserver le numéraire, donner au commerce intérieur la liberté qu'il exige, reporter les douanes aux frontières comme le projet en a été formé. Les manufactures et le commerce reprendront leur état florissant, emploieront un nombre considérable d'ouvriers et d'agents, le numéraire circulera, les faillites et banqueroutes seront moins fréquentes.

Art. 13. — Interdire absolument le commerce à toutes personnes nobles, ou jouissant des prérogatives de la noblesse, à tous magistrats, officiers de judicature, aux financiers et autres ayant le maniement des deniers royaux.

Art. 15. — Un seul poids, une seule mesure, projet conçu du temps de Charlemagne et renouvelé plusieurs fois, est encore à effectuer ; les raisons de l'uniformité à cet égard ont singulièrement l'avantage sur celles qui ont été employées pour les combattre et nous ne sommes plus heureusement sous le régime féodal, qui mettait des entraves au bien général de la société. Les droits des seigneurs seraient conservés par le rapport et la réduction qui se feraient des poids et mesures actuels de chacun, aux poids et mesures uniformes qui seraient déterminés ; ce rapport constaté, ce qui est aisé, aucun ne souffrirait et cette uniformité faciliterait le commerce, le débarrasserait de beaucoup de difficultés et le mettrait à l'abri de toutes tromperies auxquelles l'expose la diversité des poids et mesures.

Art. 16. — Une tache qui gêne le commerce des biens fonds, les décorations, les embellissemens sont les rentes foncières sur cens et autres redevances réelles non rachetables ; il conviendrait de l'effacer, rendre rachetables à toujours ces redevances, quelque cause qui les ait fait établir, sans distinction de premières après le cens, ni de maisons de ville ou de biens de campagne, même les redevances en grains et denrées toujours appréciables avec cette précaution néanmoins que celles qui seraient dues aux églises, fabriques, gens de main-morte, communautés séculières ou régulières fussent seulement rachetables en contrats d'autres rentes sur le Roi, la ville, Etats, etc., etc., qui tiendraient lieu de remplois et à l'exception aussi des cens et redevances qui sont ou tiennent essentiellement lieu de la marque de la seigneurie directe.

Art. 17. — Les droits de main-morte, de serfs, de suite, les banalités de toute espèce, les corvées seigneuriales, restes odieux de l'esclavage, de la force et de la tyrannie doivent être abolis et supprimés.

Art. 18. — Pareillement les capitaineries, établissement pour le seul exercice et le plaisir des grands, occasionnent une dévastation aux récoltes, qui influent sur le peuple, exposant pour un léger délit à des peines rigoureuses ; il semble même que la multiplicité des animaux, leur nourriture aient été préférées à celles des sujets de Sa Majesté.

Art. 19. — Remédier à la trop grande quantité de gibier, de lapins, que les seigneurs affectent de conserver dans leurs terres, au détriment des récoltes. Les formes prescrites à cet égard par l'arrêt du Parlement du

15 mai 1779, sont trop dispendieuses ; le cultivateur n'est pas toujours en état de faire des avances considérables, les peines prononcées contre lui font souvent qu'il n'ose entreprendre d'agir, quoiqu'il ait lieu de se plaindre ; et ses fruits restent en proie à la rapacité de ces animaux.

Art. 20. — EAUX ET FORÈTS. — Une police vraiment conservatrice est nécessaire ; mais faire une réforme telle que cet objet soit uniquement rempli et qu'une administration à cet égard ne soit plus trop rigide ou trop relachée et dispendieuse, au gré de la cupidité de ceux à qui elle est confiée.

Art. 21. — Il y a nombre de curés dans les campagnes qui ont à peine de quoi subsister ; il convient que les ministres de l'Église, ceux surtout qui portent le poids du sacerdoce, aient un revenu honnête ; tous curés et congruistes devront avoir au moins 1,200 livres de revenu au-dessus des charges, soit en dîmes ou par supplément, sur les tiers-lods (1) des abbayes et prieurés, réparations prélevées et sur les gros décimateurs. Ces tiers-lods, pour éviter les abus qui se commettent, devraient être régis ou perçus par un séquestre dans chaque diocèse et employés utilement.

Art. 22. — Les vicaires devraient avoir au moins 600 livres non compris le logement.

Art. 23. — En assurant une subsistance honnête aux curés congruistes et vicaires, il conviendrait aussi de

---

(1) *Tiers lods :* Prélèvement que faisaient le roi et les seigneurs hauts-justiciers à la vente d'un pré, du tiers de droit de lods, pour prix de la concession des eaux qui servaient à l'irrigation de ce pré. — Les *lods et ventes* étaient les droits dus au seigneur par l'acquéreur de biens dans sa seigneurie.

remettre en vigueur la disposition des canons et de l'article 15 de l'Ordonnance d'Orléans, qui défendent aux ecclésiatiques d'exiger aucune chose pour l'administration des sacremens ni pour les sépultures et funérailles, excepté pour les services et prières qui seraient demandés au delà de ce que l'Église est tenue de faire. Le Parlement de Rouen a rendu un arrêt le 14 mai 1708, pour cette défense contre les curés décimateurs.

Art. 24. — La Vénalité des offices de judicature devrait être supprimée et leur exercice toujours confié à des hommes respectables par leurs vertus, leur capacité, leur intégrité, leur désintéressement et leur amour pour la justice et l'équité.

Art. 25. — Les ressorts étendus de quelques Parlemens devraient être diminués ; l'éloignement fatigue et constitue en de trop grandes dépenses ceux qui ont le malheur d'y avoir des procès ; réunir à des Parlemens voisins les lieux qui dépendent des Parlemens plus éloignés.

Art. 26. — Par cette raison le Grand Conseil devrait être supprimé et les matières qui lui sont attribuées rendues aux bailliages et sénéchaussées ; les appels, aux Parlemens qui en ont le ressort.

Art. 27. — Les *Committimus* (1), au grand et au petit sceau, ainsi que les lettres de garde-gardienne, supprimés. Au moins restreindre les *Committimus* au petit sceau aux seules actions personnelles excédant mille

(1) On appelait *Committimus* le privilège accordé par le souverain à des établissements ecclésiastiques ou civils ou à des particuliers de n'être pas tenus de reconnaître la juridiction ordinaire et locale et de n'avoir d'autres juges que ceux que désignait le privilège. Le *Committimus* du grand sceau était valable pour toute la France ; celui du petit sceau n'avait de cours que dans le ressort d'un Parlement. — La *garde-gardienne* était le nom donné au privilège du *Committimus*.

livres, ceux au grand sceau à celles excédant trois mille livres.

Art. 28. — Le pouvoir des Présidiaux augmenté jusqu'à trois mille livres au premier chef et jusqu'à cinq mille au grand chef.

Art. 29. — Les bureaux établis pour la conservation des hypothèques sur les biens immeubles confirmés.

Art. 30. — Supprimer les charges d'huissiers-priseurs, vendeurs de meubles dans les campagnes, et les quatre deniers par livre du prix des ventes.

Art. 31. — La réforme du Code civil et du Code criminel est reconnue nécessaire.

Art. 32. — Donner après le recollement connaissance à l'accusé des noms des témoins, pour qu'il puisse les reprocher et rapporter, dans un délai fixé, les pièces justificatives de ses moyens de reproche, et, après la confrontation, lui donner un conseil qui prendra communication, sans déplacer, du procès, pour le mettre en état de fournir ses faits justificatifs ou d'atténuation.

Art. 33. — Que la peine de mort ne soit décernée que pour homicides volontaires, duels, parricides, fratricides, infanticides, poison, vol avec profanation, des choses saintes, et crime de lèse-majesté, dans tous les cas spécifiés par l'ordonnance.

Art. 34. — Que pour tous autres crimes et délits méritant peines afflictives, la plus forte peine soit dans les galères à temps ou à perpétuité, ou condamnation aux travaux publics à temps ou à perpétuité.

Art. 35. — Donner un corps de lois fondé sur la justice et l'équité, puisé dans les meilleures lois, dans le droit commun, uniforme pour tout le royaume, touchant les personnes, les biens, les actions (sauf les droits seigneuriaux, suivant la possession ou les titres particuliers), au lieu de cette multitude d'ordonnances éparses et de cette multitude de coutumes générales et locales, bizarres, contradictoires, insuffisantes, surchargées, de commentaires également contradictoires, obscurs, prêtant à des discussions volumineuses et ruineuses et occasionnant une diversité de jurisprudence produisant les mêmes effets.

Ce corps de lois a été annoncé dans le préambule de l'Ordonnance de 1731, concernant les dotations.

« La justice, est-il dit, devrait être aussi uniforme dans « ses jugemens que la loi est une dans sa disposition, « et ne pas dépendre de la différence des lieux et des « temps, comme elle fait gloire d'ignorer celle des per- « sonnes. Tel a été l'esprit de tous les législateurs ; et il « n'est point de lois qui ne renferment le vœu de la per- « pétuité et de l'uniformité... » Nous aurions pu la faire cesser avec plus d'éclat et de satisfaction (la diversité de jurisprudence) si nous avions pu différer de publier le corps des lois qui seront faites dans cette vue, jusqu'à ce que toutes les parties d'un projet si important eussent été également achevées.

PLAINTES LOCALES

Art. 36. — La surcharge d'impôts a réduit Charly dans un état de misère qu'il ne peut plus supporter et qui nécessite un soulagement qui résultera vraisemblablement du plan général d'administration qui sera adopté aux Etats généraux.

Le bourg de Charly, placé dans un vallon assez agréable, est environné de coteaux, excepté au midi ; il est borné par la rivière de Marne qui le sépare de Pavant.

Ses terres sont assez bonnes dans le vallon, elles sont très médiocres sur le haut des montagnes ; le principal commerce est celui du vin qui se recueille sur les coteaux.

Mais il n'existe aucun chemin praticable soit pour l'exportation, soit pour l'importation. Un chemin très utile et qui est à réparer est celui de Charly à Luzancy, distance de deux lieues, conduisant à Meaux et à Paris. Un autre chemin essentiel pour l'exportation des vins serait celui de Charly à La Ferté Milon, distance de cinq lieues, dont il y a différentes parties de faites ; ce chemin donnerait l'ouverture dans le Valois, le Multien et la Picardie, qui autrefois enlevaient les vins de Charly. L'on a commencé la réparation de ces chemins, mais les circonstances malheureuses les ont fait abandonner ; les marchands de ces différentes provinces n'y viennent plus à cause de la difficulté des chemins. Charly est demeuré dans la plus grande inertie ; et il faut qu'à grands frais les habitants transportent leurs vins, ce qui augmente leur misère devenue à son comble par la gelée de cette année de toutes les vignes dont la plus grande partie est déjà coupée ; et (le croirait-on) que ce petit bourg composé d'environ trois cents feux, excédé par la multiplicité des impôts, est forcé de payer, année commune, plus de 47,000 livres de droits, non compris ceux du sel et du tabac ? C'est un fait justifié par les registres dont on a fait le relevé. En voici le détail, compris les deux petits hameaux de Ruvest et Drachy, paroisse de Charly :

Taille à Charly.	3645 liv.
Accessoires.	2994
A reporter.	6639 liv.

Report.	6639 liv.
Capitation.	2605
Corvées.	1550
Impositions royales.	3018
Ruvest, petit hameau de la paroisse de Charly, en tout.	1800
Drachy, autre petit hameau de la paroisse, en tout.	1000
Droits domaniaux de la paroisse, distraction faite du surplus de l'arrondissement.	3000

Droits d'aides, année commune.

Anciens et nouveaux cinq sous (par muid).	1820 liv.
Inspecteurs aux boissons et boucheries. .	»
Droits qui ont pour prétexte que Charly était autrefois fermé.	2400
Droits réservés.	2000
Gros, augmentation, jauge, courtage, courtiers, jaugeurs.	14000
Gros manquant.	100
Vente en détail.	1800
Cuirs.	150
Sel.	»
La paroisse de Charly, compris Ruvest et Drachy, composant trois cent-quatre-vingt-quinze feux, réduits à un quart chaque feu.	6000
TOTAL : *Quarante-sept mille-huit cent-quatre-vingt-deux livres*, ci.	47882 liv.

Signé : Pinondel, Prieur, Driau, Morin, Vignon, Lavigne, Baron, Crouet, Bataille, Delaplace, Gratiot,

Bataille, Bédel, N. Lamy, Blaireau, Beauville, Delaplace, Liné, Romelot, Bel, Pierre Garnier, Langlois *, Cornette *, Marteau, Lenoble, Hochard, Huyard, Demoncy, Tillet, Gantier, Hochard, Lejeune *, Carré *, Gruguelu *, Cornette *, Guillain *, Caboche, Fleury, *syndic*, Boullenger, *greffier*, Fayet *bailli* (1).

Le présent cahier contient treize pages, compris celle de la suite des signatures, lesquelles pages ont été cotées pax première et dernière et paraphées, *ne varietur*, au désir du règlement et de l'ordonnance, en l'assemblée du bourg et paroisse de Charly-sur-Marne, Ruvest en dépendant, par nous Claude Antoine Fayet, bailli de Charly et dépendances, ce lundi 13 avril 1789, de relevée (2).

Signé : FAYET, bailli » (3).

(1) Les noms suivis d'un * sont ceux des délégués de Ruvèt.

(2) Archives nationales, Acte de convocation et députation aux Etats généraux, T. CIV, BIII, 104, p. 246, f° 393.

(3) D'après le rôle de la Taille et autres impositions pour 1788, le total s'élevait à 8705 livres, savoir :

Pour le principal Taille.	3395 liv.
Pour les impositions accessoires de la Taille. . . .	2840
Pour la capitation y compris les quatre sous pour livre.	2470
	8705 liv.

Ce rôle avait augmenté de 539 livres en 1789.

CHAPITRE X

Le principal de tous les impôts était la *Taille*, qui a varié avec les époques. Elle était ainsi nommée parce que les receveurs et les contribuables avaient les uns et les autres des baguettes de bois ou planchettes sur lesquelles on faisait une entaille pour indiquer que l'impôt était payé : on conserve encore ce moyen de contrôle chez les boulangers.

Temporaire d'abord, la Taille devint définitive en 1444-1445. Cet impôt portait sur le produit de la propriété foncière, du travail et de l'industrie de chaque habitant. Les nobles et les ecclésiastiques, n'exerçant aucune profession, en étaient exempts, à moins qu'ils ne fussent possesseurs de biens dits roturiers. Il y avait la *Taille royale*, pour les impôts dus à l'Etat, et la *Taille seigneuriale*, pour les impôts dus au seigneur. Cette dernière avait disparu depuis longtemps.

Arrêté en Conseil du roi, le rôle de la Taille était envoyé dans les Généralités aux Intendants de Justice, Police et Finances (1). Il était réparti par l'Intendant

(1) Charly dépendait de l'Intendance ou Généralité de Soissons, et de la Subdélégation d'Oulchy-le-Château.

entre les Elections et les Paroisses. La somme une fois fixée, le Commissaire des tailles se rendait dans chaque paroisse. Tous les habitants réunis sous la présidence du syndic ou maire nommaient à l'élection des collecteurs de tailles qui remplissaient, sous un certain rapport, les fonctions de nos répartiteurs actuels. Le Commissaire des tailles convoquait le syndic, les collecteurs et trois des principaux habitants : on écoutait les rapports des uns, les réclamations des autres, et on établissait le rôle d'après l'évaluation de la nature des biens fonds, le prix de la journée de travail selon les professions. Le rôle achevé et vérifié était publié le dimanche après la messe. A Charly en 1788, les trois collecteurs élus furent J.-B. Vignon, cultivateur à Beaurepaire, François Vigour et Pierre Garnier dit La Gelée.

La mission de collecteur des tailles n'était pas toujours très agréable : les habitants payaient ordinairement par petits acomptes. Les collecteurs recevaient une indemnité de six deniers par livre (soit 2 centimes 1/2 par franc) du principal de la taille, pour le droit de collecte et le droit de quittance, ce qui à Charly en 1788 s'éleva à 86 livres 17 sous.

La Taille ayant été reconnue insuffisante pour les besoins de l'Etat, on y ajouta peu à peu de nouveaux impôts, qui prirent différents noms. Il y eut les impositions accessoires de la taille, qu'on appela simplement *accessoires*. En 1788, les accessoires s'élevaient à un peu plus des 8 dixièmes de la taille. Ainsi Jean-Antoine Léguillette, laboureur, ayant une taille fixée à 65 livres, payait 53 livres comme accessoires.

Ce n'était pas tout encore. Lors de la guerre de 1695, (deuxième coalition), un nouvel impôt annuel fut fixé par feu et par famille (18 janvier), on l'appela *capitation*. Cet impôt en 1788 était établi au marc de livre, 14 sous 2 deniers, soit un peu plus des 7 dixièmes. Le même Léguillette, cité ci-dessus, payait 46 livres comme capitation. Le plus imposé à cette époque était Pierre Bataille qui payait 596 livres 16 sous de taille, 486 livres 13 sous d'accessoires et 423 livres 15 sous de capitation, soit 1,507 livres 4 sous.

Les *Corvées* étaient un impôt remontant au moyen âge, établi par les seigneurs pour l'entretien des routes. Féodal d'abord, il devint royal ensuite, fut fixé à un nombre de jours qui a varié un peu. Au seizième siècle, il était de douze jours par an. Cet impôt était payé en argent ou en nature. Aujourd'hui on le désigne sous le nom de Prestations.

Il y avait d'autres impôts qui avaient été établis pour subvenir au mauvais état des finances et aux besoins de la guerre. Une Déclaration royale du 14 octobre 1710, avait ordonné la levée du Dixième du revenu de tous les biens pour soutenir la guerre de la troisième coalition contre la France, dans la guerre dite de la succession d'Espagne. On l'appela *Dixième*. Il fut supprimé en 1717, rétabli le 17 novembre 1733, pour la guerre de la succession de Pologne, supprimé en 1737, rétabli de nouveau le 29 août 1741 pour la guerre de la succession d'Autriche et supprimé en 1749.

Le *Vingtième* était un impôt fixé au vingtième du revenu des contribuables. Un premier vingtième avait été établi par édit de 1749. Un second vingtième fut établi par édit du 17 juillet 1756, pour les besoins de la guerre de Sept-Ans. Ces deux vingtièmes, qui ne devaient être que transitoires, furent établis sur tous les biens fonds, maisons, seigneuries, fermes, etc. Ils n'admettaient aucun privilège, si ce n'est pour le clergé. Ils furent prorogés par un édit de novembre 1771, qui établit en outre les *quatre sous* pour livre du premier vingtième et ordonna la perception de *deux sous* pour livre en sus de ceux qui se percevaient sur différents droits de fermes et autres. Un troisième vingtième fut établi en juillet 1782 pour la guerre d'Amérique.

Ainsi en 1777, Fayet, notaire, avait une maison estimée 60 livres de revenu ; il payait pour les deux vingtièmes 6 livres et, pour les 4 sous pour livre, 12 sous.

Les *Droits d'aides* étaient des impôts sur les boissons, sur la fabrication, sur la marque d'or et d'argent, sur les fers, les cuirs, les huiles, l'amidon, les cartes à jouer, le papier, le carton, etc. (Edit d'août 1781). On y joignait les droits sur le jaugeage des boissons, sur le courtage, sur la vente en détail, sur le gros manquant ou taxe sur la partie du vin réservée au consommateur. Aujourd'hui ces droits s'appellent les *Contributions indirectes*, après avoir porté la dénomination de *Droits réunis* sous le premier empire.

Les *Droits réservés* au Trésor royal étaient des impôts sur les épices, les vacations, etc. Ils étaient de 5 sous par livre.

On voit que les impôts qui pesaient sur nos ancêtres

étaient écrasants et que le malaise du pays était considérable.

D'après le registre du Rôle de la taille et des Impositions de Charly en 1788, il est facile de voir comment était alors répartie la fortune territoriale de la localité et de connaître presque toute la population mâle de cette époque. Malheureusement les registres relatifs à Ruvêt manquent. On verra en outre, d'après cette liste, les familles qui ont disparu de notre pays depuis un siècle.

NOMS DES HABITANTS	Taille			Accessoires		Capitation		
	LIV.	S.	D.	LIV.	S.	LIV.	S.	D.
ADAM (André), vitrier.	10	10	»	8	11	7	9	»
AMBROISE (Louis), maréchal.	1	»	»	»	16	»	14	»
AUBIN (Jacques), dit La Rivière.	3	5	»	2	13	2	6	»
BACHELET, fripier.	5	»	»	4	2	3	10	»
BACHELIER (Pierre), cordier.	5	»	»	4	2	3	11	»
BAILLEUX (Jean-Baptiste), maçon.	4	»	»	3	5	2	16	»
BARON (Jean), tonnelier.	2	»	»	1	12	1	8	»
BARON (Pierre), bourgeois.	4	»	»	3	5	2	16	»
BARON (Nicolas), vicaire.	»	»	»	»	»	»	»	»
BARRAS (Pierre), meunier.	75	»	»	61	5	53	4	»
BATAILLE (Louis-Armand de), bourg.	11	»	»	9	»	7	16	»
BATAILLE (Pierre-Fr.), laboureur, 4 charrues	596	16	»	486	13	423	15	»
BEAUVILLE (Gervais), tourneur.	12	»	»	9	16	8	10	»
BEAUVILLE (Pierre), vigneron.	1	»	»	»	16	»	14	»
BEL (Etienne).	3	»	»	2	9	2	2	»
BELLE (Marguerite), blanchisseuse.	»	10	»	»	8	»	7	»
BETHENANT, aîné.	»	10	»	»	8	»	7	»
BETHENANT (Louis), tourneur.	2	10	»	2	1	1	15	»
BLAIREAU (Antoine), aîné, maçon.	4	5	»	3	9	3	»	»
BLAIREAU (Antoine), dit Jean Léger.	1	5	»	1	»	»	18	»
BLAIREAU (Jean), des Buttes.	2	10	»	2	1	1	15	»
BLAIREAU (Jean-Antoine), jardinier.	2	»	»	1	12	1	8	»
BLAIREAU (Jean-Pierre), maçon.	»	10	»	»	8	»	7	»
BLAIREAU (Jean-Mathias), maçon.	5	»	»	4	2	3	11	»
BLAIREAU (Louis), dit Robiche.	4	8	»	3	12	3	2	»
BLAIREAU (Louis), jeune.	4	17	»	3	19	3	8	»
BLAIREAU (Nicolas), veuve	11	»	»	9	»	7	16	»
BLAIREAU (Nicolas), jeune.	6	»	»	4	18	4	5	»
BLAIREAU (Pierre), maçon.	5	»	»	4	2	3	11	»
BLAIREAU (Toussaint), bedeau	1	2	»	»	18	»	16	»
BOCQUET (Aignan), vigneron.	1	»	»	»	16	»	14	»
BOCQUET, marchand	6	»	»	4	18	4	5	»
BOISSEROLLES (DE), veuve	»	»	»	»	»	»	»	»
BONO (Louis), menuisier.	4	15	»	3	17	3	7	»
BOUDOT (Simon), tisserand.	3	»	»	2	9	2	2	»
BOUDOT, jeune.	1	»	»	»	16	»	14	»
BOULLENGER (Louis), greffier.	4	»	»	3	»	»	»	»
BOUR (Jean-Pierre).	»	5	»	»	4	»	3	»
BOURGEOIS (François), dit Cateau	2	»	»	1	12	1	8	»
BOURGEOIS (Louis), manouvrier.	2	10	»	2	1	1	15	»
BOUVIER, manouvrier.	1	5	»	1	»	»	18	»
BRÉZILLON (Simon), vigneron.	1	»	»	»	16	»	14	»
BRÉZILLON (Simon), jeune, tonnelier.	1	»	»	»	16	»	14	»
BRIDET (Simon), manouvrier.	»	15	»	»	12	»	11	»
BRISSON (De Saint), Seigneur.	»	»	»	»	»	»	»	»
CABOCHE (Denis-Louis), notaire	5	»	»	4	»	3	11	»
CASENEUVE, cordonnier.	1	»	»	»	16	»	14	»

NOMS DES HABITANTS	Taille			Accessoires		Capitation		
	LIV.	S.	D.	LIV.	s.	LIV.	S.	D.
Chambellain (Honoré) marchand.. .	17	»	»	14	»	12	»	»
Champiat (Antoine), tisserand. . . .	4	5	»	3	9	3	»	»
Champiat (J.-Baptiste), veuve. . . .	9	»	»	7	7	6	7	»
Chantreau, veuve.	10	»	»	8	3	7	2	»
Charbonnier (Antoine), veuve. . . .	1	»	»	»	16	»	14	»
Chartraire (J.-Blaise), manouvrier.	1	5	»	1	»	»	18	»
Chatelain, jeune, indigent.	»	»	»	»	»	»	»	»
Chatelain (Marc-Antoine), manouv.	1	»	»	»	16	»	14	»
Chatelain (Pierre), marchand. . . .	3	»	»	2	9	2	2	»
Chauvalon (Jean), cordonnier. . . .	5	10	»	4	10	3	18	»
Chéron (Gabriel), M^d et laboureur. .	72	15	»	59	8	51	10	»
Chéron (Jean), vigneron.	6	»	»	4	18	4	5	»
Chevallier (Pierre), tisserand. . . .	2	»	»	1	12	1	8	»
Chouard (Jean-Baptiste).	3	»	»	2	9	2	2	»
Clément (Jean).	»	»	6	»	»	»	»	»
Closson (Jean), vigneron.	3	10	»	2	17	2	9	»
Copineau, procureur fiscal.	6	»	»	4	18	4	5	»
Cousin (Marguerite), blanchisseuse.	»	5	»	»	4	»	3	6
Couvreur (Pierre), berger.	»	5	»	»	4	»	4	»
Crouet (François), chirurg. et m^d .	17	»	»	13	18	12	2	»
Crouet (Jean), marchand	6	»	»	4	18	4	5	»
Crouet (demoiselle), marchande. . .	1	»	»	»	16	»	14	»
Dallier (Jean-Nicolas), vanier. . . .	5	»	»	4	2	3	11	»
Dallier (Nicolas), veuve.	4	8	»	3	11	3	2	»
Del (Joseph), vigneron.	7	17	»	6	9	5	12	»
Delahaye (J.-Baptiste), vigneron. . .	1	»	»	»	16	»	14	»
Delahaye (J.-Jacques), charpentier.	4	10	»	3	13	3	3	»
Delaitre (Claude), bourrelier. . . .	6	»	»	4	18	4	5	»
Delalot (Barthélemy), maçon. . . .	2	10	»	2	1	1	15	»
Delamarre, aubergiste.	10	»	»	8	3	7	2	»
Delaplace (Antoine), serrurier. . . .	13	»	»	10	2	9	4	»
Delaplace (Claude), menuisier. . . .	5	»	»	4	17	3	8	»
Delaplace (Etienne), tonnelier. . . .	2	»	»	1	12	1	8	»
Delaplace (François), menuisier. . .	6	12	»	5	8	4	15	»
Delaplace (J.-B.), menuisier.	3	10	»	2	17	2	9	»
Delaplace (Jean-de-Dieu), jardinier.	32	»	»	26	2	22	13	»
Delaplace (Pierre), menuisier. . . .	2	10	»	2	1	1	15	»
Delaplace (Vincent), vitrier.	4	»	»	3	5	2	16	»
Delavigne (demoiselles)	5	10	»	4	10	3	18	»
Delavigne, (Marc-Ant.), laboureur, (2 charrues)	158	»	»	129	»	112	»	»
Delizy (Jean), labour., (2 charrues).	92	»	»	75	»	65	»	»
Delizy (Jean), jeune, lab. (1 charrue).	45	7	»	37	»	32	»	»
Demarcq (Antoine).	»	10	»	»	8	»	7	»
Demarcq (Pierre), garde.	1	10	»	1	4	1	1	»
Demathieu, dit l'Ermite	2	10	»	2	1	1	15	»
Demathieu, chaudronnier	2	»	»	1	12	1	8	»
Demoncy (Nicolas), lab. (1 charrue). .	55	»	»	45	»	39	»	»
Denis, veuve (exempte)	»	»	»	»	»	»	»	»

NOMS DES HABITANTS	Taille			Accessoires		Capitation		
	LIV.	S.	D.	LIV.	S.	LIV.	S.	D.
Devaux (Claude), tourneur.	5	10	»	4	10	3	18	»
Devaux (Pierre).	2	»	»	1	12	1	8	»
Doyer (Antoine), vigneron.	4	»	»	3	5	2	16	»
Doyer (Jacques)	4	8	»	3	12	3	2	»
Doyer (Jacques-Augustin).	4	18	»	4	»	3	1	»
Doyer (Louis), vigneron	8	10	»	7	»	6	»	»
Doyer (Pierre), indigent	»	»	»	»	»	»	»	»
Drémond (Philippe).	9	»	»	7	7	6	7	»
Driau (Eustache), charron	3	»	»	2	9	2	2	»
Drieux (François), tonnelier	1	»	»	»	16	»	14	»
Dubois (François), jeune, manouv. .	»	10	»	»	8	»	7	»
Dubois (J.-François), père, sonneur. .	1	10	»	1	4	1	1	»
Dubois (Nicolas), jardinier.	6	10	»	5	6	4	12	»
Dufour (Marie-Aimé), chapelier. . .	4	»	»	3	5	2	16	»
Dugland (Nicolas), vigneron.	»	10	»	»	8	»	7	»
Dupont, jardinier	9	18	»	8	1	7	»	»
Dupuis (André), indigent.	»	»	»	»	»	»	»	»
Dupuis (Jean-Laurent), tisserand. .	4	»	»	3	5	2	16	»
Fallet (Quiriace), blutier	14	»	»	11	1	9	19	»
Fasquel (Ch.-Noel-Fr.), huissier. . .	4	»	»	3	5	2	16	»
Fayet (Claude-Antoine), notaire. . .	10	»	»	8	3	7	2	»
Ferrand (Jacques), fripier.	16	»	»	13	»	11	7	»
Fillard (Marc), tonnelier	3	»	»	2	9	2	2	»
Fleury (Jean-Nicolas), perruquier.	9	»	»	7	7	6	7	»
Fleury (Pierre), blutier.	5	8	»	4	8	3	17	»
Fonciér (Jean-Louis), cordonnier. .	3	»	»	2	9	2	2	»
François (Pierre), *voir* Lhote	»	»	»	»	»	»	»	»
Gantier (Louis), tisserand.	3	5	»	2	13	2	6	»
Garnier (Jean-Antoine), vigneron. .	5	»	»	4	2	3	11	»
Garnier (Jean-Pierre), vigneron. . .	1	10	»	1	4	1	1	»
Garnier (Jean-Pierre), dit la Gelée.	1	15	»	1	8	1	5	»
Garnier (Jérôme), dit Girelaine . . .	»	5	»	»	4	»	3	6
Garnier (Pierre), dit la Gelée, collect.	1	15	»	1	8	1	5	»
	7	14	»	6	»	5	6	»
Garnier (Pierre, fils du précédent) .	8	16	»	7	3	6	4	»
Garnier (Roch), vigneron.	4	»	»	3	5	2	16	»
Garnier, veuve, indigente.	»	»	»	»	»	»	»	»
Gaulier (Pierre), charretier	»	5	»	»	4	»	4	»
Germain (Antoine), vigneron.	5	10	»	4	10	3	18	»
Gosset (Antoine).	4	5	»	3	9	3	»	»
Gosset (Pierre), veuve	5	»	»	4	2	3	11	»
Gougeon (François), vigneron	3	»	»	2	9	2	2	»
Gougeon (Pierre), veuve, (héritiers).	3	»	»	2	9	2	2	»
Gougeon (Pierre), vigneron	4	10	»	3	13	3	3	»
Gratiot (Claude), vigneron.	12	»	»	9	16	8	10	»
Gratiot (Martial-Hubert)	20	»	»	17	1	14	16	»
Gratiot (Pierre), manouvrier	2	15	»	2	5	2	»	»
Gratiot (Pierre, jeune).	1	»	»	»	16	»	14	»

NOMS DES HABITANTS	Taille			Accessoires		Capitation		
	LIV.	S.	D.	LIV.	S.	LIV.	S.	D.
Guérinet (François), cordonnier. . .	4	»	»	3	5	2	16	»
Guérinet (Jean), cordonnier.	4	10	»	3	13	3	3	»
Guérinet (Jean-François), Rudenoise.	3	»	»	2	9	2	2	»
Guibert (Louis).	»	15	»	»	12	»	11	»
Guillaume (Germain), batelier. . . .	22	»	»	18	»	15	12	»
Guyot (Jacques), père, vigneron. . .	7	10	»	6	3	5	6	»
Guyot (Jacques), jeune, vigneron. .	4	»	»	3	5	2	16	»
Guyot (Nicolas).	2	»	»	1	12	1	8	»
Haquin (Charles), taillandier.	3	5	»	2	13	2	6	»
Haquin (Pierre), veuve, boulangère.	5	10	»	4	10	3	18	»
Haquin (Pierre), sergent.	1	»	»	»	16	»	14	»
Hocart (Antoine), vigneron.	11	5	»	9	4	8	»	»
Hochard (Jean-Antoine), tonnelier. .	5	»	»	4	2	3	11	»
Hochard (Martin), jardinier.	8	»	»	7	3	6	4	»
Hubert (Charles), meunier.	20	»	»	16	7	14	3	»
Huyart (Anséric), serrurier.	4	»	»	3	5	2	16	»
Huyart (Antoine), serrurier.	4	»	»	3	5	2	16	»
Huyart (Remy), piqueur.	3	5	»	2	13	2	6	»
Jarry (François), vigneron.	3	»	»	2	9	2	2	»
Jeanné (Antoine), vigneron.	5	10	»	4	10	3	18	»
Jeanné (François), vigneron.	3	10	»	2	17	2	9	»
Lair (Jean-Louis), cribleur.	1	10	»	1	4	1	1	»
Lair (Louis), cribleur.	10	»	»	8	3	7	2	»
La Loge (De), noble	»	»	»	»	»	»	»	»
Lamy (Antoine), veuve.	2	10	»	2	1	1	15	»
Lamy (Louis), taillandier.	3	10	»	2	17	2	9	»
Lamy (Nicolas), taillandier.	6	»	»	4	18	4	5	»
Lapierre.	1	»	»	»	16	»	14	»
Latizeau (Jean-Nicolas), vigneron. .	11	10	»	9	7	8	3	»
Latizeau (Antoine), veuve	9	»	»	7	15	6	14	»
Laudigeois (L.-Joseph), perruquier.	5	10	»	4	10	3	18	»
Lecomte (Antoine-Rufin), tonnelier .	4	»	»	3	5	2	16	»
Leconte (Jean-Louis), instituteur. .	»	»	»	»	»	»	»	»
Leconte (Louis), marchand.	5	»	»	4	2	3	11	»
Leconte (Marguerite), blanchisseuse.	»	10	»	»	8	»	7	»
Lefèvre (Antoine), vigneron.	»	10	»	»	8	»	7	»
Lefèvre (Charles), vigneron.	»	10	»	»	8	»	7	»
Lefèvre (Claude), manouvrier. . . .	2	»	»	1	12	1	8	»
Lefèvre (François), bedeau	1	10	»	1	4	1	1	»
Lefèvre (Théodore), cordonnier. . .	2	»	»	1	12	1	8	»
Lefranc (Félix), courtier.	1	10	»	1	4	1	1	»
Lefranc (Jean-Antoine), aîné	6	»	»	4	18	4	5	»
Lefranc (J.-Ant.), jeune, charpentier.	3	»	»	2	9	2	2	»
Lefranc (Joseph), charpentier. . . .	6	»	»	4	18	4	5	»
Lefranc (Pierre), charpentier	5	»	»	4	2	3	11	»
Lefranc (Roch), veuve.	8	15	»	7	2	6	4	»
Leguillette (Jean-Ant.), lab. (2 ch.).	65	»	»	53	»	46	»	»

NOMS DES HABITANTS	Taille			Accessoires		Capitation		
	LIV.	S.	D.	LIV.	S.	LIV.	S.	D.
LÉGUILLETTE (Louis), laboureur, (2 charrues).	85	»	»	69	10	60	5	»
Le même, pour dîmes	9	»	»	7	7	6	7	»
LEMAIRE (François), tailleur	1	»	»	»	16	»	14	»
LENOBLE (Vincent), vigneron.	10	»	»	8	3	7	2	»
LEROUX (Jean), maçon	1	10	»	1	4	1	1	»
LHÔTE (Jacques et François), labour. (2 charrues)	83	»	»	68	»	59	»	»
LIÉNARD, cordonnier	»	10	»	»	8	»	7	»
LIMOUZIN (Martin), vigneron.	3	18	»	3	4	2	15	»
LINÉ (Jean-Louis), maréchal.	3	5	»	2	13	2	6	»
LINÉ (Pierre), maréchal	4	10	»	3	13	3	3	»
LUSSIEZ, vicaire	»	»	»	»	»	»	»	»
MACÉ (J.-Pierre), Md de médailles. .	3	»	»	2	9	2	2	»
MACÉ (Pierre), vigneron	1	2	»	»	18	»	16	»
MADELAIN (Jean-Antoine), aîné. . . .	13	»	»	10	12	9	4	»
MADELAIN (Jean-Ant.), jeune, charron	4	»	»	3	5	2	16	»
MADELAIN (Joseph), Md de fromages.	2	»	»	1	12	1	8	»
MADELAIN (Louis-François), Md id. .	3	»	»	2	9	2	2	»
MADELAIN (Pierre-François)	4	10	»	3	13	3	3	»
MANTEL (Dominique), marchand. . .	2	10	»	2	1	1	15	»
MANTEL (François), maçon.	1	10	»	1	4	1	1	»
MANTEL (Jean-Jacques), marchand. .	10	»	»	8	3	7	2	»
MARTIN (Jean), marchand.	6	»	»	4	18	4	5	»
MAUGRAS, boulanger	3	»	»	2	9	2	2	»
MAYEUR, berger.	1	10	»	1	4	1	»	»
MEUNIER (Jean), vigneron.	2	»	»	1	12	1	8	»
MIRVILLE (Robert), boulanger	10	»	»	8	3	7	2	»
MORIN (Jean), chirurgien.	6	»	»	4	18	4	5	»
NAUROY, bourgeois.	»	10	»	»	8	»	7	»
NICLOT (Antoine), tisserand.	4	10	»	3	13	3	3	»
NICLOT (Jean-Claude), vigneron. . .	6	»	»	4	18	4	5	»
NICLOT (Louis-Augustin), tisserand. .	1	10	»	1	4	1	1	»
NOEL (Charles)	1	»	»	»	16	»	14	»
NOTTÉ (Louis), menuisier.	4	10	»	3	13	3	3	»
NOUVRON (Claude), courtier	5	10	»	4	10	3	18	»
OGER (Antoine), manouvrier.	2	10	»	2	1	1	15	»
PACQUELIN (Jean), manouvrier. . . .	1	5	»	1	»	»	18	»
PARIS (Antoine), veuve et son fils. .	2	10	»	2	1	1	15	»
PARIS (Charles), veuve	»	5	»	»	4	»	3	»
PARISIS, laboureur (2 charrues) . . .	128	12	»	105	»	91	3	»
PARROL (François), manouvrier . . .	1	»	»	»	16	»	14	»
PASCAL (Jean), veuve.	6	»	»	4	18	4	5	»
PASCAL (Pierre), buraliste	10	»	»	8	3	7	2	»
PERICART (Pierre), vigneron..	2	10	»	2	1	1	15	»
PERLICAN (Charles), bourrelier. . . .	5	10	»	4	10	3	18	»

NOMS DES HABITANTS	Taille			Accessoires		Capitation		
	LIV.	S.	D.	LIV.	S.	LIV.	S.	D.
Perrier (Jacques), tailleur.	2	5	»	1	16	1	12	»
Perrier, veuve, indigente.	»	»	»	»	»	»	»	»
Pétel (Jacques), marchand	16	»	»	13	»	11	7	»
Pétel (Nicolas), veuve	6	»	»	4	18	4	5	»
Pétel (Nicolas), marchand.	17	»	»	14	8	12	8	»
Pétel, héritiers.	24	»	»	19	12	17	»	»
Petit (Louis), dit la Rosée, tailleur.	3	»	»	2	9	2	2	»
Petit (Paul), prieur-curé.	»	»	»	»	»	»	»	»
Picarda (Charles), veuve.	2	10	»	2	1	1	15	»
Pillet, noble, *exempt*.	»	»	»	»	»	»	»	»
Pinondel (Charles), *exempt*.	»	»	»	»	»	»	»	»
Potel (Robert), veuve, marchande.	6	»	»	4	18	4	5	»
Prevôt (Claude), indigent.	»	»	»	»	»	»	»	»
Prieur (Louis), mégissier	7	»	»	5	14	4	19	»
Profit (Louis), vigneron.	2	»	»	1	12	1	8	»
Profit (Pierre), tailleur	1	5	»	1	»	»	18	»
Ragot (Jean), aîné, maçon.	4	10	»	3	13	3	3	»
Ragot, jeune, maçon.	1	10	»	1	4	1	1	»
Ramier (Crepin), veuve.	3	5	»	2	13	2	6	»
Ramier (Louis), jardinier.	15	10	»	12	13	11	»	»
Regnault (Louis-Pierre), marchand.	7	»	»	5	14	4	19	»
Rimbert (demoiselle)	8	»	»	6	11	5	13	»
Rolland (Marc), marchand	1	10	»	1	4	1	1	»
Rolland (Pierre), marchand.	9	6	»	7	12	6	12	»
Romelot (Ant.-Sébastien), vigneron.	1	»	»	»	16	»	14	»
Romelot (Etienne), dit Polydore. . .	»	18	»	»	15	»	15	»
Romelot (Jean-Ant.), de la poste . .	2	10	»	2	1	1	15	»
Romelot (Jean-Pierre), dit Robiche.	3	15	»	3	1	2	13	»
Romelot (Louis), veuve	1	15	»	1	8	1	5	»
Romelot (Louis-François), vigneron.	5	»	»	4	2	3	11	»
Romelot (Louis-François), bourgeois.	9	18	»	8	1	7	»	»
Romelot (Louis-Simon), vigneron. .	4	8	»	3	11	3	2	»
Romelot (Nicolas), aubergiste. . . .	21	»	»	17	3	14	18	»
Romelot (Pierre), tonnelier	14	»	»	11	8	10	»	»
Romelot, fils de Louis, de Rudenoise.	2	»	»	1	12	1	8	»
Roussel (Antoine) hallager.	16	10	»	13	»	11	14	»
Roussel (Antoine), du Mont-Dorin .	30	»	»	24	10	21	5	»
Roussel (Jean de Dieu), manouvrier.	1	»	»	»	16	»	14	»
Roussel (Simon), Md et laboureur. .	36	»	»	29	10	25	10	»
Rouvenin, veuve, indigente.	»	»	»	»	»	»	»	»
Sarazin (Jean), serrurier.	9	»	»	7	7	6	7	»
Sarazin (Jean), fripier	2	»	»	1	12	1	8	»
Sarazin (Jean), marchand.	4	»	»	3	5	2	16	»
Sarazin (Pierre), dit Mayence. . . .	»	10	»	»	8	»	7	»
Savart (Denis), bailli.	4	»	»	3	5	2	16	»
Savart, veuve, indigente.	»	»	»	»	»	»	»	»
Simon (Charles), maçon.	2	10	»	2	1	1	15	»
Souart (François-Nicolas), chapelier.	12	»	»	9	16	8	10	»

NOMS DES HABITANTS	Taille			Access.ires		Capitation		
	LIV.	S.	D.	LIV.	S.	LIV.	S.	D.
SOUART (Jean-Antoine), boucher.	39	»	»	32	»	27	15	»
TARATRE (Jacques), veuve	5	10	»	4	10	3	18	»
TARATRE (Jacques), ménétrier	2	»	»	1	12	1	8	»
TARATRE (Jean-Pierre), tonnelier. . .	2	10	»	2	1	1	15	»
TARATRE (Jean-Pierre), vigneron. . .	1	10	»	1	4	1	1	»
TARATRE (Joseph), vigneron	2	10	»	2	1	1	15	»
TARATRE (Pierre), vigneron.	7	15	»	6	7	5	12	»
TÉTARD (Claude)	7	»	»	5	14	4	19	»
TÉTARD, jeune.	»	»	6	»	»	»	»	»
TILLET (Antoine), tonnelier.	6	»	»	4	18	4	5	»
TILLET (François), dit Lapie	8	»	»	6	11	5	13	»
TILLET (Jean), vigneron.	1	»	»	»	16	»	14	»
TILLET (Nicolas), manouvrier.	1	10	»	1	4	1	1	»
TILLET (Pierre), vigneron.	12	»	»	9	16	8	10	»
TILLET (Robert), indigente.	»	»	»	»	»	»	»	»
TISSIER (Nicolas), veuve	1	5	»	1	»	»	18	»
TISSIER (Robert), veuve.	»	6	»	»	5	»	4	»
TRANCHARD, procureur fiscal.	6	»	»	4	18	4	5	»
TRANCHARD, père.	»	5	»	»	4	»	3	6
TRANCHARD (Louis-Jacq.), teinturier.	»	10	»	»	8	»	7	»
TRANCHARD, invalide, *exempt*. . . .	»	»	»	»	»	»	»	»
ULCOT (Nicolas), veuve.	9	»	»	7	7	6	7	»
VACHERON, bourgeois.	6	»	»	4	18	4	5	»
VÉRON (Antoine)	4	»	»	3	5	2	16	»
VÉRON (Charles-Paul), bourrelier . .	5	15	»	4	14	4	2	»
VÉRON (Jacques), veuve, de Rudenoise.	»	15	»	»	12	»	11	»
VÉRON (Jean), aîné, de Rudenoise. .	3	10	»	2	17	2	9	»
VÉRON (Nicolas), veuve, de Rudenoise.	1	»	»	»	16	»	14	»
VÉRON (Robert), veuve.	3	6	»	2	14	2	7	»
VIEL, meunier au moulin du Milieu.	65	»	»	53	»	46	2	»
VIET (Jean-Pierre), manouvrier . . .	»	10	»	»	8	»	7	»
VIGNON (J.-B.), laboureur, 3 charrues et dîme de l'abbaye.	348	»	»	283	»	246	»	»
VIGOUR (Charles-Martin), tonnelier. .	3	10	»	2	17	2	9	»
VIGOUR (Francois), aubergiste, (collecteur)	13	»	»	10	12	9	4	»
VIGOUR (François), jeune.	2	»	»	1	12	1	8	»
VIGOUR (François) de Rudenoise (héritiers)	4	15	»	3	18	3	8	»
VIGOUR (Mathieu), vigneron	14	16	»	12	»	10	9	»
VIOLET (Pierre).	6	»	»	4	18	4	5	»

Les maîtres payaient pour la capitation des domestiques, savoir :

	Livres.	Sous.
De La Loge, pour 1 cocher, 1 jardinier, 3 domestiques.	6	»
De Boisserolle, pour 1 garde.	3	12
M° Denis, pour 1 domestique.	1	4
Pinondel, pour 1 domestique.	1	4
Le prieur-curé, pour 2 domestiques.	2	8
Savart, pour 1 domestique.	1	4
Fayet, pour 1 domestique	1	4
Chantreau, pour 1 domestique.	1	4
Mademoiselle De S..., pour 1 domestique	1	4

CHAPITRE XI

Au moment où s'élaborait notre réforme sociale, les principaux fonctionnaires de la paroisse de Charly étaient les suivants :

Bailli : FAYET (Claude-Antoine).
Syndic : FLEURY (Jean-Nicolas).
Procureur fiscal : TRANCHARD (Nic.-Barthélemy).
Prieur curé : PETIT (Paul).
Vicaires : BARON et LUSSIEZ.
Notaires : CABOCHE (Denis-Louis, et FAYET (Cl.-Ant.).
Greffier : BOULLENGER (Louis).

Un décret des 14-29-30 décembre 1789 avait été rendu pour l'organisation des fonctions municipales, et 1790 allait inaugurer un nouveau régime administratif, qui est à peu près celui qui nous régit aujourd'hui. Avant d'aller plus loin, il est bon d'étudier notre ancienne organisation municipale.

On a vu que la seigneurie de Charly avait été donnée en 858 à l'Abbaye royale de Notre-Dame de Soissons. Les couvents ne pouvant régir leurs biens eux-mêmes, avaient un intendant ou prévôt (*præpositus*) qui administrait les biens temporels et rendait compte à l'abbesse de son administration. En général elle le choisissait parmi les habitants les plus notables du pays.

Le prévôt était en outre chargé de veiller à la police rurale, au maintien des droits de l'abbesse; il recevait ses rentes, percevait les dîmes et avait soin de rappeler aux vassaux leurs obligations. Il était à la fois, pour ainsi dire, maire, juge et receveur des contributions. Parmi ces intendants de l'abbesse de Notre-Dame de Soissons à Charly, nous trouvons, en 1140, Hugues; en 1208, un autre Hugues, auquel succéda Jean vers 1220. En 1280, on retrouve encore un autre Hugues comme prévôt de Charly. Le dernier dont nous ayons connaissance fut Charlot Charonel. Son nom figure au bas d'un procès-verbal de publications de foires et marchés de de Charly, en 1515. Les prévôts furent remplacés par les syndics et les baillis.

L'arbitraire des seigneurs et de leurs intendants ayant amené *l'établissement des Communes,* nos contrées furent les premières à en bénéficier. La Commune de Soissons, une fois concédée ou consentie par l'évêque Lysiard, vers 1116 (1), les bourgs, les villages voisins demandèrent à leur tour à leurs seigneurs des franchises plus ou moins étendues, et formèrent des communes rurales. Ainsi La Ferté-Milon fut érigée en Commune en 1221, Dormans en 1231, Château-Thierry en 1301, Condé avant 1320. Il est probable que la Commune dut être accordée à Charly, vers cette époque, à la fin du treizième ou au commencement du quatorzième siècle,

(1) *Ordonnances des Rois de France,* t. XI, p. 219.

et la charte de franchise devait être un peu calquée sur celle de Soissons (1). Toutefois il n'en existe aucune pièce authentique, et il est possible que la charte ait été égarée ou brûlée dans la dévastation qu'eut à subir le monastère de Notre-Dame de Soissons, au milieu des guerres et des troubles qui ont ensanglanté le Soissonnais pendant cette période du moyen âge.

La Commune ayant été accordée avec toutes ses franchises municipales, beaucoup de villes et de villages se fortifièrent, les unes par nécessité, les autres par précaution. Charly eut aussi ses fortifications ; il fut clos de murs et défendu par des tours ou tourelles dont vingt-deux existaient encore vers 1730, quand le plan de Charly fut dressé par décret royal, tours dont il reste encore quelques vestiges (2). On trouve, dans le plaid général tenu à Charly le 4 octobre 1627, que Charly était réputé ville close, fermée de murailles et forts. Charly prit dès lors la qualification de bourg (𝕭𝖚𝖗𝖌), mot germanique qui

(1) A. Thierry. *Lettres sur l'histoire de France*, p. 282.

(2) D'après le plan officiel, deux tourelles avancées défendaient l'entrée de la rue des Buttes, à l'endroit appelé aujourd'hui encore *Porte des Buttes*. Ces deux tourelles ne laissaient entre elles que l'espace nécessaire pour le passage d'une voiture. Comme autrefois les routes étaient tracées selon la ligne la plus courte, il est probable qu'avant le passage de la route d'Allemagne par Charly, l'ancien chemin des *des Hauts* était la route habituelle entre Charly et Château-Thierry, d'où la nécessité de défendre plus spécialement cette entrée de Charly. D'ailleurs l'ancien chemin de Soissons à Charly, passait entre La Masure et Beaurepaire et arrivait à Charly par le Rez et la Porte des Buttes. Assurément la grande rue de Charly n'a pas été primitivement la rue actuelle, puisque lors du repavage de la localité, en 1841, on a trouvé un certain nombre de squelettes dans des tombes plâtrées, dans la grande rue et sur la place.

La réparation et l'entretien des fortifications se faisaient par corvées ou amendes.

Histoire de Charly.
Porte des Buttes
Rue des Buttes
Rue Neuve
Val de Charly
Croix St Loup
Pâtis
Rue de l'Hôtel Dieu
Grande Rue
Rue de l'Hôtel Dieu
Rue d'en Bas
Le Martois.
Ru Bousselle
Ferme
et
Seigneurie
CHARLY
en 1730
d'après un plan conservé au
Ministère des Travaux Publics.
par A. Corlieu.
Histoire de Charly.

signifiait enceinte fortifiée. On ne trouve plus alors à
Charly ni prévôts, ni intendants de l'abbesse. Ces fonctionnaires sont remplacés par un bailli et par un syndic. Toutes les affaires de la paroisse étaient alors traitées en public, dans des réunions, qui avaient lieu trois
fois par an, appelées *plaid général,* et qui se tenaient,
comme on l'a vu précédemment, le premier lundi de
mars, le lundi de *Quasimodo* et le premier lundi d'octobre, sur la place publique ou sous la halle, en cas de
mauvais temps. Le plaid, tenu au nom de l'abbesse, Dame
de Charly, était présidé par le bailli, et tous les hommes
libres de la circonscription étaient tenus d'y assister,
sous peine d'une amende de sept sous six deniers.

Après le seigneur, le premier personnage civil était le
bailli. Il était le remplaçant du seigneur, c'est-à-dire de
l'abbesse de Notre-Dame de Soissons, Dame de Charly.
C'est lui qui rendait la justice, selon la coutume de Paris, au nom de l'abbesse. Il était nommé à l'élection par
les notables de la paroisse, réunis en plaid. On comptait,
en 1638, 323 notables pour Charly et Saulchery. La re-
connaissance du bailli avait lieu en public, au nom de
c'abbesse, en présence de tous les officiers de la justice.
Le bailli était élu ordinairement pour la vie ou jusqu'à
révocation en cas de fautes graves. Quelquefois on se
contentait, dans les petites paroisses, d'un lieutenant de
bailliage, car la charge de bailli exigeait certaines con-
naissances, et les seigneurs des petites localités, comme
ceux de Villiers, de Romeny et de Nogent, la confiaient
quelquefois au bailli de Charly ou à son lieutenant. C'est
ainsi qu'on voit, en 1639, Antoine Guynet être à la fois
lieutenant du bailli de Charly et bailli de Romeny.
Les émoluments des places de petite justice étaient si

minimes que le cumul était presque obligatoire. On
trouve comme baillis de Charly, en 1450, Jean Levesque ;
en 1627, Charles Delahaye. A partir de 1627 jusqu'à la
Révolution française, on compte neuf baillis, savoir :

    1627—1638. Charles Delahaye.
    1638—1651. Nicolas Delahaye.
    1651—1710. Jean Marcq, *père* et *fils*.
    1710—1722. Philippe Hennequin.
    1723—1725. Jean-Marc Landon.
    1725—1756. François Rimbert.
    1757—1788. Denis Savart.
    1788—1790. Claude-Antoine Fayet.

Primitivement la justice seigneuriale se rendait sans
formalités, à la porte du château, de l'église ou chez le
juge lui-même. Mais, par un arrêt de 1673, il fut prescrit que la justice serait rendue dans une salle d'audience
qu'on appelait *Auditoire*, et qui appartenait à l'abbesse.
En 1741, la salle d'auditoire étant en mauvais état, le
bailli rendit l'arrêté suivant :

« L'an 1741, le trente et un juillet, nous François Rimbert, pourvu de l'office de bailli de Charly et de ses
dépendances, non encore reçu audit office et néanmoins
exerçant la juridiction comme plus ancien procureur du
siège, ayant appris que notre auditoire dudit Charly
étoit en mauvais état et découvert pour estre retably ou
en estre fait construire un neuf et parconséquent hors
d'état d'y administrer la justice ; pourquoy connoistre
nous nous sommes transporté assisté du procureur fiscal
et des autres juges,..... etc. Les audiences seront tenuës
en la maison du sieur Frutel, derrière le mur du vieux
cimetière dudit Charly (1). »

(1) Archives du bailliage de Charly.

En cas d'empêchement le bailli pouvait se faire remplacer par son suppléant, qui avait le titre de lieutenant de justice.

L'ancien auditoire était situé au coin de la Grande-Rue et du passage de la porte Bas-Col ; sur son emplacement s'élève la maison occupée actuellement par M° Salmon, huissier.

Les officiers de la justice n'étaient pas les mêmes pour toute la paroisse. Il y avait, outre les officiers ordinaires de la justice, quelques officiers pour juger les contraventions qui avaient lieu sur différents fiefs. Ainsi, en 1638, on trouve comme officiers de justice de la Porte Bas-Col, Jean Guynet, juge ; François Véron, procureur fiscal ; Christophe Fayet, greffier ; — comme officiers de la justice des Bois, Bois-Villiers ou Masure le même Jean Guynet ; Jean Huvé, procureur fiscal et Jean Lejay, greffier.

Les fonctions de ministère public, aujourd'hui exercées à Charly par l'adjoint au maire, étaient remplies par le *procureur fiscal*. Il était l'organe du seigneur et du public, poursuivait les crimes et délits, maintenait la police, surveillait la perception des droits seigneuriaux, l'exécution des décisions du bailli, l'entretien de la voie publique, la taxe du blé. Il était ce qu'on appelle aujourd'hui un officier de police judiciaire. On trouve comme procureurs fiscaux ou lieutenants : en 1613, Bellenger ; — en 1629, Claude Mongrolle ; — en 1633, Charles Richard ; — en 1638, Jean Guynet, puis François Véron ; — en 1652, Antoine Guynet ; — en 1661, Leclercq ; —

en 1666, Charles-Henri Delahaye (1) ; — en 1659, Denis
Janvier, Antoine Fayet, Félix Plansson, puis Jean de
Berly (2) ; — en 1677, Charles Bédel ; — en 1688, François Soldat ; — en 1707, Thomas Rollin ; — en 1708,
de Berly ; — en 1721, Claude Plansson ; — en 1728,
Tournant, puis Claude-Antoine Fayet père et fils ; et
en 1788, Tranchard.

Les arrêtés et jugements du bailli étaient mis à exécution par les *sergents*, dont la nomination était faite par
l'abbesse, seigneur de Charly. C'étaient eux qui annon-
çaient, au son du tambour, les arrêtés et ordonnances.
On les appelait aussi *huissiers*. Parmi les sergents, on
trouve : en 1628, Jean Baudin ; — en 1631, Sériot ; —
en 1652, Lagroue ; — en 1658, Parisot et Cabaret ; —
en 1663, Charbonnier ; — en 1666, Lecrocq ; — en 1672,
Jacques Desfruits ; — en 1673, Coppineau ; — en 1708,
Condamine ; — en 1721, Jean Chastrier et Antoine Delahaye ; — en 1726, Jacques-André Debreuil et Debesme ;
— en 1738, Nicolas Lecrocq et Jean Migeon ; — en 1767,
Férat ; — en 1788, Pierre Haquin.

Quant aux fonctions de *greffier* de la justice, elles
étaient à peu près ce qu'elles sont encore aujourd'hui.
On trouve comme greffiers : en 1661, Christophe Fayet ;
— en 1641, Jean Lejay ; — en 1661, Antoine Fayet ;
— en 1681, Vaillant ; — en 1687, Jean Bédel ; — en 1708,
Pierre Guynet, puis Jean Bocquet. Le dernier greffier
fut Louis Boullenger.

(1) Mort le 28 janvier 1674 à l'âge de 32 ans et inhumé dans l'église,
chapelle Notre-Dame.

(2) Inhumé le 13 mars 1675 dans l'église de Charly.

L'administration civile était confiée à un *syndic* ou maire, nommé également à l'élection chaque année par les notables de la paroisse, réunis en plaid. L'élection était confirmée par l'abbesse de Notre-Dame de Soissons. Le syndic était le mandataire des habitants, mais il n'était pas magistrat ; il ne pouvait pas rendre d'ordonnances ; il n'avait même pas qualité pour certifier les procès-verbaux des assemblées des habitants. Ces procès-verbaux devaient être passés par-devant notaire ou bien par-devant un officier de justice.

Toutefois la nomination des syndics n'a pas toujours été faite à l'élection, ou bien ce mode de nomination était tombé en désuétude, car un édit d'août 1764 établit que les syndics ou maires seraient nommés à l'élection en 1765. L'édit de mai 1765 en prescrivit l'exécution pour le 1er juillet. L'article 54 de cet édit porte que les paroisses moindres de 2,000 habitants seront administrées par deux *échevins* nommés pour deux ans, trois conseillers de ville nommés pour trois ans, auxquels étaient adjoints six notables, un syndic receveur et un greffier élus également pour trois ans. A Charly, en 1765, Jean Baillieux et André Adam furent élus échevins pour deux ans ; ils furent remplacés en 1767 par Ant.-Alex. Delaplace et Pierre Delestre. Mais ce système amenant des inimitiés, des cabales, et mettant quelquefois l'autorité dans des mains incapables, l'édit de 1764 fut annulé en 1771 et les maires, échevins, etc., furent nommés par le Roi. On trouve comme syndics de Charly, en 1657, Denis Sannier ; — en 1659, Quentin Fayet ; — en 1671, Nicolas Picquigny ; —en 1680, Nicolas Souart ; — en 1716, Jean Dupré ; — en 1746, Charles Chaltas et Nicolas Nazareth ; — en 1760, Lecompte ; — en 1763, Dallier, vannier ; — en 1765, Jean Baillieux et André

Adam, échevins ; — en 1767, Antoine-Alexandre Delaplace et Pierre Delestre. L'avant-dernier syndic fut J.-N. Fleury, vannier, auquel succéda Tranchard en 1790. Il ne resta que quelques mois en fonctions. On a une pièce signée de lui, à la date du 17 janvier 1790.

Pour percevoir ses rentes et dîmes, l'abbesse avait un *receveur* des terres de la seigneurie. C'était lui qui payait au nom de l'abbesse et recevait pour elle, qui lui transmettait les actes sur lesquels elle avait à apposer sa signature pour la perception de ses droits. C'était un poste de confiance et le lieu de résidence de ce fonctionnaire s'appelait *la Recette*. Cette maison existe encore aujourd'hui. On trouve parmi les receveurs, en 1629, Jean Delahaye ; — en 1634, Jean Dubroue, qui a été volé cette même année par les soldats du régiment de Piémont ; — en 1650, Claude Bocquet ; — en 1658, Gabriel Bédel ; — en 1669, Antoine Genée ; — en 1710, Landon.

Dans les temps éloignés, les ventes se faisaient ou bien en public dans les assemblées locales ou plaids mineurs, ou bien sur parole, en présence de témoins et par écrit. Les *tabellions* créés en 1539 par François Ier, appelés aussi tabellions garde-notes, avaient certains privilèges ; mais, dans les campagnes, leurs bénéfices étaient si minimes qu'ils étaient presque toujours obligés de joindre une autre profession à la leur ; ils étaient le plus souvent arpenteurs. Jusqu'en 1597, il y avait plusieurs classes de notaires : à cette date, Henri IV supprima toutes les charges de notaires, tabellions garde-notes, pour en créer de nouvelles, et dès lors les notaires furent tous égaux en qualité dans le royaume. On a vu dans la déclaration des droits de l'abbesse, en 1648, qu'elle nommait les tabellions dans l'étendue de sa seigneurie. Il y avait deux notaires à Charly ; à une certaine époque, il y en eut trois. En 1647, nous trouvons Nicolas Plansson, Christophe Fayet et Nicolas Véron ; de 1673 à 1754, nous trouvons Claude de Berly (1673-1713), auquel succéda Antoine Tournant (1713-1754), avec les deux notaires ci-dessus mentionnés ; mais, à partir de 1754, il n'y eut plus que deux notaires.

Voici, d'après les minutes de l'étude de Charly, la liste des notaires depuis 1559 jusqu'à l'époque actuelle. La liste A est la liste authentique : elle a été dressée par Denis-Louis Caboche, sur la demande du préfet de l'Aisne, Dauchy. De 1626 à 1761, les répertoires manquent. La liste B présente quelques irrégularités quant aux dates. De 1796 à 1801, Nicolas-Barthélemy Tranchard ancien notaire, fut autorisé à signer les actes de Claude-Antoine Fayet devenu vieux et infirme. En 1801, Noël-Joseph Coutelier acheta l'étude de Fayet, et, en 1822, celle de Caboche, de sorte que depuis cette époque il n'y a plus qu'un seul notaire à Charly.

A	B
1559 1571. Nicolas Gorlidot.	1560—1580. Pierre Parcet.
1571—1585. Claude Gorlidot.	1580—159.. Antoine Parcet.
1585—16... Nicolas Gorlidot.	159.—16... Pierre Guynet.
16 .—1649. Nicolas Plansson.	16..—1647. Christophe Fayet.
1649 –1663. Denis Janvier (1).	1647—1692. Antoine Fayet (5).
1664 –1681. Félix Plansson (2).	1692—1701. Jean Fayet.
1681—1693. Pierre Deschamps.	1701—1707. Thomas Rollin (6).
1693 –1731. Claude Plansson (3).	1707 - 1728. François Rimbert.
1731—1761. L.-S. Lemoyne (4).	1728—1737. J.-B. Fayet.

(1) Mort le 14 novembre 1670. — (2) Mort le 4 octobre 1681. — (3) Mort le 22 avril 1731. — (4) Mort le 2 janvier 1766. — (5) Mort le 1er octobre 1708.— (6) Mort le 2 juillet 1707.

<table>
<tr><td>A</td><td>B</td></tr>
</table>

A	B
1761—1764. Jean Picard.	1737—1756. Cl.-Ant. Fayet (1).
1764—1782. N.-B. Tranchard.	1756—1775. J.-B. Fayet (2).
1782—1822. D -L. Caboche.	1775—1801. Cl. Ant. Fayet (3).
	1801—1823. Noël Jos. Coutelier.

1823—1835. Aristide Coutelier.
1835—1840. Emile Coutelier.
1840—1864. Louis Cénéric Vignon (4).
1864 – 1878. Paul Martin (5).
1878—..... Paul Gobert.

Depuis 1088, année de la donation faite par Hugues de Château-Thierry à l'abbaye de Saint-Jean-des-Vignes, les *prieurs curés* de Charly durent être pris parmi les chanoines de cette abbaye, dont l'abbé était *présentateur*, c'est-à-dire chargé de présenter les curés, à moins d'Indult, comme on l'a vu à la mort de Guillaume Doujat en 1626 et à celle de Sébastien Lagnier en 1677. Tous les curés de Charly étaient donc chanoines, portant l'aumusse et la soutane blanche, comme tous les chanoines de Saint-Jean ou Johannistes. Les prieurs curés de Charly furent :

1538—1548. De Fontevilliers (?).	1627—1636. Robert de Conty.
1548—1565. Robert Gargan.	1636—1670. Sébastien Lagnier.
1566—1569. *Registres manquent à cause des troubles.*	1670—1677. Jacques Dufresne.
1569—1593. J. Cabaret.	1677—1703. Jacques Bottier (7).
1593—1606. *Registres manquent (Ligue).*	1703—1745. Jacques Baudin.
	1745—1776. Nic. Remy Hocquet.
1606—1626. Guil. Doujat (6).	1776—1793. Paul Petit.

Il n'y a jamais eu à Charly d'autre culte que le culte catholique. Néanmoins, en 1665, une abjuration eut lieu.

(1) Mort le 23 février 1782. — (2) Mort le 8 mai 1780. — (3) Mort le 6 janvier 1803. — (4) Mort le 18 décembre 1870. — (5) Mort le 15 août 1880. — (6) Mort le 30 novembre 1626. — (7) Mort le 21 juin 1703, après 26 ans de ministère à Charly.

C'était évidemment une israélite ; son père s'appelait Isaac Huet. C'est l'évêque de Soissons, Charles de Bourbon qui reçut son abjuration et la baptisa le samedi 19 septembre 1665. Le parrain fut Antoine de Mesvilliers et la marraine Marie Véron. L'acte de baptême porte les signatures de l'évêque, du parrain et de la marraine.

Depuis la donation de Charles le Chauve en 858 jusqu'à la révolution française, qui abolit les seigneuries, c'est-à-dire pendant une période de 932 ans, Charly a eu quarante-cinq seigneurs, savoir quarante-quatre abbesses et un seigneur laïque, dont voici la liste chronologique, d'après la *Gallia Christiana* et d'après Germain :

Imma	morte vers 860
Rotrude	865
Richilde	880
Rotilde	925
Melesindis	940
Berthe	940
Hersindis	950
Cunégonde	970
Eremburge II	1010
Ermengarde de Mortemar	1060
Ogive	1094
Adélaïde	1094—1116
Mathilde I, de La Ferté Aucol	1116—1143
Mathilde II	1143—1162
Marsilia	1162—1178
Julienne	1179—1185
Marguerite I	1185—1189
Helvidis de Cherisy	1189—1216
Beatrice de Cherisy	1216—1236
Agnès de Cherisy	1236—1256
Odeline de Drachy	1257—1273
Ada de Basoches	1273—1282
Cécile de Péronne	1282—1283
Béatrice II de Martin-mont	1283—1296
Marguerite II de Cau-menchon	1296—1309
Emmeline de Conti	1309—1327
Elisabeth I de Chatil-lon	1327—1363
Marguerite III de Coucy	1363—1392
Elisabeth II de Chatil-lon	1392—1420
Elisabeth III Des-cronnes	1420—1467
Marguerite IV de Camberonne	1467—1472
Marguerite V de Luxembourg	1473—1494
Denise Simon	1494—1510
Catherine I du Hem	1510—1522
Françoise Lejeune de Manteaux	1522—1553
Catherine de Bourbon	1553—1594
Louise de Lorraine d'Aumale	1594—1643

Henriette de Lorraine d'Elbœuf.........	1643—1669	Fr. Marg. de Roye de La Rochefoucauld.	1737—1767
Armande-Henriette de Lorraine.........	1669—1684	N. Roucy de La Rochefoucauld........	1767—1778
Gabr.-Marie de La Rochefoucauld - Liancourt............	1684 -1693	Marie-Charl. de La Rochefoucauld Bayers.	1778—1787
Catherine-Marguerite de Fiesque........	1693—1737	Henry de La Loge de Saint-Brisson (Seigneur laïque)......	1787—1790

Les armes de l'abbaye royale de Notre-Dame de Soissons étaient : « *Saint Drausin d'or crossé et mitré sur champ d'azur et autour : Sancte Drausi, ora pro nobis.* »

Toutes les recherches pour trouver les *armes* de Charly ont été infructueuses : peut-être le bourg avait-il pris celles de l'abbaye de Notre-Dame de Soissons.

Au point de vue administratif, Charly était un bourg dépendant du Gouvernement général de Champagne, de la Généralité ou Intendance de Soissons, de l'Élection de Château-Thierry, de la subdélégation d'Oulchy. Tandis que les autres localités voisines dépendaient du bailliage présidial de Château-Thierry, Charly ainsi que Bassevelle et Coupru étaient régis depuis 1347 par la coutume de Paris. Charly appartenait donc à la Vicomté et à la Prévôté de Paris : son bailliage et sa châtellenie relevaient du Parlement de Paris (1).

(1) Dans l'ancienne division administrative, la France était partagée en *gouvernements*, 31 grands et 7 petits. — La *Généralité* ou *Intendance* était l'étendue du pays qui formait le ressort d'un bureau de finances : l'Intendant administrait la justice, la police et les finances de la Généralité ; il portait aussi le titre de *commissaire départi* et avait des pouvoirs étendus. Il y avait en France 26 généralités. — Les Généralités ou Intendances étaient divisées en *Élections*, circonscription ayant quelque analogie avec une sous-préfecture actuelle. —

Sous le rapport religieux, Charly appartenait au diocèse de Soissons, et il avait une cure régulière du doyenné de Chézy-l'Abbaye (1), de l'archidiaconé de Brie, avec deux vicaires, un pour Charly et un pour Romeny.

La *Taxe* de Charly était de 24 livres. Cette taxe était ce que chaque bénéficier donnait pour l'apposition du sceau de l'évêque aux provisions de son bénéfice. On donnait en sus de cette taxe 3 livres pour droit de secrétariat. La taxe de Champruche était de 6 livres (Houllier).

Le presbytère de Charly, aujourd'hui transformé en Hôtel-Dieu, depuis la donation de mademoiselle Leviel, en 1861, était l'un des plus beaux et des plus grandioses du diocèse. Il avait été reconstruit en 1788, par les soins de l'abbé Petit, le dernier prieur de Charly et avec la collaboration de l'abbé Pinta, mort curé de Saulchery et Romeny en 1820.

Il y avait en outre à Charly trois chapelles domestiques : une au château de La Bousselle appartenant à De La Loge de Saint-Brisson, une au château de Boisvilliers ou de la Masure, appartenant au seigneur et une autre à Beaurepaire, appartenant à l'abbaye de Notre-Dame de Soissons. Il y avait aussi, à Champruche, une chapelle qui avait pour collateur le prieur curé de Charly.

L'Élection était subdivisée en *bailliages, subdélégations, vigueries, châtellenies* ou *prévôtés*. — Le *grenier à sel* était une juridiction royale créée pour juger les contraventions en fait de Gabelle.

(1) Le doyenné de Chézy-l'Abbaye comprenait les paroisses d'Azy, Bassevelle, Bézu-le-Guéri, Bonneil, La Chapelle-sur-Chézy, Citry-Saint-Ponce, Charly, Chézy-l'Abbaye, Crouttes, Domptin, Montreuil-aux-Lions, Nanteuil-sur-Marne, Nogent-l'Artaud, Pavant, Saulchery et Romeny, Villiers-sur-Marne.

CHAPITRE XII

SOMMAIRE. — *Charly pendant la Révolution jusqu'à la réunion des cantons de Chézy-l'Abbaye et Viels-Maisons à celui de Charly. — Rétablissement régulier du culte catholique (1789-1802).*

Le vieil ordre de choses s'écroulait, et les événements qui se passaient à Paris et à Versailles avaient une importance telle, que le contre-coup fut ressenti jusque dans les plus humbles villages.

Le décret du 14 décembre 1789 institua une administration communale nouvelle pour toute la France.

Charly, dont la population était de 1,659 habitants, fut administré par un maire, nommé à l'élection par les citoyens actifs de la localité. On appelait *citoyens actifs* tous ceux qui remplissaient les conditions suivantes : 1° Être Français ou naturalisé ; — 2° Avoir 25 ans d'âge ; — 3° Être domicilié depuis un an au moins dans le pays ; — 4° Payer une contribution de la valeur locale de trois jours de travail ; — 5° N'être pas serviteur à gages.

Le maire était élu pour deux ans, était rééligible une seconde fois, mais ne pouvait l'être une troisième, qu'après être rentré pendant deux ans dans la vie commune. Pour être éligible il fallait être membre de la commune, être citoyen actif, et payer une contribution directe montant au moins à la valeur locale de dix jours de travail.

Le maire était secondé par cinq *Officiers municipaux*, et ces six administrateurs s'adjoignaient un nombre double de *Notables habitants*, nommés à l'élection. Ces derniers étaient également élus pour deux ans et renouvelés par moitié chaque année. Tous réunis formaient le *Conseil général de la commune*, composé à Charly de dix-huit membres.

Un *procureur de la commune*, aussi nommé à l'élection, était chargé de défendre les intérêts de la localité.

Huit jours après la promulgation de ce décret, le 6 janvier 1790, parut un autre décret portant convocation des Assemblées primaires pour la nomination des maires et des officiers municipaux.

Le décret du 26 février 1790 avait réglé la division administrative de la France. Le pays fut partagé en 83 départements, le département en districts, le district en cantons et le canton en municipalités ou communes. Le canton, composé de quelques communes, était une division électorale et non administrative. C'est au canton que se réunissaient les électeurs primaires. Mais ces derniers ne nommaient pas directement les députés ; ils nommaient des électeurs qui élisaient les membres de l'Assemblée nationale, les administrateurs du département ou conseillers généraux, les administrateurs du district ou conseillers d'arrondissement et les juges des tribunaux. C'était le suffrage à deux degrés. Pour être électeur de second degré, il fallait « être propriétaire ou usufruitier d'un bien évalué sur les rôles des contributions à un revenu égal à la valeur locale de 150 jours de travail, ou être fermier ou métayer de biens évalués sur les mêmes rôles à la valeur de 400 jours de travail » (Constitution du 3 septembre 1791, Sect. II, Art. 7). Par la loi du 4 mars 1790, le département de l'Aisne fut subdivisé en 63 cantons : Charly ainsi que Chézy-l'Abbaye et Viels-Maisons devinrent chefs-lieux de canton, Charly pour la rive droite de la Marne, Chézy et Viels-Maisons pour la rive gauche. Le canton de Charly comprenait les communes de Charly, Romeny, Saulchery, Villiers-sur-Marne, Montreuil-aux-Lions, Domptin, Bézu-le-Guéri, Coupru et Crouttes.

Le 15 avril 1790, les citoyens actifs furent convoqués à Charly en Assemblée primaire pour les élections du maire et des officiers municipaux. Le premier *Maire* élu fut Jean-Louis Leconte et les cinq *Officiers municipaux* furent Hochard, Marteau, Niclot, Mathieu Vigour et Mantel. Le *Procureur de la commune* fut Denis-Louis Caboche. Lorsque le maire et les officiers municipaux étaient en fonctions, ils portaient l'écharpe tricolore avec frange d'or pour le maire, frange blanche pour les officiers municipaux, et frange violette pour le procureur de la commune.

Le 1er juillet, l'administration départementale enjoignit au prieur curé de Charly, comme à tous ses collègues, de lire au prône les décrets de l'Assemblée nationale.

La loi des 16-24 août 1790 s'occupa de la nomination des magistrats chargés de rendre la justice dans les cantons. Ils furent appelés *Juges de paix* et durent être élus par les citoyens actifs réunis en Assemblée primaire. Ils étaient nommés pour deux ans, étaient rééligibles et assistés de deux *Assesseurs*. Le 30 septembre, le Directoire du département envoya son instruction pour la tenue des assemblées primaires, afin de procéder à l'élection du Juge de paix et de ses Assesseurs. Claude-Antoine Fayet, notaire à Charly et ancien bailli, fut élu juge de paix et il eut pour assesseurs Pierre-François Bataille et J.-A. Pétel.

Après avoir renouvelé son ordre administratif et judiciaire, le gouvernement voulut s'assurer de l'esprit du clergé, et, le 12 octobre 1790, le Directoire du département de l'Aisne enjoignait à l'évêque de Soissons et aux curés du diocèse de déclarer s'ils entendaient continuer leurs fonctions et, dans ce cas, d'avoir à prêter le serment civique. Par ce serment les prêtres s'engageaient à maintenir de tout leur pouvoir la Constitution décrétée par l'Assemblée nationale et acceptée par le roi, et promettaient fidélité à la nation, à la loi et au roi. Le décret du 27 novembre leur prescrivit la prestation de serment dans la huitaine, sous peine d'être considérés comme démissionnaires (1). Des prêtres le prêtèrent, les uns sincèrement, les autres avec restriction mentale. Les abbés Baron, vicaire à Charly, Morin,

____

(1) D'après la Constitution civile du clergé, décrétée les 12 juillet et 21 août 1790, il n'y avait plus qu'un diocèse par département et les évêques et les curés étaient élus par les fidèles. Cette constitution civile a été abolie par le concordat de 1801.

curé de Crouttes, et Duval prêtèrent ce serment, ainsi que le prieur curé de Charly, l'abbé Petit.

Si nous nous reportons au commencement de l'année 1791, nous trouvons l'administration de Charly ainsi constituée :

Maire : Leconte (Jean-Louis).

Officiers municipaux : Hochard, Marteau, Vigour, Niclot et Mantel.

Juge de paix : Fayet (Claude-Antoine).

Procureur de la commune : Caboche (Denis-Louis).

Secrétaire-greffier : Boullenger (Louis).

Huissiers : Fasquel (Marc-Noël-François) et Paris (Antoine).

Directeur de la Poste : Pinondel (Charles).

Prieur curé : Petit (Paul).

Vicaires : Baron, Lussiez.

Instituteur : Leroi (André).

De temps immémorial les registres des baptêmes, mariages, inhumations étaient tenus par les curés; une loi de 1791 leur imposa l'obligation de les tenir en doubles afin qu'un exemplaire fût envoyé au greffe du Tribunal et que l'autre restât à la commune.

Mais les événements se précipitaient, et 1792 allait remuer de fond en comble tout notre pays. L'étranger envahissait la France ; le duc de Brunswick venait de publier son insolent manifeste ; Louis XVI avait été coiffé du bonnet rouge ; un camp se formait sous Paris. La jeunesse française, pleine d'un patriotique enthousiasme, s'enrôla pour courir à la frontière. Le 19 août, eurent lieu à Charly les enrôlements volontaires des deux Cornette, des trois frères Boullenger, de Delaplace, Mantel, Gruguelu, Lemoine etc., qui avaient déjà été devancés par les frères Pétel. Charly envoya à la frontière une quinzaine de ses enfants. Parmi ces volontaires, beaucoup ne revirent plus le pays natal; d'autres, plus heureux, les Pétel, les Cornette, Boullenger, Gruguelu, Mantel, Lemoine, etc., revinrent plus tard terminer tranquillement leur carrière dans leurs foyers, tous avec le grade d'officier et la croix de la Légion d'honneur (1).

La loi sur le Divorce, du 30 août 1792, occasionna à Charly cinq divorces.

Peu après, le 20 septembre, une loi prescrivait la rédaction des actes authentiques par les municipalités et, le lendemain, 21 septembre 1792, l'Assemblée nationale datait ses décrets de l'an I de la République française et prenait le nom de CONVENTION NATIONALE. Le 22 septembre, commença le calendrier républicain, dans lequel le mois était divisé en trois décades, avec cinq jours complémentaires par an, appelés *sans-culottides* (2). La Maison commune prit le nom de *Local décadaire*.

Le 20 novembre 1792, le prieur curé de Charly avait fait le mariage de Charles-François Gourdon, de Villiers, avec Marie-Louise-Félicité Chéron, de Charly. Ce fut le

----

(1) Pétel, *colonel;* Am. Cornette, *chef de bataillon;* Cornette, *capitaine;* Boullenger, *capitaine;* Gruguelu, *lieutenant* aux grenadiers de la garde; Mantel, *sous-lieutenant;* Lemoine, *lieutenant de dragons.*

(2) L'*automne* comprenait les mois de vendémiaire, brumaire et frimaire; l'*hiver*, ceux de nivôse, pluviôse, ventôse; le *printemps*, ceux de germinal, floréal, prairial; l'*été*, ceux de messidor, thermidor, fructidor.

dernier acte dressé par lui. Le même jour, son vicaire, Nicolas Baron désertait le sacerdoce, était élu maire de Charly, et se transportait à l'église paroissiale pour en extraire et transférer à la Maison commune les registres des naissances, mariages et décès. Voici la copie textuelle extraite des actes de l'état civil de Charly :

« Conformément aux dispositions générales, titre VI
« de la loi du 20 septembre 1792, qui détermine le mode
« de constater l'état civil des citoyens ; Vu la requête du
« Procureur de la Commune, nous soussignés, Maire de
« la Commune de Charly et notre secrétaire greffier,
« nous sommes transportés (la huitaine de la publica-
« tion de la dite loi étant expirée) en l'église paroissiale,
« pour y clore et arrêter les registres courans, ce que
« nous avons exécuté, cejourd'huy vingt novembre 1792,
« pour être transférés en la Maison commune, confor-
« mément à l'article 2 du dit décret.

« Signé : BARON, *maire*.

« PICAT, *secrétaire*. »

Le premier acte dressé par la municipalité est l'acte de décès de Marie-Madeleine Garnier, âgée de 80 ans : il est signé : Baron, officier public et porte la date du 1er décembre 1792, an I de la République française. Quelques jours auparavant, c'était le même Baron qui dressait ces actes et les signait : Baron, vicaire. Mais il n'est plus question du baptême, acte religieux ; on ne constate que la naissance, acte civil. Le premier acte de naissance enregistré par le nouvelle municipalité est celui d'Angélique Simon, fille de Simon, berger. Il est daté *duodi*, 2 nivôse, an II de la République et est signé : Dumont, officier public.

La garde nationale avait été décrétée pour toute l'étendue de la République française. Jacques Pétel, négociant, fut élu commandant de la garde nationale de Charly, et dans l'acte de décès d'un officier (6 septembre 1791) il prenait la qualification de lieutenant-colonel.

Le 23 juillet 1793, un décret prescrivit la fonte des cloches pour faire des canons. Le clocher de Charly possédait sept cloches ; six furent fondues, il ne resta que le beffroi de l'horloge.

Le 27 août, Lequinio et Lejeune, envoyés par la Convention en mission dans l'Aisne, ordonnèrent l'arrestation des nobles comme suspects. Henry De La Loge de Saint-Brisson, ex-seigneur de Charly, ainsi que son fils l'abbé De La Loge furent arrêtés. De La Loge aimait à faire le bien : il faisait construire à cette époque au Mont-Dorin une magnifique habitation. Dénoncés à Château-Thierry, qui s'appelait alors Égalité-sur-Marne, le père et le fils, après une courte détention, furent relâchés, grâce à une pétition dont Antoine Tillet prit l'initiative et qu'il fit signer par les principaux habitants de Charly.

Le 1ᵉʳ novembre 1793, le prieur curé abandonna sa cure et prit la fuite.

Un décret du 10 novembre 1793 avait prescrit de célébrer par toute la France la fête de la Raison. Ce culte qui rappelait le paganisme, n'eut qu'une durée éphémère. Le 18 floréal an II (7 mai 1794), la Convention nationale déclara qu'elle reconnaissait l'Être suprême et l'Immortalité de l'âme. La fête officielle de l'Être suprême fut fixée au 20 prairial (8 juin) qui, par une étrange coïncidence, était le jour correspondant à la Pentecôte du culte catholique aboli. La fête fut célébrée dans toute la France d'après le rituel républicain prescrit par le gouvernement. On dressa sur la place de Charly, devant les tilleuls séculaires, une montagne symbolique. Le maire Baron s'y rendit, escorté du Conseil général de la commune et de la garde nationale ; il prononça un « discours patriotique », qui fut suivi de l'hymne à l'Être suprême :

> Père de l'Univers, suprême Intelligence,
> Bienfaiteur ignoré des aveugles mortels,
> Tu révélas ton Être à la reconnaissance
>   Qui seule éleva tes autels.
>
> Ton temple est sur les monts, dans les airs, sur les ondes,
> Tu n'as point de passé, tu n'as point d'avenir ;
> Et sans les occuper, tu remplis tous les mondes
>   Qui ne peuvent te contenir.
>
> . . . .
> Dissipe nos erreurs, rends-nous bons, rends-nous justes ;
> Règne, règne au delà du Tout illimité.
> Enchaine la nature à tes décrets augustes,
>   Laisse à l'homme la liberté.

On cria « Vive la République ! » et les autorités furent reconduites à la Maison commune ou Local décadaire.

L'église de Charly devint un club où chaque citoyen put monter dans la chaire, et faire des motions plus ou moins excentriques. Charly paya son tribut au patriotisme et aux folies de l'époque. Quant à l'instituteur national, André Leroi, il cessa de porter un nom « qui rappelait la tyrannie », et il prit celui de Drouet-la-Montagne.

Il se forma alors à Charly, comme dans beaucoup d'autres localités, une société ayant pour but de développer et d'entretenir dans la population les sentiments républicains. Cette société avait la qualification de

Diplôme de la Société populaire.

Société populaire de Charly-sur-Marne. Elle fit graver un petit diplôme, qui était délivré à chaque membre de la société. A la séance du 10 prairial an II (29 mai 1794), la Société populaire de Charly envoya à la Convention nationale une adresse de félicitations « sur ses glorieux travaux, applaudissant à la punition des conspirateurs, au décret qui abolissait l'esclavage des nègres et l'invitait à rester à son poste ». La Convention répondit en décrétant à la population de Charly une mention honorable de civisme. (Ier Supplément au *Bull. de la Convention nat.* — Suite de la séance du 10 prairial an II.)

Le 24 frimaire an II (14 décembre 1793), Nicolas Baron, ancien vicaire, maire de Charly, fils de Jean Baron, marchand et de Marie-Anne-Crescence Lecrocq, épousait Denise Pétel, fille de Jacques Pétel et de Catherine-Rose Fleury. Son mandat de maire étant expiré en 1794, Théodore Morin fut élu maire de Charly, et Viguier, Tranchard et Dupré furent appelés à remplacer les trois officiers municipaux sortants.

Pendant ce temps l'abbé De La Loge, qui était resté à Charly, disait secrètement la messe et baptisait les enfants qui lui étaient présentés.

La loi constitutionnelle de l'an III (22 août 1795) modifia le décret du 14 décembre 1789 sur l'administration des communes. Il n'y eut plus ni officiers municipaux, ni conseil général de la commune ; mais chaque commune d'une population inférieure à 5,000 habitants fut administrée par un *Agent municipal* et un adjoint, nommés pour deux ans. Il y eut en outre un conseil cantonal. L'agent municipal fut Théodore Morin, qui resta en fonctions jusqu'en 1797 et fut remplacé par Jean-Thomas Dumont. On avait donné plus d'importance au canton, qui était un centre électif, administratif et judiciaire. L'ex-abbé Morin fut élu pour deux ans *Président de l'Administration municipale du canton*, fonction qu'il garda jusqu'en 1778 : il fut remplacé par Ant. Paris, aîné.

Le calme renaissait dans les esprits ; nos armées étaient partout victorieuses ; les mauvais jours avaient fait place à la prospérité. L'abbé De La Loge put redire publiquement la messe à Charly, en vertu du décret du 30 mai 1795 (11 prairial an III), qui autorisait l'exercice public du culte. Claude-Antoine Fayet était réélu juge de paix, mais bientôt après était remplacé par Henri-Claude-Nicolas Copineau, qui eut pour assesseurs en l'an III Louis-Jacques Laudigeois et Jacques Ferrand ; — en l'an IV, Etienne Bel et Nicolas-Barthélemy Tranchard ; — en l'an V, Denis-Louis Caboche et Jean-Antoine Pétel.

La Constitution du 5 fructidor an III fut remplacée par celle du 22 frimaire an VIII. Les cantons cessèrent d'être des divisions administratives, et ne furent plus que des centres de justice de paix. Les communes reprirent leur individualité et furent administrées par un maire, un adjoint et par dix conseillers municipaux, nommés par le préfet pour trois ans et pouvant être maintenus en fonctions. Jean-Pierre Thomas fut nommé maire de Charly.

Le 3 novembre 1800 s'éteignait silencieusement à Charly, Jean-Alexis Henry de La Loge de Saint-Brisson, ci-devant seigneur de la localité. Son acte de décès est ainsi rédigé :

« Cejourd'hui, quatorze brumaire, an huit de la République française, une et indivisible, dix heures du matin, devant nous Jean-Antoine Pétel, adjoint municipal et officier de l'état civil de cette commune de Charly, canton id., département de l'Aisne ;

« S'est présenté le citoyen Louis-François Viguier, majeur et domicilié en cette commune, lequel nous a déclaré que Jean-Alexis-Henry dit La Loge, propriétaire, natif de cette commune, âgé de quatre-vingt-cinq ans vingt jours, époux de feue Charlotte-Colombe Sannois, était décédé le jour d'hier vers les cinq heures de relevée, en sa maison ; d'après la déclaration, nous sommes transporté de suite en la maison dudit défunt accompagné des citoyens Pierre-François Bataille, cultivateur et Charles-Jean-Henry dit La Loge, propriétaire, fils du défunt, majeur et domicilié en cette dite commune, d'après nous être assurés, par nous mêmes, du décès dudit Jean-Alexis-Henry dit La Loge, nous avons de suite rédigé le présent acte sur le registre double à ce destiné qui a été signé du déclarant, des témoins, de nous et autres.

« Fait en la maison d'administration lesdits jour et an.

« (*Signé*) : Pétel, Pinondel, Viguier, Bataille,
« Boullenger, Caboche, Laloge, fils. »

Le 28 pluviôse de la même année (17 février 1800), la loi sur l'administration municipale était encore modifiée. Par l'article 20 de cette loi, le maire et les conseillers municipaux, désignés pour trois ans, restaient à la nomination du préfet.

. La France commençait à sentir qu'elle avait un maître et que ce maître voulait être obéi. Il lui donnait de la gloire, mais il voulait de la soumission. Une loi du 8 pluviôse an IX (28 janvier 1801) avait déjà établi la réduction du nombre des justices de paix ; par un arrêté des consuls, en date du 25 septembre, le nombre des cantons, qui était de six à sept mille, fut réduit à 398.

Les 63 cantons du département de l'Aisne furent réduits à 37. Chézy-l'Abbaye et Viels-Maisons perdirent leur qualité de chefs-lieux de canton et furent réunis à Charly qui forma un canton composé de dix-neuf communes, savoir dix sur la rive droite de la Marne, canton primitif de Charly (1), et neuf sur la rive gauche, anciens cantons de Chézy et Viels-Maisons. Les justices de paix de Chézy et Viels-Maisons furent réunies à celle de Charly.

Un sénatus-consulte du 16 thermidor an X (3 août 1802) modifia l'administration municipale. Il institua des Assemblées de canton composées de tous les citoyens domiciliés dans le canton. Les membres des Conseils municipaux furent choisis par ces assemblées sur une liste des cent plus imposés du canton. Ils étaient nommés par le préfet et renouvelables par moitié tous les cinq ans. Les assemblées de canton devaient aussi dresser la liste des citoyens parmi lesquels seraient pris les juges de paix. La loi supprimait l'élection directe et remplaçait les deux assesseurs par deux suppléants. L'assemblée se réunit à Charly, sous la présidence de Claude-Antoine Fayet qui fut présenté le premier et fut agréé par le gouvernement. La même année, l'ex-abbé Louis-Alexandre Morin, suivant l'exemple donné par Nicolas Baron, épousait Solange Pétel. Le culte catholique étant régulièrement rétabli à Charly, l'abbé Claude Fidon, prêtre lazariste, fut nommé curé-doyen.

(1) Lucy-le-Bocage, qui faisait partie du canton primitif de Gandelu, fut réuni à celui de Charly, et Gandelu devint une commune du canton de Neuilly-Saint-Front. Le canton de Chézy comprenait les communes de Chézy, Nogent, Pavant, Essises et Monfaucon, Viffort et La Chapelle-sur-Chézy ; celui de Viels-Maisons comprenait les communes de Viels-Maisons, Rosoy-Gâtebled, Fontenelles, l'Epine-aux-Bois, Marchais, Vendières et La Celle.

CHAPITRE XIII

SOMMAIRE. — *Charly depuis la réunion des cantons de Chézy-l'Abbaye et de Viels-Maisons jusqu'à nos jours.*

La réunion des cantons de Chézy-l'Abbaye et de Viels-Maisons à celui de Charly donna à cette localité une nouvelle importance.

Lorsque le sénat proposa de changer le titre de consul à vie, que portait Napoléon Bonaparte, contre celui d'empereur, un sénatus-consulte du 28 floréal an XII (18 mai 1804) appela la nation à sanctionner cette modification à la constitution. Sur 3,524,254 votants, il y eut 3,521,675 *oui* et 2,579 *non*. Il n'y eut à Charly qu'un vote négatif, ce fut celui de Thouvenin ; — famille éteinte ou disparue. Le 2 décembre 1804, Napoléon se faisait sacrer par le pape à Notre-Dame. Il voulut frapper le pays par une cérémonie imposante et convier toute la France à son sacre, en appelant à Paris, par décret du 21 messidor an XIII, une députation des gardes nationales. Le département de l'Aisne envoya seize représentants à la cérémonie du sacre. Louis Vilcoq y représenta Charly, et une médaille d'or fut accordée comme souvenir à chaque délégué avec une lettre confirmative.

Il n'y avait à Charly qu'une seule école pour les deux sexes. Le 18 avril 1787, Marie-Louise Rimbert avait donné et légué à la paroisse la maison qu'elle occupait à la place de la Grande-Croix pour y loger deux sœurs de Charité qui feraient la classe aux petites filles. Les événements ne l'ont pas permis, et c'est le 3 mars 1806 qu'eut lieu la fondation de la maison congréganiste de Notre-Dame de Bon-Secours, par Marie-Anne-Françoise Leconte, dont le père avait été instituteur, puis maire de Charly en 1791. Avec la collaboration de deux amies dévouées, mesdemoiselles Delaplace et Lemaire, sans autre fortune que leur charité, leur espérance et leur foi, Marie-Anne-Françoise Leconte dota Charly d'une importante maison d'éducation pour les jeunes filles. Cette maison fut définitivement autorisée par ordonnance de Charles X, le 17 janvier 1827. L'abbé De La Loge qui était devenu à Soissons supérieur des Minimes, et qui était également supérieur de la congrégation de Charly, aurait voulu fondre les religieuses de Bon-Secours avec les Minimes : mais madame Leconte préféra rester à Charly pour y instruire les petites filles. Aujourd'hui cette maison, dont le siège est à Charly, prospère dans le départenant de l'Aisne et s'étend dans le département de Seine-et-Marne.

1808. — La loi du 24 mars 1803 prescrivait le remplacement par moitié de l'administration municipale, le maire et l'adjoint furent renommés ; mais en 1809 Thomas donna sa démission et fut remplacé par Nicolas-Sébastien Aubry.

Les nécessités de la guerre ayant exigé une surveillance de nos côtes maritimes, le gouvernement appela la garde nationale à fournir son contingent. Le département de l'Aisne eut à fournir 2,000 gardes nationaux; Charly en envoya 9 (11 août).

Depuis que le clocher de Charly avait été privé de sa sonnerie, pour faire des canons, il n'y avait d'autre cloche que le beffroi de l'horloge. Le 25 septembre 1809, le conseil municipal mit en délibération la question de rétablir la sonnerie par une grosse cloche ou trois petites.

1810. — Une loi nouvelle changea le mode de nomination des juges de paix ; au lieu d'être élus par le suffrage de leurs concitoyens, ils furent nommés directement par l'empereur. Claude-Nicolas Copineau fut maintenu dans ses fonctions de juge de paix à Charly (20 avril, 6 juillet, 18 août).

1811. — Le 12 mai, la question des cloches revint de nouveau au conseil municipal : on décida qu'une seule cloche suffirait. C'est au résultat de cette délibération que Charly doit sa cloche actuelle, achetée d'occasion à Paris, et provenant d'une conquête des armées de la République en Italie. L'inscription gravée sur cette cloche n'a donc aucune importance locale.

1812. — Nic.-Séb. Aubry se démit de ses fonctions de maire avant l'expiration de son mandat, et fut remplacé, le 15 décembre, par Pierre-François Bataille, qui conserva comme adjoint Louis-François Viguier.

1813. — Le premier janvier, la municipalité de Charly avait été renouvelée. Le maire et l'adjoint furent conservés. Thomas, Demoncy, et Laurent Pétel remplacèrent au conseil Lavigne, Viguier et Aubry.

A la fin de 1813, il y avait dix ans que la rédaction des tables décennales avait été prescrite par un décret. Pendant cette période, il y eut à Charly :

284 mariages.
492 naissances.
489 décès.

En 1814, les mauvais jours étaient revenus pour notre pays. Le 5 mars, parut un décret appelant sous les armes toute la partie valide de la France; le département de l'Aisne mit sur pied 6,000 gardes nationaux. Charly fournit son contingent à l'armée active et à la garde d'honneur, nouvelle garde imaginée par l'empereur et composée des jeunes gens de familles riches, qui devaient s'équiper, eux et leurs chevaux, à leurs frais. Charles-Bataille, fils du maire, fit partie de cette garde.

Les armées alliées avaient envahi la France; d'héroïques combats avaient été livrés dans les environs de Charly et nos soldats défendaient pied à pied le sol de la patrie. On s'était battu les 11 et 12 février à l'Epine-aux-Bois, à Marchais, aux Caquerets. Russes et Prussiens fuyaient en désordre sur Château-Thierry, poursuivis par les généraux de cavalerie, Nansouty et Letort. On avait fait sauter le pont et une foule d'habitants de Château-Thierry et des environs vinrent se réfugier à Charly, qui fut un peu protégé par le mauvais état de sa route. Mais quand tout fut fini, quand Paris eut capitulé, les armées alliées vinrent prendre leurs cantonnements dans nos pays, et Charly eut la douleur de subir, de loger et d'héberger l'ennemi, douleur qui se renouvela en 1815, en 1870 et 1871.

L'année 1815 ne fut guère plus heureuse ; Waterloo fut suivi d'une nouvelle invasion. Bataille et Viguier donnèrent leur démission de maire et d'adjoint. Noël-Joseph Coutelier fut maire jusqu'au 18 septembre et fut remplacé par Denis-Louis Caboche. L'adjoint Viguier fut remplacé par François Regnault. Au surlendemain de Waterloo, le 20 juin, on institua à Charly deux compagnies de garde nationale, sous le commandement de Théodore Morin pour l'arrestation des soldats errants ou déserteurs ; mais cette garde nationale ne dura pas.

En 1816, l'abbé Claude Fidon, curé doyen de Charly, fut nommé chanoine titulaire de la cathédrale de Soissons et remplacé à la cure de Charly, par l'abbé Joseph Claudon.

La loi des 13 janvier et 16 février 1816, modifia encore une fois la durée des fonctions municipales et prescrivit pour 1816, 1821, 1826 le renouvellement quinquennal des maires et des adjoints. C'était dans le but de laisser le moins possible l'administration entre les mains d'hommes dévoués au régime déchu. Quant aux conseillers municipaux, leur renouvellement, qui devait avoir lieu en 1823, fut reporté à 1821, 1831, de dix en dix ans.

Les anciens officiers qui avaient pris leur retraite à Charly furent l'objet de tracasseries de la part de l'autorité, qui voyait d'un œil suspect leurs promenades et leurs réunions à l'endroit dit la Gueule-du-Ru, et les leur interdit.

Les députés étaient nommés par les électeurs du grand collège et par ceux d'arrondissement ou du petit

collège. L'électeur du département était Laurent Pétel ;
les électeurs d'arrondissement étaient : Aubry, Bataille,
Caboche, Copineau, Coutelier, Dufour, Duval, Huyard,
Lamy, Madelain, Maugras, Paris, Pétel, abbé Pinta,
Romelot, Thomas.

Le 12 mars 1818, mourut le juge de paix Copineau : il
fut remplacé par Pierre-Nicolas Boivin.

Le 28 avril 1821, à l'occasion de la naissance du duc
de Bordeaux, aujourd'hui comte de Chambord, le
Conseil municipal de Charly se réunit et vota pour les
réjouissances publiques prescrites à cette occasion, la
somme de 172 fr. 50.

La deuxième période des tables décennales de Charly,
de 1813 à 1822, donne :

> 155 mariages ;
> 432 naissances ;
> 394 décès.

Le 22 avril 1824, Pierre-Etienne Duval, ancien prêtre,
Louis-Jacques Pinçon et Frédéric Bataille furent nommés par le préfet conseillers municipaux, en remplacement de Paris et Guérinet décédés et de Demoncy,
changé de domicile.

Le 17 mai de la même année, Nicolas Josset, médecin
octogénaire à Château-Thierry, adressa au conseil municipal de Charly une pétition pour que les eaux de
Ruvêt fussent amenées à Charly. On pourrait aussi
établir entre la halle et la promenade une fontaine avec
abreuvoir et lavoir. « Cette dépense pour la fontaine,
disait-il, ne serait pas très considérable, pouvant se
faire par voie et mesure administrative locales, avec

l'approbation et autorisation supérieures, soit en commun par journées de chaque individu, qu au prorata des contributions, et, en passant, fournir aux particuliers propriétaires des maisons, un conduit avec un robinet pour leur usage et commodité, moyennant une légère rétribution, ce qui allégerait d'autant les dépenses nécessaires à faire. »

Le conseil ne fit aucune attention à la demande du médecin Josset.

En 1829, l'abbé Etienne Gervais fut nommé curédoyen de Charly, en remplacement de l'abbé Joseph Claudon, nommé chanoine de la cathédrale de Soissons.

Jusqu'en 1830, il ne s'est passé à Charly aucun fait important à signaler. La Révolution de Juillet y fut accueillie avec enthousiasme. Un nouvel essor semblait avoir été donné au commerce. La garde nationale y fut organisée sous le commendement du chef de bataillon Cornette et du capitaine Boullenger, qui reprirent dans cette garde les grades qu'ils avaient dans l'armée. Quelques mois auparavant, le conseil municipal, dans la séance du 10 mai 1830, avait proposé la formation d'une compagnie de sapeurs-pompiers et l'acquisition d'une pompe, ce qui avait été accepté dans la séance du 14 juin.

La garde nationale de Charly forma un bataillon dont l'effectif s'éleva à 325 hommes. 254 furent promptement habillés et équipés. Le bataillon se composa d'une compagnie de grenadiers, de deux compagnies de chasseurs, d'une compagnie de voltigeurs et d'une compagnie de sapeurs-pompiers. Les officiers furent :

Etat-major.

Cornette, Amand-Prosper, chef de bataillon, chevalier de la Légion d'honneur.

Boullenger, capitaine adjudant-major, chevalier de la Légion d'honneur.

Coutelier, Aristide, quartier-maître, capitaine.

Tillet, L.-A., sous-lieutenant porte-drapeau.

Baron, chirurgien aide-major.

Bachelet, père, chef de musique.

Grenadiers.

Léguillette, Jean-François, capitaine.

Leduc-Latournelle, lieutenant.

Madelain, Fr. et Tillet, L.-A., s.-lieutenants.

Chasseurs.

1ʳᵉ Compagnie.

Henry, Etienne, capitaine.

Bataille, Frédéric, lieutenant.

Mauge et Bocquet, sous-lieutenants.

2ᵉ Compagnie.

Blaireau, Pierre, capitaine.

Blaireau, Antoine, lieutenant.

Guillaume et Barras, sous-lieutenants.

Voltigeurs.

Mantel, Joseph, capitaine.

Bataille, Pierre, lieutenant.

Gilquin et N..... sous-lieutenants.

Sapeurs-pompiers.

Pétel, Laurent, capitaine.

Haquin, lieutenant.

Touchard, sous-lieutenant.

En cas d'alerte chaque compagnie eut son lieu de rassemblement ainsi fixé : les grenadiers, à la maison commune ; la première compagnie de chasseurs, vis-à-vis la rue Neuve ; la deuxième compagnie, au coin de la rue des Buttes et des faubourgs ; les voltigeurs, sur la place du Champ-de-Mars ; les sapeurs-pompiers, dans la Grande-Rue, vis-à-vis la maison de leur capitaine, (aujourd'hui maison de M^e Fr. Bataille).

On fit une quête dans le pays pour l'acquisition d'un drapeau, qui coûta 175 francs, d'instruments de musique, etc.

Léguillette ayant été nommé maire de Charly le 25 février 1831, Leduc-Latournelle fut élu capitaine de grenadiers, et la compagnie de sapeurs-pompiers, ne comprenant que 34 hommes, cessa d'avoir un capitaine et fut commandée par le lieutenant Haquin, qui céda bientôt le commandement à Chailliot, ancien officier sous l'Empire.

La remise du drapeau à la garde nationale eut lieu le dimanche 1er mai 1831 et fut l'occasion d'une fête splendide. La veille de la fête, les boîtes furent tirées à six heures du soir ; à huit heures, retraite battue par tous les tambours. Le 1er mai, jour de la fête du roi Louis-Philippe, à quatre heures du matin, la diane ; à six heures, salve de toutes les boîtes d'artillerie. Toutes les maisons furent pavoisées du drapeau tricolore. L'enthousiasme fut immense. Toute la garde nationale était sous les armes dès 11 heures sur la place du Champ-de-Mars. Les autorités civiles et administratives s'étaient rendues à la maison commune, où deux dames chargées d'attacher la cravate au drapeau y avaient été conduites par deux commissaires délégués à cette effet. Ces deux dames étaient mesdames Léguillette, femme du maire et Cornette, femme du chef de bataillon. Un détachement de deux pelotons de garde nationale, commandé par le capitaine Leduc-Latournelle et précédé des tambours et de la musique se rendit à la maison commune pour y prendre le drapeau et escorter les autorités. Tout le bataillon était formé en bataille sur la place, attendant le drapeau qui était porté enveloppé dans son fourreau. Au milieu des deux pelotons, le cortège revint sur la place ; le détachement reprit son rang de bataille ; les autorités, le drapeau et les deux dames étaient au centre du bataillon. Le commandant fit former le bataillon carré ; le capitaine adjudant-major retira le drapeau du fourreau et présenta la cravate à mesdames Léguillette et Cornette. Pendant ce temps les boîtes d'artillerie se faisant entendre, la musique jouait les airs patriotiques. Les officiers formèrent le cercle dans le carré; le maire et le commandant donnèrent la main aux dames, qui attachèrent la cravate au drapeau. Prenant alors le drapeau de la main droite, comme pour l'offrir à la garde nationale, le maire prononça quelques paroles chaleureuses. Le drapeau fut incliné ; officiers et sous-officiers étendirent l'épée ou le sabre pour le saluer. Précédé du commandant, escorté des deux adjudants et de tous les fourriers, le drapeau parcourut deux fois le bataillon carré : toute la garde nationale présenta les armes. Ces deux tours terminés, le drapeau fut replacé au centre, le commandant fit coucher l'arme sous le bras gauche et lever la main droite à toute la troupe, pour prêter le serment de fidélité suivant : « Je jure d'être fidèle au drapeau et de le conserver pur et sans tache, au péril de la vie !... » Un formidable cri « Nous le jurons !... » retentit sur toute la place. La garde nationale se mit alors en bataille, défila par pelotons devant les autorités et fit halte. Les autorités se placèrent à la tête de la garde nationale et furent reconduites à la Maison commune.

Le soir, il y eut banquet, bal gratis, réjouissances publiques et illumination générale. Charly a eu bien des fêtes ; il est probable qu'il n'en a jamais vu d'aussi belle que celle du 1ᵉʳ mai 1831.

Des dissentiments survinrent entre les sapeurs-pompiers et la garde nationale, relativement à la place que ces derniers devaient occuper dans les réunions du bataillon. Ils voulaient marcher à la droite, se considérant comme appartenant aux armes spéciales. Le commandant Cornette, par plusieurs ordres du jour, le sous-préfet de l'arrondissement, par sa présence, durent intervenir dans cette petite rivalité d'amour-propre, et il fut décidé que dorénavant les sapeurs-pompiers occuperaient alternativement la droite et la gauche (1).

La loi des 21-23 mars 1831 modifia encore les fonctions municipales. Charly eut un maire pris dans le conseil et nommé par le préfet pour trois ans ; le nombre des conseillers municipaux fut porté de dix à seize, tous nommés à l'élection pour six ans (renouvelables par moitié tous les trois ans) par les cent et quelques citoyens les plus imposés aux rôles des contributions directes de la com-

(1) Cornette donna sa démission de commandant, et à sa place fut élu Etienne Salmon en 1836 : il se démit pour cause de santé et fut remplacé par L.-F. Corlieu, capitaine en retraite, chevalier de la Légion d'honneur. En 1846, Corlieu donna sa démission et le choix tomba sur Leduc-Latournelle, qui était capitaine de grenadiers. Ce fut le dernier chef de bataillon de la garde nationale de Charly, qui fut supprimée en 1851.

mune. François Léguillette avait été nommé maire de Charly, le 25 février 1831, en remplacement de Caboche démissionnaire, et eut pour adjoint Ar. Coutelier d'abord, et, à partir du 16 février 1832, Louis-Jacques Pinçon.

En 1832, lorsque le roi Louis-Philippe, accompagné de ses fils, traversa Château-Thierry, il y passa en revue toutes les gardes nationales de l'arrondissement : celle de Charly s'y fit remarquer par son enthousiasme. Quelque temps après, le choléra sévissait sur la France et il fit son apparition à Charly le 19 avril. Depuis cette date jusqu'au 30 octobre, il y eut 58 décès ainsi répartis :

	Sexe masculin	Sexe féminin	Total.
De 0 à 10 ans.	3	4	7
De 10 à 20	»	»	»
De 20 à 30	1	2	3
De 30 à 40	3	4	7
De 40 à 50	1	4	5
De 50 à 60	6	8	14
De 60 à 70	6	8	14
De 70 à 80	4	3	7
De 80 à 90	»	1	1
	24	34	58

On compta en avril 4 décès, en mai 21, en juin 16, en juillet 3, en août 4, en septembre 7, en octobre 3.

Il y eut quatre décès le 24 mai, quatre le 25 et quatre le 29. L'épidémie alla en diminuant pour reprendre un peu en septembre, où elle fit en quelques jours trois victimes dans la famille Taratre, le père, la mère et une jeune fille de vingt-deux ans.

1833. — Les statistiques sur le mouvement de la population démontrent qu'à la suite des grandes épidémies, il se fait, pour ainsi dire, une sorte de compensation par l'augmentation du nombre des naissances, pendant une ou deux années consécutives : il n'en fut pas ainsi pour Charly. Il y eut 31 naissances en 1833 et 34 en 1834 : la moyenne annuelle des naissances pour Charly, pendant cinquante ans, est de 39,9.

La troisième période des tables décennales, de 1823 à 1832, donne :

> 146 mariages.
> 359 naissances.
> 477 décès.

Charly persévéra dans sa voie d'améliorations et d'embellissements pendant l'administration du maire Léguillette. Charly voulut avoir l'aspect d'une petite ville ; il eut ses réverbères en 1834 ; il fut repavé en 1841. Pour cause d'utilité publique disparurent la halle et les magnifiques tilleuls qui ombrageaient la place, sur laquelle s'éleva l'Hôtel de Ville en 1844 et dont les frais de construction s'élevèrent à 17,700 francs. (Gencourt, architecte). Hâtons-nous de dire qu'un homme mort trop jeune et trop tôt pour lui et pour le pays, Etienne Salmon, n'a pas peu contribué à ces améliorations locales.

Le 30 mars 1841, Aristide Coutelier, ancien notaire, fut nommé juge de paix en remplacement de Pierre-Nicolas Boivin, décédé le 11 février 1841.

Sous l'administration de Léguillette disparut à Charly un usage assez singulier et dont l'origine est fort ancienne. Tous les ans, au mardi gras, on faisait un *chari-*

vari à tel ou tel habitant de la localité, homme ou femme, qui avait commis une de ces fautes qui ne relèvent ni de la justice, ni de la police correctionnelle, mais de l'opinion publique. Qu'un mari ait été battu par sa femme, que l'un ou l'autre des deux époux ait failli à ses devoirs, que tel habitant ait manqué de délicatesse dans telle ou telle affaire, il était livré à l'amusement public pour le temps du carnaval. Le soir, les jeunes gens de la localité se promenaient dans les rues au bruit des cornets à bouquins, des pelles, des pincettes, des crécelles, et, au risque de mauvais coups, stationnaient quelque temps à la porte des justiciables de leur tribunal arbitraire. Ils se réunissaient dans les veillées, composaient quelques chansons, sans souci de la rime, de la cadence ou de la mesure. Le jour du mardi gras, des mannequins en paille, vêtus d'habits assez analogues à ceux portés par les accusés, étaient mis dans une voiture, escortés de faux juges, de faux bourreaux, promenés et fouettés par toute la ville. Sur la place publique on avait dressé une estrade à l'aide de tonneaux et de planches, et là on lisait l'acte d'accusation fantaisiste, on prononçait le jugement ; on chantait les chansons composées pour la circonstance, et le lendemain le jugement, qui le plus souvent prononçait la condamnation à mort par le feu, recevait son exécution : les mannequins étaient brûlés sur la place publique. Un jour, en 1716, les jeunes gens s'étaient assemblés dans la Grande-Rue ; ils avaient parcouru le bourg avec un fantôme simulant un homme mort et dont ils portaient le deuil au chapeau, avec accompagnement de tambours et de trompettes, et ils avaient déposé pendant quelque temps à la porte du procureur fiscal ce fantôme qu'ils nommaient *Carême-prenant*, en se raillant du procureur et de la justice. L'amusement parut de mauvais goût; procès-verbal fut dressé le 28 février, mais les jeunes gens ayant exprimé leurs regrets furent condamnés chacun à dix sous d'amende (Archives du Bailliage). Ces amusements engendraient souvent des haines durables, des voies de fait, et il fallut l'intervention de l'autorité supérieure pour mettre fin à cet usage.

Une autre coutume surannée existait encore à Charly, celle des *Brandons*. Le soir du premier dimanche de Carême, les voisins allumaient un feu de joie à la porte de ceux qui s'étaient mariés dans l'année, et c'était la mariée qui était invitée à y mettre l'allumette. Quand le feu était éteint, les nouveaux époux recevaient leurs voisins et leur offraient du vin et d'autres rafraîchissements. L'usage des brandons existait de temps immémorial; on le trouve signalé dans les plus anciennes pièces ou chartes de la localité (p. 21). Malgré son ancienneté, c'est un usage qui aurait dû disparaître depuis longtemps : il a été aboli par arrêté du maire de Charly, en 1879.

La quatrième période des tables décennales, de 1833 à 1842, donne :

149 mariages.
363 naissances.
388 décès.

Au mois de janvier 1844, un procès en justice de paix égaya fort la population de Charly. C'est à l'*Echo de l'Aisne* (janvier 1844) que nous empruntons cet article. Bien qu'il n'ait pas été signé, tous les lecteurs d'alors ont facilement deviné le nom du rédacteur anonyme, qui d'ailleurs n'a eu qu'à tenir la plume, car les deux adversaires ne manquaient pas d'esprit naturel :

JUSTICE DE PAIX DE CHARLY.

A Gascon Gascon et demi.

Audience du 4 janvier 1844.

Deux médecins de la ville, tous deux Gascons pur sang, sont à la barre du tribunal.

L'un, le sieur Gr... de C..., officier de santé nouvellement établi à Charly, se présente la tête haute, le regard assuré ; l'autre, le docteur S..., son prédécesseur paraît abattu, et essuie de temps en temps les larmes qui roulent dans ses yeux.

A l'appel de la cause, M. Gr... de C..., interrompant l'huissier avant qu'il n'ait exposé le motif de la demande, s'écrie avec un accent très prononcé :

— Mousié lé jugé dé paix, jé veux exposer moi-mêmé la cause, quoiqué jé sois défendeur. Mousié S... ici présent m'a cédé sa clientèlé commé médécin, moyennant un prix qui n'est pas encore exigible. En outré il m'a fait quelqués pétites avances commé cela sé pratique entré compatriotes, mais il n'a pas lé droit dé m'actionner, parcéqué jé n'ai jamais nié lui dévoir.

Le docteur S... (avec le même accent). — Mais vous né m'avez jamais payé.

Gr... de C... — Oh ! jé né vous payerai pas de sitôt, pour vous punir d'avoir écrit à mon frèré l'abbé, qui est vicaire à Paris, qué j'avais voulu vous tuer en duel... Il sé moqué pas mal dé vous, mon frèré lé vicaire, il m'a renvoyé votré lettré, et il m'écrit que vous êtes uné bête.

Le juge. (Avec dignité). — N'invectivez pas votre adversaire.

Gr... de C... — C'est qué jé suis révolté, mousié lé jugé dé paix, jé né mé possède plus. Jé suis bon pour payer, moi, j'ai un sécond frère à Paris, qui est hommé dé lettres et qui soutient lé ministère. Il gagné plus d'argent en une heure qué jé n'en gagne en un an.

Le juge. — On vous réclame encore une somme de 235 francs.

Gr... de C... — Oh! pour céla, c'est différent... Jé né lé payerai pas. (On rit.) Jé né lé dois pas. Ecoutez qué jé vous dise. C'est uné detté dé mon troisiémé fréré qui était aussi médécin à V... et qui est parti pour la Guadéloupé.

Le docteur S... — En oubliant dé payer cé qu'il dévait.

Gr... de C... (Avec assurance). — C'est par humanité, (on rit). Il était si pressé d'aller porter sécours aux victimés du tremblément dé terré !! C'est là du dévouement !... Mais mon fréré l'hommé dé lettres a répondu de la créancé : il a souscrit un billet...

Le docteur S... — Qui n'a pas été payé à l'échéance et a été protesté.

Gr... de C... — Taisez-vous, vous fériez moquer de vous. Sachez que mon fréré est au-dessus dé pareilles misères...

Le docteur S... — Jé vous ai rémis l'argent avec léquel vous avez acquitté lé billet, c'était pour vous obliger.

Gr... de C... — C'était pour obliger mon fréré l'hommé dé lettres, dont vous sollicitiez la protection afin d'obtenir uné placé du gouvernement, par exemple uné placé dé médécin près d'un établissement d'eaux minérales dans les Pyrénées.

Le docteur S... (Très ému). — Jé vous conseillé dé

parler dé céla. C'est vous qui vous étiez positivémeni engagé à mé faire avoir cetté placé par lé pouvoir dé votré fréré, l'écrivain, auprès des ministres. Ses lettrés sont formelles. C'est à cetté condition seulément qué jé vous ai cédé ma clientélé au quart dé sa valeur, et aujourd'hui qué vous avez cé qué vous désirez de moi, pour vous décharger dé ténir cetté promessé, vous m'accâblez d'injures, dé ménaces, vous vous liguez tous les frérés contré moi, et vous né mé payez rien dé cé qué vous mé dévez.

Gr... de C... — Est-cé qué mon fréré n'a pas fait obtenir uné boursé dans un collégé à votre jeuné fils ?

Le docteur S... (Pleurant). — Cé n'était là qu'un acompte... et çà été la causé dé mon malheur. C'est cé qui m'a ébloui. Cela m'a fait croire au pouvoir dé votré fréré l'hommé dé lettrés ; jé mé suis fié à vous en loyal compatriote, et aujourd'hui jé n'ai plus d'état, jé né puis plus exercer la médecine ici, puisqué jé mé le suis interdit en vous cédant. Jé n'ai plus qu'à mourir (sanglotant), j'ai ruiné ma famille. (Émotion générale.)

Gr... de C... — Vous êtés un imbécilé.

Le docteur S... — Oui, vous avez raison, jé l'ai été imbécile, quand j'ai cru à vos promesses fallacieuses.

Gr... de C... — Vous êtes un polétéron ; vous m'avez remis l'argent pour payer lé billet en cachetté dé votré femme.

Le docteur S... — J'aurais bien mieux fait de l'écouter ma femmé ; jé n'aurais jamais eu dé rélations avec vous.

Gr... de C... — Né mentez pas ; la vérité, la probité, c'est les compagnes dé l'hommé dé bien. (Avec onction.) Ténez, mousié lé jugé dé paix, pour vous prouver notré délicatesse et notré loyauté, jé vous confie cé papier : (Il ouvre son portefeuille et en tire une lettre.) C'est uné lettré qui vous est adressée par mon fréré l'hommé dé lettrés dé Paris ; il vous déclare qu'il prend la detté pour son compté... Gardez précieusément cet écrit, mousié lé jugé dé paix, vous en comprenez, jé n'en doute pas, l'importance.

Le docteur S... — Comment cetté lettré peut elle avoir plus dé valeur qué lé billet à ordré qué votré fréré à laissé protester, faute dé payement ?

Une voix dans l'auditoire. — C'est sans doute comme autographe d'un littérateur célèbre.

Gr... de C... — Né plaisantez pas ; chacun sait qué les caractères tracés dé la propré main dé nos auteurs en renom, sont d'un prix inappréciable. Un Anglais a payé millé francs un autographé dé Racine, et cépendant mon frèré a enfoncé Racine.

Le docteur S... — (Pleurant moins fort). Quoi ! l'auteur dé Phèdré, d'Andromaque et dé tant d'autres tragédies rémarquables, Jean Racine, qué la villé dé La-Ferté Milon, voisine d'ici, sé glorifie d'avoir vu maître, a été enfoncé commé moi par votré frèré? (rire général dans l'auditoire).

Gr... de C... — Silencé ! vous êtes aussi un polisson. Voyez, l'auditoire rit dé votre ignorance ; vous né connaissez pas la valeur d'un autographé. Sachez donc qué lé princé dé Metternich a donné à M. Jules Janin, collaborateur dé mon frèré, cinquanté bouteilles de vin de Tokay, qui valent quaranté francs pièce, pour avoir quatre lignes écrites dé sa main.

Le docteur S... — (Ne pleurant plus). Vrai ! les lettres dé votré frèré ont autant dé valeur qué céla ! Sandis ! jé suis sauvé ! j'ai plus dé soixanté dé ces lettres, je puis donc en tirer de l'argent, céla vaudra mieux qué ses lettres dé changé.

M. le juge de paix prononce un jugement par lequel, attendu que la somme réclamée excède deux cents francs, il se déclare incompétent.

Gr... de C... — (Triomphant), s'adressant au docteur S...). Vous lé voyez, mousié lé jugé dé paix né mé condamne pas à vous payer ; vous perdez votré causé : justicé m'est rendue.

M. le juge. — Permettez ; je n'ai rien préjugé, je n'ai rien décidé au fond...

Gr... de C... — (Couvrant la voix du juge). Oui, j'ai gagné mon procès ; jé n'en attendais pas moins dé votré loyauté et dé votre impartialité, mousié lé jugé dé paix. Souffrez qué jé vous en rémercie et qué jé vous en félicité.

L'audience est levée et M. le juge de paix a quitté la salle, que M. Gr... de C... s'écrie encore : « On m'a rendu justice, j'ai gagné ma cause ». — Mais, lui dit l'huissier, vous n'entendez donc pas ; M. le juge n'a pas prononcé ; le docteur S... va se pourvoir devant le tribunal civil.

Gr... de C... — Qu'il osé s'y frotter... Jé lé lui conseillé. Nous l'attendons de pied ferme. La loi nous autorise à discuter la moralité dé notre adversaire, nous en userons. Nous sommés natifs dé son pays, nous connaissons tous les sécrets dé sa famille ; nous les divulguérons, nous ferons du scandalé. J'ai pour ami le célèbre avocat *** qui a défendu mon frèré lors dé son duel ; justement il doit vénir mé voir. Il plaidéra ma causé ; il féra rire les juges et lé public aux dépens de S... Cet avocat, c'est notre ami, et dans ces circonstances, on né paie pas ses amis.

Le docteur S... (sortant). — Et pour mon malheur, vous mé traitez encore commé vos amis.

Gr... de C... (sortant aussi). — L'amitié d'un grand homme est un bienfait des Dieux.

En 1846, eut lieu l'installation des frères de la Doctrine chrétienne, par suite d'une donation de mademoiselle Leviel.

Quand le Gouvernement de juillet 1830 eut été renversé par la Révolution de février 1848, les habitants de Charly se rallièrent vite au nouvel état de choses et envoyèrent l'adresse suivante aux membres du gouvernement provisoire :

« Citoyens,

« En saisissant avec vigueur les rênes du Gouvernement, vous avez préservé la patrie des horreurs de la guerre civile et des dangers de l'anarchie. En prenant la direction suprême des affaires, vous avez fait preuve des intentions patriotiques qui vous animent, et vous avez mis au grand jour cette vérité qu'en France l'ordre et la liberté peuvent se concilier. Honneur à vous !

« Convaincus de votre dévouement dans des circonstances si difficiles et fiers de voir à la tête du peuple Français des hommes dont la seule ambition est de faire son bonheur, nous venons vous offrir l'expression de notre admiration et l'assurance de notre franche et loyale adhésion. Comptez donc, citoyens membres du Gouvernement provisoire, sur notre concours et par représailles, sur notre dévouement. »

On planta un arbre de la Liberté devant l'Hôtel de Ville, on réorganisa la garde nationale, et lorsque l'insurrection de Juin ensanglanta la capitale, la garde nationale de Charly fit preuve de civisme, en marchant sur Paris pour la défense de l'ordre.

La loi des 3-11 juillet 1848 remit au suffrage universel l'élection des conseillers municipaux et des maires. De nouvelles élections générales eurent lieu, et le conseil municipal fut ainsi composé : Fr. Bataille, A. Coutelier, Champion, Thévenin, Duclert, D. Pétel, P. Guérinet, Figuet, B. Delaplace, Lamiche (pharmacien), Baron, Michon, L. Gratiot, Mantel, Fréd. Leguillette. — Fr. Bataille fut élu Maire.

Charly manquait d'eaux vives et n'avait pour ses usages domestiques que des puits publics et privés dont les eaux calcaires ne sont pas bonnes pour ces usages. La proposition que le médecin Josset avait faite en 1824 était oubliée depuis cette époque. Etienne Salmon l'avait reprise et étudiée, mais il mourut malheureusement avant sa mise à exécution (18 décembre 1844). Le notaire Vignon et le conseil municipal réalisèrent en 1850 le rêve de Josset et de Salmon, et les eaux abondantes et excellentes de Ruvêt furent amenées à Charly.

Le coup d'Etat du 2 décembre 1851 fit disparaître la République de 1848. Louis-Napoléon Bonaparte consulta la nation et lui demanda des pouvoirs constituants et la présidence de la république pour dix ans. Le vote eut lieu par toute la France les 21 et 22 décembre 1851, et près de 7,500,000 suffrages approbatifs furent donnés à l'auteur du coup d'Etat. Sur 533 électeurs inscrits à Charly, il y eut 481 votants qui donnèrent 479 *oui* et 2 *non*. On était déjà loin de l'adresse aux membres du gouvernement provisoire. Des illuminations et des réjouissances publiques suivirent ce vote.

La nouvelle constitution ramena de nouvelles élections municipales en 1852.

Les 21 et 22 novembre 1852, Louis-Napoléon Bonaparte consulta de nouveau la nation pour le rétablissement de la dignité impériale dans sa famille. Sur 533 électeurs inscrits il y eut 506 votants, qui donnèrent 500 *oui*, 4 *non* et 2 bulletins blancs. Le résultat fut solennellement proclamé le 10 décembre et de nouvelles réjouissances publiques eurent lieu.

La garde nationale avait été dissoute en 1851 ; elle fut réorganisée par toute la France en 1852 ; Charly n'eut qu'une compagnie de sapeurs-pompiers : Guichard en fut nommé capitaine.

La cinquième période des tables décennales, de 1843 à 1852 donne :

> 108 mariages ;
> 351 naissances ;
> 384 décès.

Charly n'avait, pour indiquer les heures à sa population, qu'une mauvaise horloge qui existait de temps immémorial. En 1853, elle fut remplacée par une neuve, une sonnerie de trois cloches et un cadran, dont les frais s'élevèrent à 1,876 francs. Cette même année, Frédéric Bataille, forcé pour cause de santé de se démettre de ses fonctions de maire, eut pour successeur Emile Coutelier.

L'année 1855 vit l'inauguration du nouveau cimetière de Charly. Décidé en principe par deux délibérations du conseil municipal, en date du 14 mai 1852 et du 10 mai 1853, il fut voté et accepté en 1854 ; un terrain de 51 ares fut acheté au Nord-Est de la ville moyennant 4,500 fr., le 9 mai 1854, et fut entouré de murs. La première inhumation eut lieu au mois de décembre de l'année suivante.

Mais Charly manquait de lavoir public. Les religieuses de Notre-Dame de Bon-Secours échangèrent, contre une concession perpétuelle au cimetière, un jardin qu'elles possédaient à l'entrée de la ville sur le ru Danon, pour l'établissement d'un lavoir.

En 1859, après trente ans de sacerdoce à Charly, où il avait laissé les meilleurs souvenirs, l'abbé Gervais fut nommé chanoine titulaire de la cathédrale de Soissons, où il mourut le 29 mars 1863. Il fut remplacé dans sa cure par M. l'abbé Gosse.

Ici devrait s'arrêter l'histoire de Charly, car on ne peut raconter celle du temps présent sans s'exposer, quoi qu'on fasse, à froisser quelques susceptibilités. Rappelons que, lors de la canalisation de la Marne, de 1860 à 1863, un barrage fut construit à Charly, sous la direction de l'ingénieur des ponts et chaussées, M. Holleaux.

La sixième période des tables décennales, de 1853 à 1862 donne :

138 mariages ;
308 naissances ;
428 décès.

Lorsque, au mois de mai 1870, Napoléon III demanda à la France le plébiscite qui dut nous être si fatal et amener la guerre désastreuse de 1870-1871 avec l'Allemagne, sur 534 électeurs inscrits, il y eut 454 *oui*, 34 *non*, 2 bulletins nuls, et 44 abstentions. Après des désastres inouïs, après la capitulation de Sedan, une partie de l'armée allemande vint sur Paris à marches forcées, et le 8 septembre 1870, apparurent à Charly les premiers soldats ennemis. Cette douloureuse occupation étrangère dura près de sept mois, et le maire Em. Coutelier eut à subir toutes les exigences d'un ennemi implacable. En 1871, Em. Coutelier se démit de ses fonctions et fut remplacé par Mantel. C'est sous l'administration de ce dernier que fut construit le pont de Charly à Pavant. Ce projet avait été conçu en 1862 ; les événements et la guerre le retardèrent. En 1873, il fut repris ; une souscription fut établie : en quelques jours 150 adhérents avaient déjà souscrit la somme de 95,000 francs. Un décret du Maréchal de Mac Mahon, Président de la République, daté de Versailles, le 17 janvier 1874, accepta la soumission de la société civile constituée pour la construction du pont en pierres de Charly à Pavant, et les 26 et 27 septembre 1875, avaient lieu la bénédiction et l'inauguration de ce pont.

Le 1er juillet de la même année, la commune de Charly acheta, près de la place de l'Hôtel de Ville, un terrain de 28 ares 25 centiares, clos de murs et faisant l'encognure du chemin n° 51 conduisant à Pavant, moyennant six mille francs, pour y faire construire une école communale, qui fut ouverte aux élèves au mois de juin 1876. Mantel mourut le 20 juillet 1876, sans avoir pu inaugurer lui-même cette nouvelle école. Il eut pour successeur Alp.-V. Dalibon, qui a été nommé maire par décret du Président de la République, en date du 8 novembre 1876, et renommé par décret du 11 février 1881. C'est sous son administration que fut construite par actions la salle de spectacle et de concerts, inaugurée le 18 janvier 1880.

La septième période des tables décennales, de 1863 à 1872, donne :

119 mariages ;
304 naissances ;
439 décès.

Notre pays aurait pu prendre un nouvel essor et peut-être s'accroître au point de vue de sa population et de son commerce, si le tracé du chemin de fer de l'Est eût passé par Charly au lieu de passer par Nogent l'Artaud. C'est aujourd'hui pour la localité un malheur irréparable.

CHAPITRE XIV

SOMMAIRE. — *Eglise de Saint-Martin. — Couvent des
Cordeliers.*

L'église de Charly, dédiée à saint Martin, et dont la
fête se célèbre le premier dimanche qui suit le 4 juillet,
paraît remonter à la fin du douzième siècle, au temps
de Philippe-Auguste. Cette église a été construite en
plusieurs fois. Elle avait d'abord la forme d'un parallé-
logramme irrégulier, mesurant 42 mètres de longueur
et 18 mètres de largeur à sa partie moyenne et 16^m5 du
côté occidental ou du grand portail. Le sanctuaire a été
surajouté en 1543, ainsi que l'indiquait jadis une
inscription gravée dans la pierre et peinte sur les anciens vitraux. Les deux chapelles collatérales de droite
étaient les chapelles du château et elles ont été cons-
truites plus tard. Elles ont porté les noms de chapelle
Notre-Dame, chapelle Delahaye et plus tard, chapelle
de La Loge de Saint-Brisson. L'une et l'autre sont occupées actuellement par les religieuses de Notre-Dame de
Bon-Secours et leurs élèves.

Cette église est constituée par une grande nef avec
deux petites nefs collatérales, séparées par neuf gros
piliers, les uns ronds, les autres à colonnes, les autres à
forme carrée et à pans coupés. Les arcades sont ogivales,

EGLISE de CHARLY

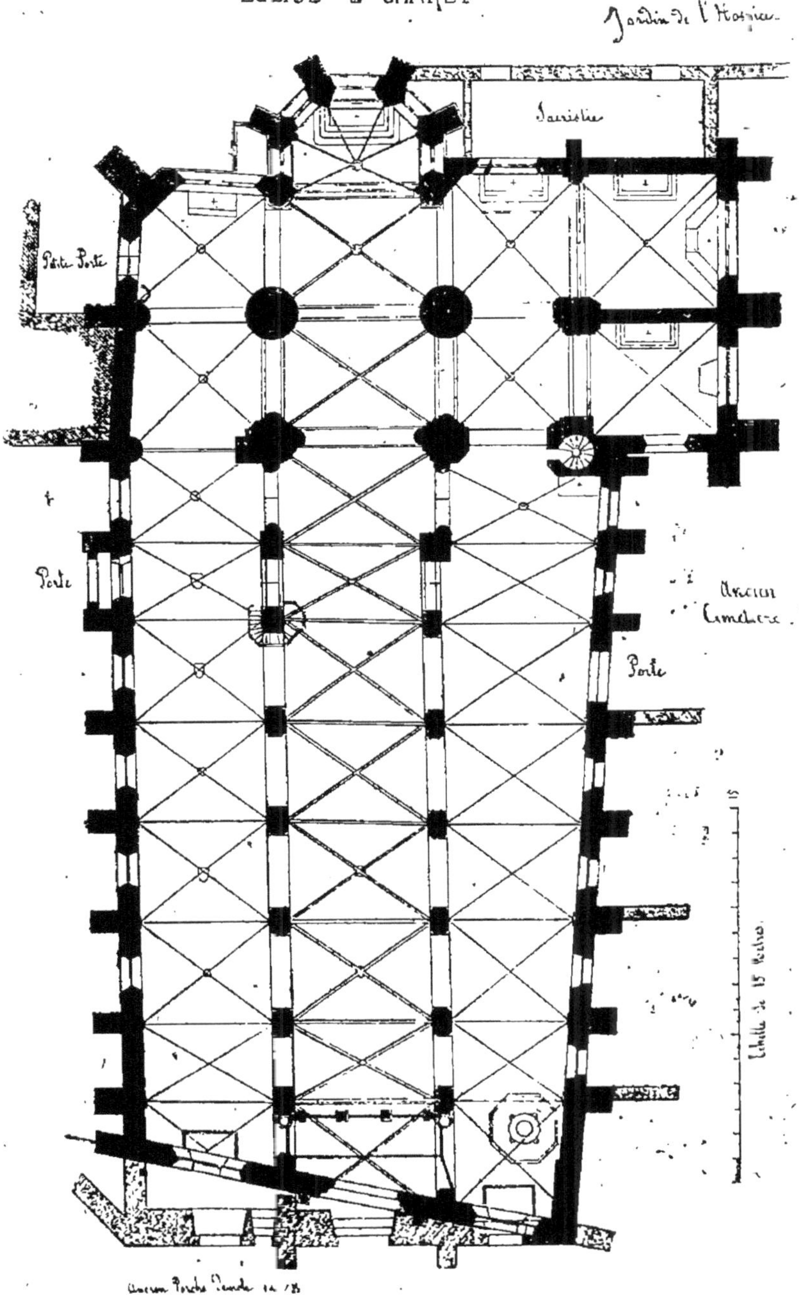

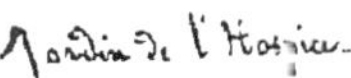

de hauteur moyenne. Le chœur et le sanctuaire sont un peu plus élevés que la grande nef. Les quatre piliers du chœur sont les plus considérables, car ce sont eux qui supportent le clocher. Les deux premiers, à forme ronde régulière, mesurent six mètres de circonférence : les deux autres sont constitués par des colonnes romanes. Aux clefs de voûte on voit quelques écussons dont les armoiries sont en partie effacées.

La façade occidentale de l'église a été reconstruite en reculement en 1845, moyennant 4,661 fr. 24. On n'a su conserver aucun style ni à la façade, ni au portail, qui est une construction informe.

Pour résister à la poussée des voûtes, les murs de l'église sont soutenus par des contreforts en maçonnerie. Du côté septentrional, l'église a été complètement dégagée des maisons voisines en 1878.

On remarque dans l'église des fonts baptismaux du treizième ou quatorzième siècle, et quelques panneaux placés autrefois près de la sacristie. Ces panneaux, au nombre de trois, ont la Vierge pour sujet principal. Notre-Dame de Soissons était jadis en grande vénération dans toute la contrée ; Charly dépendait de son abbaye. On croyait avoir à cette abbaye un soulier de la Vierge, qui aurait été donné par Charlemagne à sa sœur Giselle, retirée dans l'abbaye. Soissons était le rendez-vous des sourds, des boiteux, des aveugles, des femmes grosses, des gens affectés de mal ardent, etc. Hugues Farsit ou Farsitus avait à cette occasion écrit : « *Le récit des miracles de la Sainte-Vierge, arrivez en l'église de l'abbaye Royale de Notre-Dame de Soissons* (1). » A chaque miracle accompli, dit Germain, on sonnait les clo-

____

(1) Imprimé à la suite de Germain, *Ouv. cité*, p. 481.

ches et elles sonnaient souvent. On donnait le soulier à baiser aux suppliants ; une malade l'ayant mordu pour en conserver un morceau, on ne le donna plus à baiser ; mais dans les grandes fêtes seulement, l'abbesse, tenant la crosse abbatiale de main gauche, donnait la bénédiction avec la relique qu'elle tenait de main droite. Ces panneaux représentent des miracles de la Vierge et doivent avoir été donnés à l'église de Charly par l'abbaye de Notre-Dame de Soissons.

Le premier panneau porte pour suscription : *Theophilus diabolo adscriptus per Virginem recepit gratiam.* Ce Théophile ne serait-il pas un prêtre du diocèse qui aurait fait un pacte avec le diable et qui aurait reçu sa grâce par l'intercession de la sainte Vierge? La posture suppliante, le papier que la sainte Vierge tient à la main, le dépit du diable peuvent autoriser cette supposition.

Sur le deuxième panneau on lit : « *Gavrinus phreneticus compos... animi actus... et per Mariam...* » Gavrinus fou furieux, revient à la raison, guéri par Marie. Aux pieds du malheureux sont les chaînes qui l'étreignaient ; on voit à sa cuisse gauche les traces des plaies qu'il s'était faites.

Sur le troisième panneau on lit: « *Mulier periclitans in partu votum vovit Deiparæ liberata est. — Suession. actum.* » C'est une femme grosse en danger, qui est délivrée, grâce à la sainte Vierge dont elle a imploré la bénédiction.

Le style de ces peintures, les boiseries qui les encadraient indiquent l'époque de Louis XIII. Ils ne portent aucune signature.

Les anciens vitraux étaient de l'époque de la Renaissance et ne manquaient pas de valeur. Les dessins étaient purs, les figures expressives, les couleurs franches et variées. L'un de ces vitraux représentait Jésus crucifié ; deux anges recevaient dans des coupes le sang qui s'écoulait des plaies faites aux mains ; la Vierge se tenait debout à la droite du Christ, saint Jean l'Evangéliste à gauche, et la Madeleine en pleurs était au pied de la croix.

Un autre vitrail représentait saint Nicolas et les trois enfants ; un autre, saint Jean-Baptiste, et au meneau du haut, le vitrail représentait saint Eloi, debout, portant la chappe et la mitre, tenant la crosse d'une main et le marteau de l'autre. Tous ces vitraux portaient la date de 1543.

Fonts baptismaux.

Les fonts baptismaux sont constitués par une pierre dure, ornée de sculptures en relief qui indiquent leur origine. Un abbé, crosse en main, un enfant portant des fruits, un autre l'encensoir, etc., sont les personnages principaux qu'a tracés le ciseau. Au-dessous et tout à l'entour règnent des branches de lierre et de ceps de vignes chargés de raisins. L'abbé doit être un abbé de Saint-Jean-des-Vignes, ainsi que le font supposer les

Bénitier.

ceps qui l'environnent. Ces fonts baptismaux ont très probablement été donnés à l'église de Charly par l'abbaye de Saint-Jean-des-Vignes, dont l'abbé était présentateur et décimateur de Charly. C'est un monument du treizième ou du quatorzième siècle.

L'église de Charly n'est pas riche en tableaux. Elle possède une *Conversion de Saint-Paul*, qui paraît être du Poussin ou de son école. Ce tableau a été donné à l'église par De Ploniès, capitaine du génie, qui, après avoir fait une partie de la carte d'Etat-major de notre contrée, prit sa retraite à Charly, où il est mort le 20 décembre 1840. — Une *Madeleine repentante* ne paraît pas sans valeur. — *L'Annonciation*, par Carpentier de Troyes, en 1743, a été donnée à l'église par Chaltas, qui fut marguillier et syndic. — Une *Sainte-Anne* a été donnée par le gouvernement, en 1854.

Près de la porte qui conduit à l'hospice est un bénitier de l'époque de la Renaissance. Il est constitué par une colonne torse, qui supporte la cuvette. Sur la face antérieure était un écusson aux fleurs de lis, qui a été détruit pendant la période révolutionnaire (page 187).

Quelques personnes privilégiées ont été inhumées dans l'église, bien qu'il n'y ait aucune inscription ou pierre tombale pour le rappeler : ce sont les registres de la paroisse de Charly qui nous les font connaître. Voici les noms de ces personnes :

Jeanne-Geneviève Delahaye, âgée de sept mois, fille de Charles Delahaye, procureur fiscal, inhumée le 28 juillet 1672.

Charles Henri Delahaye, âgé de trente-deux ans, lieutenant au bailliage de Charly, inhumé le 28 janvier 1674, dans la chapelle Notre-Dame.

Jean de Berly, âgé de cinquante et un ans, procureur du Roi à Charly, inhumé le 13 mars 1675.

Marie Leroy, âgée de cinquante-huit ans, femme de Denis Loyer, receveur de Beaurepaire, inhumée le 12 décembre 1675.

Jeanne Bourdin, veuve de Gabriel Bédel, receveur de la terre et seigneurie de Charly, inhumée le 23 juin 1678.

Un enfant mâle, nouveau né, fils de Jean Marcq, bailli, inhumé le 2 février 1679.

Antoine de Mesvilliers, sieur des Bois, âgé de soixante-quatre ans, inhumé le 1er décembre 1679.

Nicolas Brayer, âgé de vingt-sept ans, chanoine régulier de l'abbaye de Saint-Jean-des-Vignes à Soissons, inhumé dans le chœur de l'église le 7 septembre 1694.

Simon Henry De La Loge, âgé de douze ans, inhumé le 9 septembre 1694.

Jean Marcq, bailli de Charly, âgé de soixante-et-onze ans, inhumé le 3 juillet 1710.

Denis de Béatian, chevalier de Saint-Georges, seigneur de Mont-Désert, Baron souverain et héréditaire d'Icarie, âgé de vingt-sept ans, inhumé le 19 janvier 1713, dans la chapelle De La Haye. — Il était fils de Jean Jules César de Béatian et de Catherine Victorine Groppo, laquelle épousa en secondes noces Denis De La Haye.

Alexis Henry De La Loge, Avocat au Parlement de Paris, âgé de soixante-douze ans, inhumé le 22 mars 1716.

Antoine Fayet, écuyer, sieur de Beaumont, vétéran des gardes de la porte du Roi, âgé de cinquante-sept ans, inhumé le 6 février 1720.

Denis De La Haye, ancien Ambassadeur et conseiller d'Etat, âgé de quatre-vingt-dix-huit ans, inhumé dans la chapelle De La Haye, le 22 mars 1722.

Frédéric de Silloy, noble Danois, inhumé le 5 mars 1729.

Catherine Groppo, veuve de Denis De La Haye, âgée de quatre-vingt-trois ans, inhumée le 18 février 1747.

Marc, marquis De La Haye, Seigneur de La Bousselle, Saint-Brisson, Drachy, Pisseloup, etc., âgé de soixante-cinq ans, inhumé le 25 juin 1758. Ce fut la dernière inhumation dans l'église de Charly.

Le clocher élevé sur le chœur est un beau fragment d'architecture romano-ogivale. Ses murs mesurent à la base 1^m 20 d'épaisseur. Sur chacun des quatre pans s'ouvrent deux baies géminées, séparées par des colonnettes légères, de 8 mètres de hauteur surmontées d'ogives pleines, percées de rosaces et entourées par une bordure à fleurons. Lors de la construction des deux chapelles collatérales de droite, une partie des baies a été remplie par des plâtras, ce qui enlève au clocher beaucoup de sa légèreté.

Vers le milieu du dix-huitième siècle, la tour du clocher était encore surmontée d'une flèche et possédait sept cloches, dont trois fortes et quatre petites ; on en voit encore l'emplacement. Il existait à cette époque et de temps immémorial une coutume assez singulière, à laquelle il faut, sans aucun doute, attribuer la démolition de la flèche. Quand le clocher était bâti sur le chœur, il était à la charge des gros décimateurs, c'est-à-dire pour Charly, à la charge de l'abbesse de Notre-Dame de Soissons, du prieur-curé de Charly et de l'abbé de Saint-Jean-des-Vignes, proportionnellement à la dîme qu'ils percevaient. Quand le clocher était sur la nef, il était à la charge des habitants ; il était à la charge des uns et des autres, quand il était en partie sur le chœur, en partie sur la nef.

Au mois de septembre 1777, la flèche du clocher couverte en ardoises a été reconstruite à neuf aux frais de l'abbesse de Notre-Dame de Soissons, de l'abbé Petit,

Clocher de l'église de Charly.

prieur curé de Charly et de l'archevêque de Narbonne, de Dillon, en qualité d'abbé commendataire de Saint-Jean-des-Vignes. En démolissant l'ancienne flèche, on a trouvé au pied de la croix de fer, qui est en haut, une petite boîte de cuivre contenant des reliques qui y sont de temps immémorial. Il y a dans cette boîte, qui a été remise à la même place, des rouleaux de parchemin sur lesquels sont des notes constatant que l'ancienne flèche avait été réparée en 1632, en 1736 et en 1747. Il existe une note particulière au procès-verbal de chaque réparation et, dans chaque note, il est fait mention de ces reliques (1). Depuis longtemps la flèche n'existe plus.

Trois des sept cloches avaient été refondues en 1766, savoir la grosse et la petite des trois grosses et la grosse des petites, moyennant mille livres ; mais les fondeurs ayant employé 151 livres de métal de moins, les habitants n'ont dû payer que 850 livres 16 sous, qui avec les dépenses de charpente, etc., se sont élevées à 1,640 liv. 14 sous 6 deniers. Chaque habitant a été imposé proportionnellement (2). La petite cloche avait été fondue en 1580 et elle portait pour suscription : « IE FVZ FAICT POVR LES PAROISSIENS DE CHARLY LAN MDLXXX. »

Cette vieille église qui, sans avoir la prétention d'être un monument historique, a par elle-même un mérite, celui de l'ancienneté, est le seul monument qui reste à Charly du moyen âge, et elle a failli disparaître. On ne peut songer sans émotion que, depuis environ six cents ans, son sol a été foulé par toutes les générations qui nous ont précédés ; qu'elle a été, pour ainsi dire, le témoin muet de tout ce qui s'est passé dans le pays. Sur chacun de ses vieux bancs en chêne se sont assis nos ancêtres ; nos mères y ont prié et pleuré, et il nous

(1) Registres de l'état civil de Charly.
(2) Arch. du bailliage de Charly ; C. 168, liasse.

semble qu'à chaque place doive se rattacher quelque pieux souvenir de famille. Des personnes charitables et généreuses, mues sans doute par un sentiment **de**

Abside et clocher de l'église de Charly, vue prise du jardin de l'hospice.

louable piété, avaient déjà fait d'importantes donations pour la reconstruction de l'église, comme si l'on eût jamais pu remplacer celle que nos ancêtres avaient connue !... Les événements en ont décidé autrement, et c'est un bonheur, car d'intelligentes réparations ont fait et feront mieux qu'une construction nouvelle, et nous conserverons au moins ce vieux et cher souvenir.

Autour de l'église était l'ancien cimetière dont la loi a prescrit l'expropriation. Il y avait quelque chose de consolant dans cette pensée, qu'autour de cette église, où depuis six siècles des milliers d'enfants avaient été baptisés, des milliers d'habitants, tous nos ancêtres, avaient été inhumés. Tout ce qui avait vécu à Charly gisait là. En 1855 le cimetière a été transporté au nord de Charly, à la distance prescrite par la loi, et le sol consacré par les cendres de plus de quarante mille de nos ancêtres est devenu un champ de culture dépendant du nouvel Hôtel-Dieu.

Lors du repavage de Charly, en 1840, on a trouvé dans la rue principale ou Grande-Rue et sur la place de l'Hôtel-de-Ville et du Marché, à une profondeur de moins d'un mètre, un certain nombre de squelettes disposés en ordre et entourés de plâtre. Auprès de quelques-uns étaient des morceaux, des tiges de fer, des débris d'armes peut-être. Malheureusement on n'a ni examiné attentivement, ni conservé ces pièces de fer ; on n'a pas recherché s'il se trouvait quelques médailles, quelques pièces de monnaie. Qu'étaient ces tombeaux ? Dom Taillandier dit que, dans les provinces de Champagne et de Brie, les sépultures anciennes étaient fort simples. « On mettoit le mort revêtu de ses habits dans un cercueil de pierres et en dehors on peignoit ou on gravoit le nom de celui qui y étoit renfermé : on se

servoit aussi de cercueils de plastre (1). » Avant la construction de l'église actuelle de Charly, les morts étaient
ensevelis, comme dans toutes les *villæ* ou métairies, sur
le bord des chemins, des routes, près des habitations.
Il existe sur la droite du chemin qui conduit à Pavant
un lieu dit le *Martois* ou *Martroy*. On fait dériver ce mot
de *Martuorum campus*, champs des morts ou de *Martyrum
campus*, champ des martyrs, ou, d'après Ducange, de
martreium, lieu où les criminels recevaient leur châti-
ment. Il est probable que le Martois fut le premier cimetière de Charly, quoiqu'on ait trouvé des tombes jusqu'au milieu de la Grande-Rue actuelle. Tout autorise
à supposer que primitivement la seule ou principale
rue de Charly était la rue appelée aujourd'hui rue des
Buttes, et que le terrain situé depuis le Martois jusqu'au milieu de la Grande-Rue était un terrain vague
où avaient lieu les sépultures. Il y avait beaucoup de
Martois en Gaule ; il y a encore beaucoup de lieux dits
de ce nom ; Saulchery, Romeny ont le leur. Ces tombes
étaient antérieures au treizième siècle, époque de la
construction de l'église. D'un autre côté Charly n'était
pas alors bâti avec la régularité que nous trouvons aujourd'hui ; les huttes ou manses, occupées par les habitants primitifs, y étaient éparses, au hasard, sans ordre.
Qu'étaient les personnages inhumés dans les tombes
plâtrées? Très probablement des gens importants de la
villa, des intendants ou prévôts, inhumés avec leurs
armes.

(1) Dom Taillandier, *Projet d'une histoire générale de Champagne et
de Brie*, p. 15.

COUVENT DES CORDELIERS.

Sur le chemin qui conduit de Charly à Villiers, à gauche de la rue dite des Cordeliers, existe un pan de

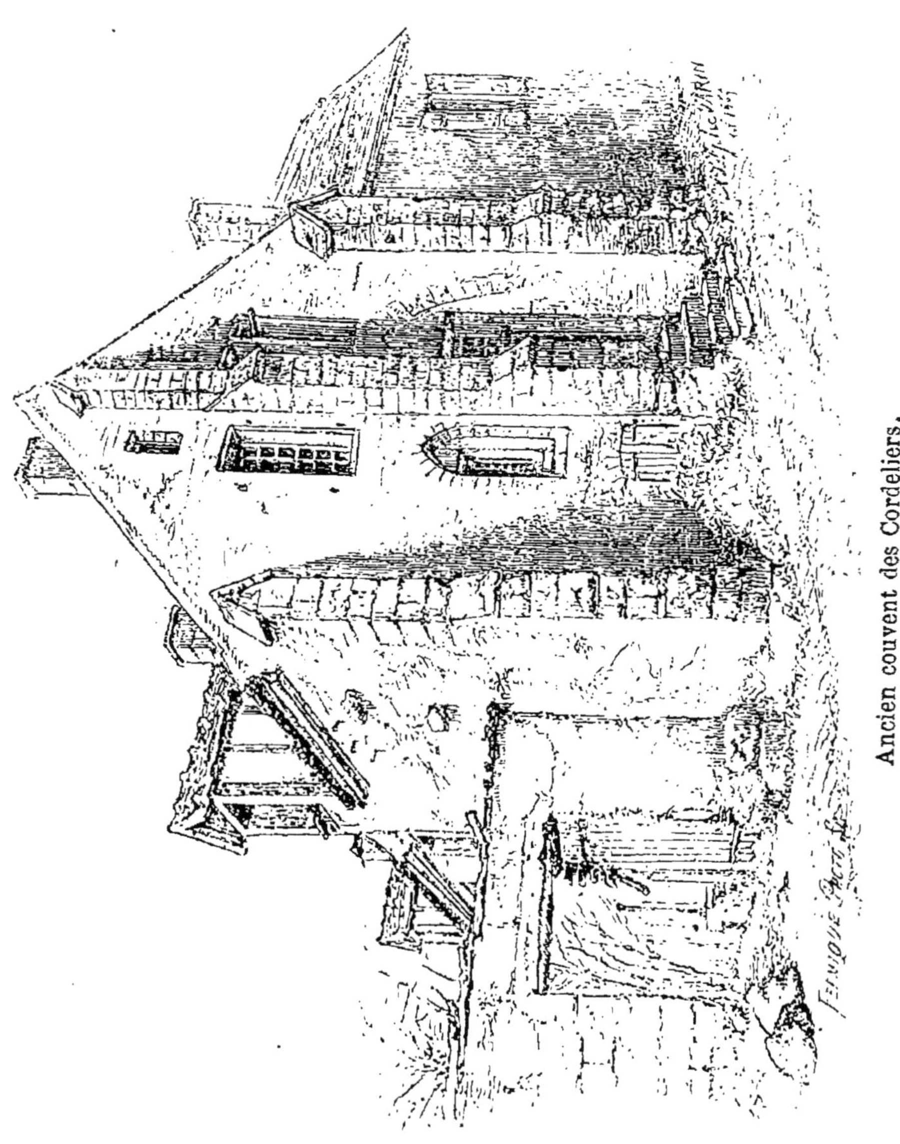

Ancien couvent des Cordeliers.

muraille d'église qui appartenait à un couvent de cet ordre monastique. Il n'existe cependant ni dans l'his-

lan mil Vᶜ et quatre plaise vous priez dieu pour son Ame

Cy gist frere oruille le pret du c[...]rde

Venon le ouet a este confesseur de ce present monastier ege par lesalle de xiii ans

Et trespassa le xxvij Jour davril.

0,60

0,90

1ᵐ 10ᶜ

toire religieuse ecclésiastique ou monastique, ni aux Archives départementales ou nationales, aucune pièce relative à un couvent de Cordeliers à Charly. Les Cordeliers, ordre mendiant, apparaissent à Château-Thierry en 1489-1496 : ceux de Charly semblent remonter à la même époque. D'après un ancien plan, ce couvent formait presque un triangle dont un côté était constitué par la rue dite des Cordeliers, l'autre par les murs et tourelles de la ville et la place ou rue du Pâtis : le troisième était constitué par une ruelle qui s'étendait jusqu'aux murs de la ville à l'ouest, c'est-à-dire par l'espace compris actuellement entre les rues des Cordeliers, du Pâtis et des Pressoirs ou de l'Egalité.

L'église du couvent des Cordeliers mesurait environ 24 mètres de long sur 9 mètres de large : elle était éclairée de chaque côté par quatre fenêtres, outre celles du sanctuaire et de la façade occidentale. Le sanctuaire était tourné au levant, vers la rue des Cordeliers. L'architecture de l'église est celle du quatorzième et du quinzième siècle. Les deux fenêtres ogivales que l'on remarque sur la façade orientale ont la pureté de cette époque. Les trois contreforts sont peu saillants. Le couvent des Cordeliers de Charly a dû s'éteindre à cause de son peu d'importance. Il a été vendu par lots : l'ancienne église a été subdivisée en logements. Dans un de ces logements, la pierre tumulaire d'un moine avait été creusée et était devenue une pierre à évier, mesurant 1 mètre 10 de long sur 0^m,60 de large. On y lisait l'inscription suivante en belle écriture gothique, creusée autour de la pierre : « Cy gist frere Guill° Lepert du couvent de Vernon, lequel a esté côfesseur de ce present monastere par l'espasse de XIII ans et trespassa le

XXVII[e] jour d'avril l'an mil V[c] et quatre, plaise vous prier Dieu pour son ame. »

Il y avait à Vernon (Eure) un couvent de Cordeliers qui remontait au temps de saint Louis et qui avait une certaine impcrtance : c'est Guillaume Lepert, un des moines de ce couvent qui avait été envoyé à Charly, où il est mort le 27 avril 1504.

Plus tard une partie des bâtiments de l'ancien couvent est devenue la Recette, le cachot et la prison. La ruelle, dite des Pressoirs, a été percée à la fin de l'année 1793, jusqu'à la place ou rue des Pâtis, et elle a pris le nom de rue de l'Egalité, sous lequel elle est encore quelquefois désignée aujourd'hui.

CHAPITRE XV

Charly, depuis 858 jusqu'en 1787, ayant été propriété seigneuriale de l'abbaye royale de Notre-Dame de Soissons, c'est dans le cartulaire de cette abbaye que l'on trouve une partie des pièces authentiques qui concernent cette localité. Ces pièces sont aux archives du département. Les Archives nationales contiennent un certain nombre de documents, relatifs à la section administrative, ceux par exemple concernant l'ancien Hôtel-Dieu, l'institution des foires, marchés, les cahiers des plaintes et doléances du Tiers-État, etc.

Les archives de Charly proprement dites consistent en Cahiers du bailliage de Charly et en Registres de l'état civil et de la justice de paix.

Dans les Cahiers du bailliage qui, en 1869, ont été, en vertu d'une loi de brumaire an V, transportés aux archives du département, on trouve entre autres documents, une pièce qui se reproduit à peu près chaque année dans les mêmes termes, la tenue des Plaids généraux ou Assemblées générales, dont il a été donné un spécimen ; on y trouve les noms et prénoms des habitants de Charly, qui devaient répondre à l'appel de leur nom, sous peine de sept sous six deniers d'amende.

Dans d'autres documents, on trouve que les deux fermes de la Canardière et de la Grande-Canardière étaient contiguës en 1632 ; qu'une maison isolée, dite le Chêne-Rond, existait en 1631 près du bois de ce nom ; que la maison du Haut-Fondé a été détruite au dix-huitième siècle ; il ne reste plus que la ferme du Bas-Fondé et non Bois-Fondé, comme on la désigne quelquefois. On y trouve encore que la ferme de la Masure s'appelait aussi Masure-Nicaise en 1664, maison des Bois en 1694 ou Boisvilliers ; c'était un fief dépendant de la châtellenie de Charly. On y trouve encore que le moulin du Milieu a porté les noms de moulin Morel, moulin de la Thuillerie en 1682-1722 ; que le moulin du Barré, appelé moulin de Gouberu en 1592 appartenait à l'abbaye de Notre-Dame de Soissons. Ce mot Barré devrait s'écrire *Bas Rez*, qui est en opposition avec le Haut Rez. Ajoutons à cela quelques nominations de syndics, quelques actes d'administration de la fabrique de l'église et de l'Hôtel-Dieu, etc., et nous aurons l'indication des pièces les plus intéressantes.

Dans les archives hospitalières de Soissons, on trouve quelques documents curieux relatifs à Pisseloup et à la paroisse de Drachy, un état du personnel et du bétail de Pisseloup en 1339 et enfin le terrier de ces deux localités.

Actuellement la mairie de Charly ne possède plus

que les registres de l'état civil de Charly et ceux de la
cure de Drachy qui ont été restitués il y a quelques
années, ainsi que ceux de la justice de paix depuis 1790.

Jusqu'en 1539, toutes les pièces publiques étaient
rédigées en latin. Les registres de l'état civil, dont
l'institution remonte à François Ier en 1539, étaient
tenus par les curés des paroisses, et ne relataient que
le sacrement religieux. Les registres de Charly sont
antérieurs d'un an à l'ordonnance de François Ier; ils
remontent à 1538, et sont écrits en latin. Le premier
registre ne contient que les baptêmes. Il a pour titre :
*Liber fœliciter Incūs — in quo noīa — puerorū — describūt^r
— qui ab Aprili — mense anno millo V°XXXVIII — in
ecclesia Charliaci supra Matronā — baptismā receperunt.*
Depuis 1538 jusqu'au 8 novembre 1582, on donne aux
garçons deux parrains et une marraine, et aux filles,
deux marraines et un parrain. Ce n'est qu'à partir de
1551, que le français a été adopté à Charly et quelquefois encore le latin y reparaît. Du 20 juillet 1566 au
1er août 1569, les registres manquent, à cause des
troubles, y est-il dit : c'était la guerre dans la Champagne avec les Espagnols ; puis on trouve une autre
interruption de 1593 à 1606, pendant et après la Ligue.
Ces registres servaient quelquefois de cahiers de notes
pour les curés. Ils contiennent des notes latines sur les
événements qui se sont passés de 1615 à 1618. On y
trouve le 31 mai 1635, l'acte de baptême d'un parent
du grand Colbert — Ambroise Colbert, fils de Charles
Colbert et de Marguerite de Mesvilliers.

Ce ne fut qu'en 1667 seulement, sur la proposition du
ministre Colbert, que fut réglée la forme des registres

de l'état civil ; qu'il fut enjoint aux curés, sous la surveillance de l'autorité, d'enregister exactement les baptêmes, mariages et inhumations des paroissiens. Le prieur curé de Charly avait commencé à enregistrer les décès dès 1653 ; mais ces listes sont très défectueuses, sans détails et ne contiennent que des noms d'adultes. Ce n'est qu'à dater du 15 avril 1668, que tout prit une forme. régulière, qu'à la signature du prêtre furent jointes celles des témoins civils et que le dépôt au greffe fut ordonné.

POSTE AUX LETTRES ET BUREAU TÉLÉGRAPHIQUE.

L'établissement de la Poste aux lettres à Charly est très ancien. Aucun document, soit à l'administration des postes, soit dans les Archives de la commune n'indique la date où commença le service postal. Placé sur la route royale, entre La Ferté-sous-Jouarre et Château-Thierry, Charly dut jouir de bonne heure de cette institution. L'Almanach royal, qui parut pour la première fois en 1684, nous apprend que les courriers ordinaires de Paris pour Charly partaient de Paris les lundis, mercredis et samedis soir, à 8 heures. On trouve dans les Archives du bailliage de Charly, à la date du 10 avril 1655, des lettres de l'abbesse de Notre-Dame de Soissons, Louise de Lorraine, nommant Claude Lagrouë, messager ordinaire de Charly, Coupru et Bassevelle à Paris en remplacement de Jean Poiré : il partait de Charly tous les mardis. Aujourd'hui Charly possède, avec la poste aux lettres, un bureau télégraphique.

BUREAU DE BIENFAISANCE.

Une loi du 7 frimaire an V (27 novembre 1796) avait prescrit l'organisation de bureaux de bienfaisance, dans les principales communes de France. Charles Pinondel, Louis Boullenger, Mathieu Vigour et François Fasquel furent nommés administrateurs du bureau de Charly. Ce bureau fut réorganisé en 1806, sous la qualification de Bureau central et les administrateurs furent l'abbé Fidon, Copineau, Pinta, Caboche et Thomas. Le 22 octobre 1807, il a été attribué au bureau de Charly, en vertu de la loi du 7 septembre 1807 : — 1° Le moulin de Charmes, à Brasles, estimé 4,800 fr.; — 2° 6 hectares 67 ares de terres à Rogny, arrondissement de Vervins, estimés 3,800 fr.; — 3° 2 hectares 44 ares à Froidestrées, canton de La Capelle, estimés 2,000 fr. C'était un capital de 10,600 francs, auquel il faut ajouter une petite maison située place de la Grande-Croix, provenant d'un legs fait par Marie-Louise Rimbert, le 18 avril 1787, pour une autre destination.

Actuellement le bureau de bienfaisance de Charly possède 1,600 francs de rente, provenant de ces diverses attributions et donations, d'un legs de 3,000 fr., fait par Etienne Salmon, d'une rente de 100 fr., venant de la famille De La Loge. Il est administré par le maire et par un conseil composé de MM. l'abbé Gosse, Gilquin, Henri Bataille, Duclert, Lenglet et Pinçon.

CAISSE D'EPARGNE. — POMPES A INCENDIE.

Charly possède une succursale de la caisse d'épargne de Château-Thierry ; mademoiselle Juliette Salmon en a été nommée sous-caissière par délibération du conseil des directeurs de Château-Thierry, en date du 20 avril 1877.

Au mois de mai 1830, le conseil municipal avait pro-

posé l'acquisition d'une pompe à incendie et la form ition
d'une compagnie de sapeurs-pompiers. Après la Révolution de juillet 1830, une subdivision de sapeurs-
pompiers fit partie de la garde nationale et possédait
une pompe à incendie. En 1852, la garde nationale fut
dissoute, mais la subdivision forma une compagnie
commandée par un capitaine (Guichard), et en 1865
une deuxième pompe fut achetée par la commune.
Henri et Mantel fils ont été les capitaines de la compagnie. Elle a été réorganisée de nouveau et ne forme
plus qu'une subdivision commandée par un lieutenant
(Maréchal).

ANCIENNES MESURES LOCALES.

Avant l'application du système décimal, les mesures
variaient selon les localités, ce qui amenait souvent des
embarras ou des contestations dans les affaires commerciales. Les habitants de Charly, dans leurs cahiers de
plaintes et doléances en 1789, avaient déjà réclamé
l'unité des poids et mesures pour toute la France
(art. 15). Avant que la loi fût en vigueur, voici quelles
étaient les mesures de Charly :

La *perche* était de 22 pieds de côté, ou 484 pieds carrés,
ou 51 mètres carrés, 07.

L'*arpent* était de 100 perches, ou 5 107 mètres carrés,
ou environ 1/2 hectare.

Le *boisseau* était de 24 à 25 livres ou 16 litrons, ou
en mesures actuelles, 13 litres 10.

Le *setier* valait 12 boisseaux pour les grains ou 156 litres — 24 pour l'avoine, ou 312 litres — 16 pour le sel,
ou 208 litres — 32 pour le charbon.

Le *pichet* ou *minot* valait 2 boisseaux, ou 26 litres 20.

Le *muid* valait 28 setiers de Paris. La valeur du muid variait selon les localités et les matières qu'il servait à mesurer. Pour les liquides, le muid de Paris équivalait à la capacité actuelle de 268 litres ; pour les grains, 1,873 litres ; pour le sel, 2,498 litres ; pour l'avoine, 3,746 litres.

Le *quartaut* était le quart d'un muid, ou 67 litres.

La *queue* ou *pipe* était un muid et demi.

Pour les poids, Charly suivait la coutume de toute l'Ile-de-France et de la Champagne : les poids usités étaient la livre (500 grammes), l'once (32 grammes), le gros (4 grammes), le grain (5 centigrammes).

CHAPITRE XVI

Comme dans toutes les campagnes, l'instruction publique à Charly laissait beaucoup à désirer. Il n'y eut jusqu'après la Révolution qu'une seule école pour les garçons et pour les filles, et bien que le nombre des enfants de chaque ménage fût double de celui d'aujourd'hui, l'école était bien moins fréquentée.

Le maître d'école n'avait besoin ni de certificat de capacité, ni de brevet pour enseigner. Il devait être agréé par le curé et nommé par lui en présence des notables habitants de la paroisse. On lui demandait une belle voix pour chanter au lutrin et une *belle main* pour enseigner l'écriture, car c'était lui qui traçait les modèles à la première ligne de chaque page du cahier de l'élève. Quant à la grammaire et à l'orthographe, il n'en était pas question ; on laissait deviner aux élèves le mot et la chose. Le maître était aidé par sa femme ou par un sous-maître, qu'il choisissait lui-même, où et comme il voulait, et qui devait toucher l'orgue de la paroisse. Quelques bancs, quelques tables placés sans régularité constituaient tout le mobilier scolaire. Chaque élève apportait pour sa lecture le livre qui lui convenait : il y en avait un en français et un autre en latin, puis quelques vieux parchemins ou contrats pour apprendre à lire l'écriture. L'introduction d'un livre imprimé en caractères gothiques du seizième siècle et ayant pour titre *La civilité puérile et honneste*, fut un grand progrès. L'élève lisait quatre ou cinq lignes devant le maître, autant devant le sous-maître, et on le laissait libre de son temps, pourvu qu'il ne fît pas de bruit dans la classe. A un degré plus avancé, il s'exerçait à l'écriture en répétant sur son cahier le modèle tracé par le maître. Il n'y avait jamais ni dictées, ni correction de devoirs. La géographie et l'histoire étaient complètement inconnues. Quant à l'arithmétique, le maître d'école enseignait à faire les quatre premières règles, la règle de *trois*, autrement appelée un *Si*, à cause de l'énoncé du problème qui commençait par ce mot. La classe ouvrait à neuf heures du matin et finissait à onze heures ; elle reprenait de une heure à quatre heures. Cependant il était loisible aux élèves d'arriver quand bon leur semblait. La classe terminée, le maître prononçait la phrase consacrée : « *Que tous ceux qui ont lu* DEUX *s'en retournent* », et alors tous les élèves s'échappaient en désordre, passant devant le maître, qui se tenait à la porte, et lui montrant les deux doigts, pour lui indiquer qu'ils avaient lu *deux* fois.

La rétribution scolaire était de cinq, dix, quinze sous, selon que l'élève apprenait à lire, à écrire ou à calculer.

Le maître d'école vivait de ce maigre produit. Aussi joignait-il quelques petites fonctions à la sienne. Il était le premier chantre au lutrin, balayait l'église ou la faisait balayer par ses plus grands élèves, était sacristain, sonnait l'*angelus*, assistait le curé dans tous les mariages ou enterrements, l'accompagnait quand il portait le viatique aux malades. Le dimanche matin, il parcourait toutes les maisons de la localité pour les asperger d'eau bénite ; les fermes de Beaurepaire, La Masure, etc, recevaient, malgré leur éloignement, sa visite matinale ou celle du sous-maître. Chaque habitant lui donnait une rétribution de quelques sous pour cette aspersion. Dans tous les pressoirs, le maître d'école allait donner son coup d'épaule au moulinet et emportait, en échange, du vin nouveau dans son seau. Dans les bonnes années, il pouvait ainsi récolter cinq à six pièces de vin. Il était logé gratuitement dans la maison d'école et exempt de la taille et des autres impôts.

Quant à la maison d'école, elle appartenait à la paroisse et était située dans le passage de la porte Bas-Col qui conduit à l'église. Elle mesurait 8 mètres de long sur 5 mètres de large. Dans le fond, à droite, était un four, pour l'usage du maître d'école, qui y faisait cuire son pain, même pendant la classe, ce qui était pour les élèves une demi-journée de distraction. Cette classe pouvait contenir une cinquantaine d'élèves, pressés les uns sur les autres. Dans l'hiver ·chaque élève apportait chaque jour un morceau de bois pour le chauffage. Cette maison qui n'a été abandonnée que lors de la construction de l'Hôtel de Ville actuel, en 1844, a été réparée en 1770 par adjudication pour le prix de 1,500 livres, qui, avec les frais accessoires, s'éleva à 2,121 livres 6 deniers, et aux frais des habitants, qui, par arrêt du conseil de la paroisse, en date du 21 mai 1771, ont été imposés extraordinairement pour les années 1771 et 1772. Tous durent payer leur part, exempts ou non exempts, privilégiés ou non privilégiés, même les ecclésiastiques, à proportion de ce que chacun d'eux possédait : dans la paroisse les habitants non privilégiés furent imposés au marc la livre de leur taille, à raison de deux sous deux deniers par livre de l'évaluation des biens-fonds et tailles, suivant les rôles et mémoires. Et on lit dans les archives du bailliage de Charly le détail des personnes imposées avec l'imposition de chacun (1).

Le document suivant, extrait des archives de la commune de Charly, est le procès-verbal de la nomination de l'instituteur en 1746. Il nous fait connaître son mode de nomination et les cohditions qui lui étaient imposées.

« L'an mil-sept cent-quarante-six, le dimanche dix-sept avril, issue des vêpres chantées, en l'Eglise Saint-Martin de Charly, sur la semonce faite par M. le Prieur à son prône, les Syndics et habitants de la paroisse du dit Charly, assemblés au Prieuré dudit lieu : Pardevant nous, Nicolas Remy Hocquet, Prieur curé de ladite paroisse, Antoine Tournant, notaire royal et procureur fiscal, Antoine Philippe Landon, receveur général de madame de l'Abbesse de Notre-Dame de Soissons, Denis Savart procureur, Robert Colin procureur, Charles Chaltas et Nicolas Nazareth, syndics, Louis Dupré, Louis Debauves, Louis Boullenger, Charles Belle, François Delaplace, Jean Antoine Lefranc, Antoine Leredde, Antoine Gosset, Pierre Gosset, Jean De Berly, et autres habitants de ladite paroisse ; Nous avons choisi et nommé pour maître des écoles de cette paroisse, la personne de Nicolas Gosset, ci-devant maître d'école de Belleau, comme le jugeant capable, à la charge par lui de nous fournir un organiste pendant quatre mois et de ne pas toucher les deniers qui se donnent par la fabrique pendant la vacance dudit orgue, d'ouvrir et de fermer les portes de l'église, de sonner l'*angelus*, matin, midi et

<hr>

(1) **Archives de l'Aisne, C, 168, liasse.**

au soir, de conduire l'horloge de ladite paroisse, de faire toucher l'orgue dans le susdit temps, d'avoir un sous-maître, de tenir ses écoles régulièrement, d'assister ou faire assister à l'administration des sacrements, d'assister aux offices en surplis et décemment.

« Pourquoi il lui sera payé comme ci-devant, des revenus de la fabrique et par quartier, la somme de cent cinquante livres par année, par quartier, peu plus peu moins, à la susdite exception touchant l'orgue, sans préjudice du casuel et de ses assistances : Aura tous les écoliers de l'un et de l'autre sexe aux rétributions accoutumées ; l'eau bénite tous les dimanches, la quête des vins, à la discrétion et libéralité des habitants ; sera exempt et son sous-maître ou organiste de toutes charges publiques ; sera logé gratuitement dans la maison ordinaire des maîtres d'école. Plus, sera payé par chacun des dits habitants qui n'ont point de vigne et ne recueillent point de vin, chacun vingt sols par année payables par quartiers.

« Ce qu'entendu par ledit.Gosset, il a volontairement accepté la direction des susdites écoles aux susdites charges et conditions ci-dessus qu'il s'est soumis de bien et duement remplir, en sorte que les dits habitants seront contents de lui. Fait et arrêté les dits jour et an. »

Cet état de choses dura jusqu'en 1832. Gosset, Romelot, Dumont, Leconte, Leroy, Théneau, Beauvais suivaient ces vieilles coutumes. Beauvais ayant donné sa démission d'instituteur le 12 décembre 1831, il fallut pourvoir à son remplacement. Le conseil municipal s'assembla pour délibérer sur le choix d'un instituteur. On fit savoir dans toutes les communes voisines que la place était vacante : plusieurs candidats se présentèrent :

le conseil dut choisir celui qu'il croirait le plus capable et le présenter à la nomination du recteur de l'académie d'Amiens, dans le ressort de laquelle était alors Charly.

Le conseil porta son choix sur Jean-Baptiste Follet, qui depuis quelques mois remplaçait provisoirement Beauvais. Follet, et son sous-maître Louis Godefroy, changèrent complètement le mode d'enseignement. Ils instituèrent pour tous les élèves une méthode unique, l'enseignement mutuel simultané. Ce fut une révolution dans. l'enseignement. Des localités voisines les maîtrés vinrent visiter l'école de Charly. On commença à ébaucher la grammaire, la géographie et l'arithmétique.

Quant aux devoirs de l'instituteur, ils furent ainsi spécifiés par le conseil municipal.

DEVOIRS DE L'INSTITUTEUR.

Article 1ᵉʳ. — L'instituteur devra se livrer à l'instruction de tous les enfants de la commune dont les parents lui confieront l'éducation, avec le même zèle pour chacun d'eux, et sans aucune différence de ceux qui recevront l'instruction gratuitement d'avec ceux qui payeront.

Art. 2°. — Il sera tenu d'enseigner à ses élèves la lecture, l'écriture et le calcul, de leur enseigner également les éléments de la langue française et de l'orthographe et de leur donner des principes de morale et de religion.

Art. 3°. — Il devra ouvrir ses classes tous les jours aux heures accoutumées, à l'exception des dimanches et jours de fêtes légales ; il pourra cependant donner congé à ses élèves le jeudi de chaque semaine, pourvu néanmoins qu'il n'y ait point de fêtes.

Art. 4ᵉ. — Il sera tenu d'instruire gratuitement vingt enfants de la commune. Ces enfants seront annuellement désignés par le maire de Charly, parmi les classes indigentes.

Art. 5ᵉ. — L'instituteur devra remonter tous les jours l'horloge de la commune de Charly, la soigner et avertir qui de droit quand il sera besoin de la réparer.

Art. 6ᵉ. — Il sera tenu de sonner la cloche tous les jours trois fois, le matin, à cinq heures, à midi et le soir à huit heures.

Art. 7ᵉ. — L'instituteur sera attaché à l'église en qualité de premier clerc ; il devra, en conséquence, en remplir les devoirs et exécuter les ordres qui lui seront donnés, à cet effet, par M. le curé ; néanmoins l'instituteur ne pourra s'absenter de son école pendant la durée des classes et en laisser la direction à son sous-maître.

DROITS DE L'INSTITUTEUR.

Art. 8ᵉ. — L'instituteur jouira d'un traitement fixe et annuel de quatre cent-dix francs, qui lui sera payé par la commune, soit par un rôle particulier, soit par addition aux contributions directes, selon qu'il sera arrêté par les autorités légales.

Art. 9ᵉ. — Outre ce traitement, l'instituteur aura droit à un salaire mensuel qui lui sera payé par les parents des élèves savoir :

Pour un enfant de l'âge de 6 à 8 ans. . . . . . . 0 fr. 50

Pour un élève de 8 à 10 ans . . . . 0 fr. 75

Et pour un élève de l'âge de 10 ans et au-dessus. 1 fr. »

Il ne pourra rien exiger des parents des élèves qui seront désignés par le maire conformément à l'article 4ᵉ pour recevoir l'instruction gratuite.

Art. 10e. — L'instituteur aura droit de percevoir comme clerc laïc les salaires fixés par les règlements dans les cas y spécifiés.

Art. 11e. — L'instituteur jouira du logement gratuit dans la maison d'école qui appartient à la commune, et tiendra ses classes au rez-de-chaussée de la dite maison, et ne sera tenu qu'aux réparations locatives.

Art. 12e. — Dans le cas où l'instituteur contreviendrait aux dispositions qui précèdent où à l'une d'elles, il pourra être suspendu et même révoqué, suivant la gravité des cas.

Art. 13e. — Expédition du présent sera adressée à M. le sous-préfet de Château-Thierry pour être soumise à l'approbation de qui de droit, afin de provoquer l'autorisation nécessaire au sieur Follet pour exercer les fonctions d'instituteur après l'avis préalable du comité d'instruction.

Fait et délibéré, en séance, les jour et an susdits et ont les membres présents signé ainsi que le sieur Follet dont l'admission est proposée.

« *Signé :* COUTELIER, GEOFFROY, MADELAIN, TOU-
CHARD, LEFRANC, TILLET, BARON,
DEMARCQ, CORNETTE, PINÇON, FI-
GUET, LÉGUILLETTE, FOLLET. »

Follet accepta ces conditions, mais il cessa peu à peu d'aller chanter au lutrin, de porter l'eau bénite le dimanche dans les maisons particulières. Quatre ans après, il était remplacé par Denis-Etienne Torchet qui fit mieux encore, et qui a laissé les meilleurs souvenirs dans le cœur des nombreux élèves qu'il a instruits jusqu'en 1861, où il a eu pour successeur L. Perdrix, remplacé en novembre 1876 par Paul Hivet. A l'externat s'est ajouté un pensionnat. L'école communale de Charly compte quatre-vingt-dix à cent élèves en moyenne.

En 1875-1876 on a construit une nouvelle école communale plus spacieuse encore que celle qui a été inaugurée en 1844-1845 dans l'Hôtel-de-Ville.

A côté de l'école communale existe, depuis 1846, l'école dirigée par les frères de la Doctrine chrétienne, pour laquelle mademoiselle Leviel a donné le local, et garanti une rente annuelle et perpétuelle de deux mille francs en 3 0/0 sur l'Etat par son testament en date des 29 septembre 1857 et 21 juin 1859 (1). Le nombre des

(1) Extrait du testament de mademoiselle Leviel.

« Je donne et lègue à la commune de Charly-sur-Marne, à titre de fondation perpétuelle pour une école libre et gratuite de garçons :

1o Une maison avec cour, jardin et dépendances, à moi appartenant, sise au dit Charly, rue du Cimetière, telle qu'elle se poursuit et comporte ainsi que le matériel classique en dépendant, laquelle propriéte est actuellement occupée par les frères des Ecoles chrétiennes.

2o Une rente annuelle et perpétuelle de 2,000 fr. en 3 0/0 sur l'Etat français, laquelle devra être immatriculée, après l'approbation du Gouvernement au nom de la commune et au profit de l'Ecole chrétienne.

Le tout aux charges et conditions suivantes :

1o La maison donnée sera affectée à perpétuité à la tenue d'une école de garçons par des membres de l'Institut des frères des Ecoles chrétiennes dont le siège est à Paris, rue Oudinot, 27, sans pouvoir, en aucun cas, recevoir une autre destination que du consentement du Supérieur général dudit Institut.

2o La commune sera tenue de pourvoir à toutes les charges de propriété soit d'entretien, soit de grosses réparations et aux frais d'assurance contre l'incendie, ainsi qu'à l'entretien du matériel de l'école, et aux frais de distribution de prix.

3o Elle comptera aux Frères par trimestre et d'avance, une somme annuelle de 1,800 fr. pour leur traitement ; les 200 fr. faisant le surplus de la rente fondée, devront être employés à l'acquit des charges énoncées à l'article 2 ci-dessus. »

Ce testament a été fait en l'étude de Me Vignon, notaire à Charly.

élèves qui fréquentent l'école des Frères est à peu près le même que celui des élèves de l'école communale.

Il n'y a qu'un seul enseignement pour les jeunes filles, c'est celui qui leur est donné par les Religieuses de la congrégation de Notre-Dame de Bon-Secours, fondée par Marie-Anne-Françoise Leconte, en 1806. A cette importante maison est annexé un pensionnat non moins important. Le nombre des élèves de cette institution dépasse cent vingt.

Aujourd'hui l'instituteur ne relève plus ni du curé, ni du maire, ni du conseil municipal ; il est nommé par le préfet sur la présentation de l'inspecteur d'académie.

LISTE DES INSTITUTEURS DE CHARLY.

.......-1726	Leconte, François.
1746-1749	Gosset, Nicolas.
1749-1773	Romelot, Jean-Jacques.
1773-1776	Hivart, Etienne.
1776-1788	Dumont, Jean.
1788-1792	Leroi, André.
1792-1795	Leconte, Jean-Louis.
1795-1808	Théneaux, Charles.
1808-1831	Beauvais, Nicolas.
1832-1834	Follet, J.-Baptiste.
1834-1861	Torchet, Etienne.
1861-1876	Perdrix, Léon.
1876-......	Hivet, Paul.

CHAPITRE XVII

SOMMAIRE. — *Liste chronologique des maires de Charly, depuis 1790, — des juges de paix, — des curés doyens, — des conseillers municipaux.*

MAIRES DE CHARLY

1790-1792	Leconte, Jean-Louis, décédé le	29 juillet	1804.
1792-1794	Baron, Nicolas, —	30 avril	1834.
1794-1796	Morin, Théodore, —	15 août	1825.
1796-1799	Dumont, J.-Thomas, Agent munic., —	18 juin	1803.
1799-1809	Thomas, Jean-Pierre, —	30 mai	1844.
1809-1812	Aubry, Nic.-Sébastien, —	2 févr.	1840.
1812-1815	Bataille, P.-François, —	10 sept.	1817.
1815	Coutelier, Noël-Joseph, —	4 mars	1854.
1815-1831	Caboche, Denis-Louis, —	17 mars	1839.
1831-1848	Léguillette, J.-François, —	13 oct.	1854.
1848-1853	Bataille, Frédéric, —	18 août	1845.
1853-1871	Coutelier, Emile.		
1871-1876	Mantel, L.-Fr.-Anséric, —	20 juillet	1876.
1876-......	Dalibon, Alph.-Victor.		

JUGES DE PAIX

1790-1795	Fayet, Cl.-Antoine, décédé le	6 janv.	1803.
1795-1802	Copineau, H.-Cl.-Nic., —	12 mars	1818.

1802-1803 Fayet, *réélu.*
1803-1818 Copineau, *réélu et maintenu.*
1818-1841 Boivin, P.-Nicolas,   —   11 févr. 1841.
1841-1863 Coutelier, Aristide,   —   30 janv. 1866.
1863-1878 Gobron, Fr.-Antoine.
1878-...... Bosquillon, Alexandre.

CURÉS DOYENS

1802-1816 Fidon, Claude, mort chanoine à Soissons.
1816-1829 Claudon, Joseph,   id.
1829-1859 Gervais, Etienne,   id.
1859-...... Gosse, Magloire.

CONSEILLERS MUNICIPAUX

La loi du 14 décembre 1789 avait donné le nom d'*officiers municipaux* aux citoyens élus pour seconder le maire dans l'administration de la commune. Le 15 avril 1790, les cinq officiers municipaux élus étaient Hochard, Marteau, Niclot, Vigour et Mantel. Ils furent ensuite désignés sous nom d'*officiers publics*, et nous trouvons, sans dates bien précises, de 1791 à 1803, comme officiers publics, Viguier, Tranchard, Dupré, Dumont, Dufour, A. Paris, Chambellain, Lamy, Roch Garnier, Gratiot, Prieur. La loi de germinal an XI (1803) remplaça les officiers municipaux et les officiers publics par les *conseillers municipaux*, au nombre de dix pour Charly. Nous n'avons pu trouver dans les délibérations du conseil, les noms des dix premiers conseillers municipaux. La première liste que nous ayons pu relever est celle de 1808 : cette liste doit être, à deux ou trois noms près la même qu'en 1803.

1808	1813	1818	1821	1826
Lavigne.	Huyart.	Huyart.	Huyart.	Pinçon.
Bataille.	Langlois.	Coutelier (N.-J.).	Coutelier.	Coutelier.
Caboche.	Guérinet.	Morin.	Morin.	Lemoine.
Viguier.	Caboche.	Blaireau (P.).	Blaireau.	Blaireau.
Chambellain.	Thomas.	Thomas.	Thomas.	Thomas.
Huyart (A.).	Paris.	Paris.	Duval.	Duval.
Aubry.	Chambellain.	Cornette (J Ant.)	Cornette.	Cornette.
Paris.	Demoncy.	Demoncy.	Caboche.	Babé.
Guérinet.	Pétel (L.).	Pétel (L.).	Pétel.	Pétel.
Langlois.	Bataille.	Guérinet.	Bataille.	Bataille.

1831	1834	1837	1840	1843
Léguillette (J.-Fr.)	*Léguillette.*	*Léguillette.*	*Léguillette.*	*Légrillette.*
Madelain.	*Madelain* (1).	Madelain.	*Madelain.*	Madelain.
Geoffroy.	Geoffroy.	*Lemoine (T.-Fr.).	Lemoine.	*Lemoine.*
Blaireau.	Blaireau.	*Blaireau.*	Blaireau.	*Vigeur (Fr.).
Coutelier (A.).	*Coutelier.*	Coutelier.	*Coutelier.*	Coutelier.
Pétel.	*Pétel.*	Pétel.	*Pétel.*	Pétel.
Demarcq.	*Demarcq.*	Demarcq.	*Demarcq.*	Demarcq.
Figuet (L).	Figuet.	*Figuet.*	Figuet.	*Figuet.*
Bataille (Fr.).	*Bataille.*	Bataille.	*Bataille.*	Bataille.
Lefranc (L.).	Lefranc.	*Lefranc.*	Lefranc.	* Vignon.
Cornette (Am.).	*Cornette.*	Cornette.	*Cornette.*	Cornette.
Pinçon.	Pinçon.	*Pinçon.*	Pinçon.	*Pinçon.*
Baron (Nic.).	*Salmon.	Salmon.	*Salmon.*	Salmon.
Thomas.	Thomas.	*Thomas.*	Thomas.	*Thomas.*
Tillet.	Tillet.	*Touchard.	Touchard.	*Touchard.*
Touchard.	* Regnault.	Regnault.	*Regnault.*	Regnault.

(1) Les conseillers réélus sont en *italiques*, les nouveaux sont précédés d'un astérisque *.

1846	1848	1852	1855	1860
Léguillette.	Bataille (Fr.).	Figuet.	Figuet.	Lamiche.
*Duclert (L.-F.-C.).	Coutelier.	Lamiche.	Baulant.	Coutelier (A.).
Lemoine.	Champion.	Mantel.	Lamiche.	Baulant.
Vigour.	Thévenin.	Gratiot (G.).	Léguillette.	Léguillette.
Coutelier.	Duclert.	Lemoine (Fr.).	Mantel.	Baron.
Pétel.	Pétel (D.).	Léguillette aîné.	Baron.	Mantel.
Demarcq.	Guérinet (P.).	Vigour (Fr.).	Bailleux.	Bailleux.
Figuet.	Figuet.	Coutelier (A.).	Vigour.	Pétel (D.).
Bataille.	Delaplace (B.).	Bataille (Fr.).	Coutelier (A.).	Gratiot (G.).
Vignon.	Lamiche (S.).	Madelain (R.).	Lemoine.	Vigour.
*Pétel (D.).	Baron (A.).	Touchard.	Madelain (R.).	Madelain (R.).
Pinçon.	Michon.	Bailleux.	Pétel (D.).	Duclert (L.-S.).
*Garnier (J.-L.).	Vignon.	Baron.	Gratiot (G.).	Guichard.
*Nitot (C.).	Gratiot (G.).	Michon.	Thévenin.	Véron Clozier.
Touchard.	Mantel.	Thévenin.	Touchard.	Potel (E.)-
*Madelain (R.).	Léguillette (Fr.).	Pétel (D.).	Guichard.	Madelain (A.).

1865	1870	1874	1878	1881
Véron-Clozier.	Véron-Clozier.	Mantel.	Dalibon.	Bouvier.
Lamiche.	Lamiche.	Delaplace.	Véron.	Delaplace.
Mantel.	Bataille (H.).	Dalibon.	Delaplace.	Dalibon.
Léguillette.	Dalibon.	Drieux.	Varlet.	Varlet.
Coutelier (Em.).	Flichy.	Bataille.	Duclert.	Boullenger (E.).
Duclert.	Mantel.	Duclert.	Taratre.	Bataille (H.).
Vigour.	Duclert.	Varlet.	Drieux.	Taratre.
Madelain (R.).	Potel (E.).	Potel (E.).	Boullenger.	Garnier.
Potel.	Coutelier (Em.).	Léguillette.	Coutelier (Em.).	Duclert.
Baron.	Léguillette.	Martin.	Flichy.	Lefranc.
Bailleux.	Delaplace (L.).	Thiercelin.	Bouvier.	Drieux.
Gratiot.	Carré.	Véron.	Léguillette.	Gobert.
Dalibon.	Boullenger.	Figuet.	Bruneau.	Bruneau.
Madelain (A.).	Madelain (R.).	Guérinet.	Garnier (A.).	Leroy (R.).
Flichy.	Thiercelin.	Taratre.	Bataille (H.).	Bataille (P.).
Bataille (H.).	Vigour.	Flichy.	Lefranc (L.).	Romelot (H.).

CHAPITRE XVIII

Actuellement (mars 1881), l'administration de Charly
est confiée à un conseil municipal composé de seize
membres, et dans lequel sont pris le maire et l'adjoint
nommés par le Président de la République.

Maire : Dalibon, Alphonse-Victor.
Adjoint : Delaplace, Louis.
Conseillers municipaux : Bouvier, Delaplace, Dalibon,
Varlet, Boullenger, H. Bataille, Taratre, Garnier, Du-
clert, Lefranc, Drieux, Gobert, Bruneau, Leroy, P. Ba-
taille, H. Romelot.

La justice est rendue par un juge de paix ou par l'un
de ses deux suppléants :

Juge de paix : Bosquillon, Alexandre.
Suppléants : Lécuyer et H. Bataille.
Greffier de la justice de paix : Delettre, Eugène.
Huissier : Salmon, Edmond, licencié en droit.
Curé-doyen : l'abbé Gosse, chanoine honoraire de la
cathédrale de Soissons.
Notaire : Gobert, Paul, licencié en droit.

Receveur des domaines et de l'enregistrement : Daviot.

Percepteur : Gratiot.

Directrice de la poste aux lettres et du télégraphe : madame Ofcard.

Instituteur communal et secrétaire de la mairie : Hivet.

Agent voyer cantonal : Guyot.

Le budget communal s'élève à la somme de vingt mille francs : le total des contributions est de 45,495 fr.

VOIRIE

Charly est traversé par trois *chemins vicinaux de grande communication*, et un *chemin d'intérêt commun* savoir :

1° Le chemin n° 108, de Fère-en-Tardenois à Charly, passant par Jaulgonne et Château-Thierry. D'après la statistique de l'ingénieur des ponts et chaussées Jozon, il est passé, en 1872, 74 colliers par jour sur cette route, chaque collier transportant en moyenne 500 kilgr., en tenant compte à la fois des voitures vides et des voitures pleines.

2° Le chemin n° 123, de Charly à Crouttes, parcouru en moyenne par 69 colliers par jour.

3° Le chemin n° 124, de La Ferté-Milon à Rebais, par Charly et Nogent-l'Artaud, parcouru en moyenne par 79 colliers par jour.

Avant l'année 1876, ces trois chemins portaient le nom de routes départementales n° 8, 23 et 24. Elles se trouvaient sous la surveillance des ingénieurs des ponts et chaussées.

Les frais d'entretien de ces routes, frais de personnel compris, étaient alors d'environ 500 fr., par kilomètre.

4° Le chemin d'intérêt commun, n° 51, de Charly à Rebais, suivant dans Charly la place de l'Hôtel-de-Ville et passant par Pavant.

Ces quatre chemins sont, depuis 1875, placés sous la haute direction du préfet et sous la surveillance du service vicinal, c'est-à-dire des agents voyers.

Charly possède en outre les *chemins vicinaux ordinaires* suivants :

N° 1. De Charly à Vaux, par la rue des Buttes ;

N° 2. De Pavant à Citry, par le hameau de Pisseloup :

N° 3. De Rudenoise au chemin de grande communication, n° 124, par le hameau de Rudenoise.

N° 4. Du chemin n° 123 au chemin n° 124, par la rue des Pâtis.

N° 5. Du chemin n° 123 à Porteron, par le hameau de ce nom.

Ces cinq chemins sont placés sous la direction du maire et sous la surveillance du service vicinal ou des agents voyers.

LIEUX DITS

Section de Beaurepaire.

Beaurepaire (ferme).
Les terres des Aulnois Bontemps.
Le bois de Chantereine.
Près le bois de Chantereine.
Pointe de Bouresche.
Pièce du Liard.
Bois de Beaurepaire.
Le grand Etang.
Les Charbonnières.
La pièce du Buisson.
La grande pièce de la Haute Borne.
Près Beaurepaire.
Le grand Pré.
Les trente Arpents.

Le Marais.
Au dessous du Marais.
Le Chêne rond.
Bois du Chêne rond.
Le chemin du mont de Bonneil.
Bois Coco.
La grande Haie.
Bois Hardi.
Bois Dufour.
Les savarts de Beaurepaire.
La pièce des Marinières.

Section de la Masure.

La Masure.
Dessus la Forêt.

Le Bois rond.
Bois du Regard.
Le grand Savart.
Bois Joffroy.
Le grand Bois.

Section de la Ferme Neuve.

La Ferme Neuve.
Bois de l'Eglise.
Près le bois de l'Eglise.
Pièce des Grèves.
Le Rochet.
Terres de la Ferme Neuve.
Le Haut-Bry.
Le Crève-Cœur.
Pièce au Beurre.
Clos des Rieux.

Section de la Canardière.

La Canardière. (ferme).
Bois de la Canardière.
Dessous la Canardière.
Près la Canardière.

Section de la Genêtre.

La Genêtre (ferme).
Les Louvresses ou la Pente.
Les vignes de la Genêtre.
Les culs à Mouches.
Le trou à Meules.
Près le trou à Meules.

Section du Bas Fondé.

Le bas Fondé (ferme).
Près de la Cense.
Bois Fondé.
Le ru de la Bretonne.
Bois de la Malprise.
Au-dessus de la Malprise.
La Malprise.
Les Nunus.

Section du bois de la Hargne.

Bois de la Hergne ou Hargne.
La Haute-Borne.
La grande pièce du bois de la Hargne.
La Croix de l'Orme.
Le Réveillon.

Section du Rez.

La Croisette (bois)
Les Fontenies (bois).
Les Murgets gris.
Les Louvresses.
Les Essarts.
Les Fusils.
Les Charbonnières.
Les Guyardes.
Haut du Rez.
Le Haut de la Ruelle.
Les Malivats.
La Ruelle.
La Montagne de Reims.
Les Roses.
Les Ruisseaux.
Sur le fossé (Est du cimetière).
La Cave au Bouc.
Le val de la Cave du Bouc.
Le bois du Rez.
Près le trou du Rez.
Les Pelles à Four.
Les Marguyottes.
Les Saurés.
Les Sabotiers.
Les Enfers.
Les Bas Boris.
Les Chapons.
Les Raies
Les Charnards.
Les Brise-Biches.
Les Aunaies.
Les Tortues.
Les Boulards.

Section des Chauffours. (à l'ouest).

Les Chalumards.
Les Allouettes.
Les Chauffours.
Le Haut des Haïs.
Les Haïs ou Halliers.
Les Luttériaux.
Les Trous aux Renards.
Le val des Haïs.
Les Cloxis.

Section de Rudenoise.

Rudenoise, hameau.
Les Gogrenets.
Le Mont Dorin.
Les Prés Courts.
Le Moulin du Milieu.
Le Pré de Nazareth.
Bas Rez.
Moulin de Goubrue.
Les Clos.
La Fosse Goubrue.
Les Longs Boyaux.
Le Monthuy.
Lincelin.

Section de Mont Regny ou Régnier.

Le Bas du Monthuy.
Les Monts gallés.
Les terres de Mont Regny.
Le Gué.
La pointe de Mont Regny.
Les Marmots.
Les Plantes à Madame.
Les Murgets génevrais.
Les Closeaux.
La ruelle de Porteron.
Le bas du chemin de Citry.
Le chemin de Citry.
Les gouverneuses.
Les Saints-Jean.

Section de Porteron.

Porteron, hameau.
Les gros Merisiers.
La Varenne.
Le haut des Carrières.
Les Marinots
Les Sablières.
Les plantes à la mère Fillard.
Les Gloriettes.
Les petites Fermes.
Le port Picard.
Le clos au père Michel.
Les Chaillots.
Les Royaux.
Les Sables.

Section de Drachy.

Drachy, hameau.
Les Savarts.
Le clos Dumont.
La pièce du Bac.
Les Pâtis.

Section du ru Gousset ou Bousselle.

La pièce du Moulin de ville.
Les Illettes.
Le saut de Loup.
Les trente Arpents.
Les petites Carrières.
Sous les Carrières.
Barrage.

Section de Ruvet.

Ruvet, hameau.
Les Tortues.
Les Salves.
Les blanches Vignes.
Les hautes blanches Vignes.
Les Gresillons.
La Grande Place.
Les Noireaux.
Les Glages.

<table>
<tr><td>

Les Barbets.
Les terres des Gueux.
Les Costades.
Les plantes à Dreux.
Les Saules.
Les Moque Tonneaux.
Les Sentes à Pied.
Les Tuileries.
Les Guenettes.
Le Clos Taupin.
Les Plantes à Milon.
Le Val de Charly.
La Croix Saint-Antoine ou Saint-
   Loup.
La Plante aux Loups.
Le Chemin de Nogent.
Le Val des Vignerons.

</td><td>

La Garenne.
Le Port au Bois.
La Gueule du Ru.

Section de Pisseloup.

Pisseloup, hameau.
Le Pont de Frase ou Bac Neuf
Le Petit Pont.
Le Bachot.
Le Grand Clos.
La Pièce de Champétré.
La Pièce de la Pente.
Les Savarts de Pisseloup.
La longue Haie
La pièce de La Loge.
Le bois de l'Hospice.

</td></tr>
</table>

Aucun souvenir historique particulier ne s'attache à ces lieux-dits. Tout ce qui concerne les hameaux de Drachy, Pisseloup, Rudenoise, Ruvêt, Porteron et les fermes de Beaurepaire, La Masure, la Genêtre, etc., sera traité dans le chapitre xx.

CHAPITRE XIX

SOMMAIRE. — *État cadastral de la commune de Charly, en 1849.*

NATURE des PROPRIÉTÉS	Classes.	CONTENANCE Par classe.	CONTENANCE Par nature de propriétés.	Évaluation de l'hectare par classe.	REVENU IMPOSABLE Par classe.	REVENU IMPOSABLE Par nature de propriétés.
		Propriétés non bâties.				
Terres labourables. .	1	292 69 52	1.289 16 05	62 »	18.547 10	32.833 78
	2	76 58 77		42 »	3.216 70	
	3	311 08 60		20 »	6.221 72	
	4	390 51 61		10 »	3.905 16	
	5	218 27 55		4 »	873 10	
Prés.	1	26 56 15	39 94 40	40 »	1.062 46	1.330 11
	2	13 38 25		20 »	267 65	
Bois.	1	166 11 65	337 53 85	23 »	3.820 67	5.901 50
	2	131 53 65		14 »	1.841 52	
	3	39 88 55		6 »	239 31	
Vignes.	1	84 69 85	179 53 15	67 »	2.324 80	7.032 74
	2	37 10 35		55 »	2.040 68	
	3	50 02 20		35 »	1.750 77	
	4	48 49 10		17 »	824 34	
	5	9 21 65		10 »	92 15	
Pâture.	1	12 59 95	12 59 95	4 »	50 40	50 40
Pâture plantée. . . .	1	91 30	91 30	8 »	7 31	7 31
Vergers	1	1 79 90	6 01 05	70 »	125 93	315 44
	2	4 21 15		45 »	189 51	
A reporter.			1.865 69 75			47.001 28

NATURE des PROPRIÉTÉS	Classes.	CONTENANCE		Évaluation de l'hectare par classe.	REVENU IMPOSABLE	
		Par classe.	Par nature de propriété.		Par classe.	Par nature de propriété.
Report.			1.865 69 75			47 001 28
Jardins	1	19 70 »	24 40 25	80 »	1.576 »	1.867 55
	2	4 70 25		62 »	291 55	
Oseraies.	1	» 24 05	» 67 15	62 »	14 91	23 53
	2	» 43 10		20 »	8 62	
Mare	1	» 4 90	» 4 90	4 »	» 20	» 20
Savarts	1	39 62 95	61 46 10	4 »	158 51	191 26
	2	21 83 15		1 50	32 75	
Savart planté	1	6 58 40	6 58 40	6 »	39 51	39 51
Murgets.	1	3 06 »	3 06 »	» 60	3 24	3 24
Étangs	1	» 12 40	» 12 40	62 »	7 69	7 69
Plantations	1	3 56 25	3 56 25	6 »	21 37	21 37
Chemins d'exploitation	1	1 76 30	1 76 30	1 »	7 05	7 05
Chemin de halage. .	1	3 49 50	3 49 50	1 50	5 24	5 24
Chemin de fer	1	2 47 10	2 47 10	62 »	153 20	153 20
Sol des propriétés bâties	1	13 48 15	13 48 15	62 »	835 85	835 85
TOTAL.			1.986 82 25			50 156 97

NATURE des PROPRIÉTÉS	Classe.	Nombre.	Évaluation de la propriété bâtie.	REVENU IMPOSABLE	
				Par classe.	Par nature de propriété
Maisons		447			22.764
Pressoirs.		9			54
Moulins		4			547
Bac		1			133
Remise.		1			16
		462			23.514

RÉSUMÉ

	CONTENANCES	REVENUS IMPOSABLES
Propriétés non bâties	1.986 82 25	50.153 97
Propriétés bâties.		23.514 »
Détail des objets non imposables :		
Routes, chemins, rues, places, pro-menades publiques.	35 94 40	
Rivières, lacs, ruisseaux.	27 41 40	
Église.	9 60	
Cimetière.	23 80	64 08 50
Presbytère	7 90	
Jardin du presbytère.	28 40	
Hôtel-de-Ville	3 »	
Totaux généraux.	2.050 90 75	73.670 97

Arrêté au revenu total de soixante-treize mille-six cent
soixante-dix francs quatre-vingt-dix-sept centimes la
présente matrice dont une expédition sera déposée à la
mairie de la commune et la seconde expédition dans les
bureaux de la direction des contributions directes.

A Laon, le deux octobre mil-huit cent-quarante-neuf.

Le Préfet du Département.

Pour le Préfet et par autorisation, le conseiller de Préfecture,
secrétaire général.

Signé : POURRIER. »

Nota. Depuis cette époque, le cimetière, le presbytère

et son jardin ont reçu d'autres destinations. Le presbytère et son jardin sont devenus l'Hospice de Charly; le cimetière fait partie du jardin. Un autre cimetière a été établi en 1855, et une maison particulière est devenue le presbytère actuel.

Depuis 1849, le revenu imposable a augmenté de 6,697 fr. 73; il est actuellement de 80,278 francs.

CHAPITRE XX

DRACHY

A deux kilomètres au sud-ouest de Charly, sur la rive droite de la Marne, s'élève le hameau de Drachy ou Dréchy, qui consiste en quelques maisons.

En 1748, la paroisse de Charly se vit agrandir de ce hameau et de celui de Porteron, lors d'une tournée pastorale du duc de Fitz-James, évêque de Soissons.

L'opinion publique attache à Drachy une importance que cette localité n'a jamais eue. La situation de Drachy, au pied d'une petite montagne, sur la rive droite de la Marne, qui décrit une courbe assez rapide à cet endroit, son exposition au midi, la fertilité de son sol ont pu en faire de bonne heure un petit centre de colonie rurale. Sans faire remonter son origine aux temps celtiques, faute de preuves authentiques, on peut cependant trouver dans son nom une racine celtique

TRECH qui signifiait *reflux* (courbe décrite par la rivière). — Le mot TRECH signifiait aussi *vaincre, surmonter*). — Mais ce ne sont là que des probabilités auxquelles il ne faut attacher qu'une médiocre importance ; Drachy ou Trechy n'a jamais été qu'une *villa*, métairie ou domaine rural, comme on trouve en 1088 la *villa Carliaca*, la métairie de *Charles* ou CHARLY.

C'est au treizième siècle qu'apparaît pour la première fois le nom de Drachy ou Trachy. En 1250, en effet, nous trouvons (1) que Guillaume Du Bois, chevalier, et Agnès, sa femme, possédaient des droits de justice, cens, rentes et terrage à Drachy, Porteron, etc. L'Hôtel-Dieu de Soissons, ainsi que Robert de Chailly, chanoine de Soissons, possédaient également des droits sur ce domaine. Guillaume Du Bois et Agnès vendirent leurs droits à l'Hôtel-Dieu en 1250, moyennant 90 livres.

Vers la même époque, en 1257, la maison de Drachy fournissait à l'abbaye royale de Notre-Dame de Soissons une de ses abbesses les plus remarquables, Odeline, qui, après seize ans d'administration, se démit de sa charge en 1273.

L'Hôtel-Dieu de Soissons avait la plus grande partie de la seigneurie de Drachy. L'abbaye de Longpont avait aussi une part dans la justice, la seigneurie et les dîmes de Drachy (2) et de Pisseloup, et le 17 avril 1488, cette abbaye fit un bail de trente ans à l'Hôtel-Dieu de Soissons. En 1518, ce bail était expiré. Onze ans après, le 17 juillet 1529, Pierre d'Arragon, abbé de Longpont, fit

(1) *Archives hospitalières de Soissons*, rédigées par A. Matton, p. 14.
(2) *Ib.* p. 15.

un nouveau bail avec l'Hôtel-Dieu et lui céda pour quatre-vingt-dix-neuf ans ses droits sur Drachy, c'est-à-dire jusqu'en 1628.

Parmi les principaux locataires que l'Hôtel-Dieu de Soissons avait à Drachy, on trouve à cette époque un nom bien connu, celui d'Henri Estienne Ier, libraire à Paris, qui mourut en 1521. L'Hôtel-Dieu lui avait loué à ferme une certaine quantité de terres. La fille d'Henri Estienne avait épousé un libraire de l'Université, Regnault Chaudu, qui retenait la maison, la terre et la seigneurie de Drachy. Il tenait, paraît-il, à ces terres, car il fallut une sentence des requêtes du Palais pour les lui faire abandonner, le 8 juillet 1536.

Pour prévenir et éviter toute contestation, l'Hôtel-Dieu de Soissons provoqua une enquête, à la date du 25 juin 1563, devant le bailli de Château-Thierry. Cette enquête établit que l'Hôtel-Dieu possédait les deux tiers des offrandes des grosses et menues dîmes de Drachy.

Le 11 juin 1583, Henri III octroya les lettres de terrier pour Drachy et Pisseloup. A Drachy était la grange dîmeresse.

La seigneurie de Drachy et de Pisseloup, comme toutes les autres seigneuries, avait des droits de cens et d'autres droits honorifiques. Henry De La Loge de Saint-Brisson, administrateur général des domaines, avait à Charly des propriétés assez importantes. Le 22 mai 1787, il avait acheté à l'abbaye de Notre-Dame de Soissons la terre et la seigneurie de Charly : le 13 août de la même année, il acheta les droits sur Drachy, moyennant quinze arpents de terre à Drachy, qu'il abandonna en échange à l'Hôtel-Dieu de Soissons. Mais il ne jouit pas longtemps de ses droits seigneuriaux, dont la Révolution le dépouilla.

Au point de vue religieux, Drachy était le titre primordial d'une cure dont Nanteuil n'était qu'une succursale, c'est-à-dire que le curé de Drachy desservait Nanteuil. Dès 1271, Drachy et Pisseloup ne faisaient qu'une seule paroisse dont dépendait aussi Porteron. Un bac sur la Marne facilitait les communications entre les deux localités (1). Le patron de Drachy était saint Aignan, à qui l'église était dédiée. Saint Aignan est resté le patron de Nanteuil-sur-Marne. L'église de Drachy était trop peu importante pour être conservée au culte ; c'est pourquoi l'évêque de Soissons jugea à propos de la fermer, de réunir Pisseloup à Pavant, Drachy et Porteron à Charly, et de donner à Nanteuil son église indépendante, en 1748.

Les principaux curés et desservants furent Nicolas Esselin (1563), C. Lanier (1668), Prevost (1693), Brullard (1735), Liébert (1747). Le dernier curé de Drachy fut De Bourges en 1748. Parmi les vicaires attachés à cette petite paroisse, il faut citer Genest (1688), Pillard, Fournier, De La Bresdinière-Collet, le R. P. Philippe de Reims, capucin, etc. (2).

L'ancienne église de Drachy est devenue aujourd'hui une habitation rurale. Dans les travaux de réparation,

(1) La pièce de terre située entre la ferme et le bord de la Marne porte encore le nom de *pièce du Bac* ou *des Sablons* ; elle est située vis-à-vis Pisseloup. Aujourd'hui il n'y a plus ni bac, ni nacelle entre les deux localités.

(2) Archives de la Mairie de Charly.

on y a trouvé un certain nombre de squelettes, car on y enterrait quelques paroissiens privilégiés. Le dernier qui fut inhumé dans l'église fut Charles Grison, receveur de Pisseloup, décédé le 25 janvier 1713.

On a construit une maison sur les épaisses murailles. A droite en entrant dans la grange, on aperçoit encore une grande ogive qui mesure 3 mètres 52 centimètres, et est exposée au nord. L'ogive correspondante du côté sud n'existe plus. A l'angle sud-est existe encore un contrefort ; à l'est, deux autres contreforts, situés à droite et à gauche d'une petite ouverture gothique ogivale qui éclairait l'abside.

En creusant une cave sous l'église, on a trouvé, outre quelques squelettes, une pierre tumulaire qui a été sciée pour faire les dernières marches de la cave.

Sous le rapport administratif et temporel la seigneurie de Drachy, ainsi que celle de Pisseloup, appartenait aux deux tiers à l'Hôtel-Dieu de Soissons. Nous avons vu que l'autre tiers appartenait à divers particuliers.

Drachy relevait du siège présidial de Crespy-én-Valois et suivait la coutume de Senlis, dont Charly avait été détaché en 1347. Les dîmes se partageaient entre l'Hôtel-Dieu de Soissons et le curé de Drachy. Drachy et Porteron comprenaient dix-sept feux, et consistaient en dix arpents de vignes, seize de prés, cinq de bois et quatre charrues (1). En 1816 Drachy ne comprenait que trois feux, Au recensement de 1877, sa population était de 17 habitants répartis dans quatre maisons.

(1) Houllier, *Ouv. cité*, article NANTEUIL.

Les registres de l'état civil relatifs à Drachy sont aux archives de la mairie de Charly. Ils consistent en une liasse peu volumineuse, et commencent en 1678. Les registres antérieurs sont égarés. Ils ne contiennent que les mariages, baptêmes et inhumations de la paroisse inscrits par le curé ou son remplaçant. L'examen de ces registres nous fait voir le peu d'importance de cette cure. Ainsi en 1736 il y eut 3 baptêmes, 1 mariage, 1 inhumation ; en 1737, 3 baptêmes, 1 mariage, 1 inhumation ; en 1748, dernière année de l'existence de Drachy en tant que paroisse, il y eut 4 baptêmes et 4 inhumations, savoir :

Du 16 février : baptême de Jean-François Mailleur et de Marie-Anne-Thérèse Mailleur, enfants jumeaux.

Du 16 novembre : baptême de Marie-Madeleine Grison.

Du 7 décembre : baptême de Claude Fillard, de Porteron.

Les inhumations sont celles des jumeaux Mailleur, d'André Bordier, âgé de douze ans, décédé le 25 janvier, et de Charles-Nicolas Grison, décédé le 4 mai.

Le petit cimetière était attenant à l'église.

En 1874, l'Hôtel-Dieu de Soissons a vendu sa propriété de Drachy, qui n'était plus que de 48 hectares, 40 ares, 70 centiares, et consistait en corps de ferme, terres, prés, etc.

PISSELOUP

Vis-à-vis Drachy, sur la rive gauche de la Marne, dont il est éloigné d'une centaine de mètres, est le hameau de Pisseloup, qui dépendait de la paroisse de Drachy et qui consiste actuellement en trois habitations et une vingtaine d'habitants.

Sans aller chercher dans le rapprochement des mots *Piscis locus, pisculentus* (pêcherie, poissonneux) l'étymologie du mot Pisseloup, nous nous contenterons de dire que ce hameau portait en 1288 le nom de *Pisceleu, Pisseleu ;* celui de *Pisselou-sur-Marne,* en 1406 ; de *Pisseleux-en-Brye,* en 1448 ; de *Pisseleu-sur-Marne,* en 1475 ; de *Pisellou,* en 1477 (1).

On trouve dans les archives de l'Hôtel-Dieu de Soissons que, en 1238, la *pêcherie* de Pisseloup appartenait à la maison de Pisseloup.

La terre et seigneurie de Pisseloup appartenait de temps immémorial à l'Hôtel-Dieu de Soissons ; cependant d'autres personnages y possédaient des terres et des droits. En 1251, Gaudefroid Le Comte et Ameline, sa femme, vendirent à l'Hôtel-Dieu neuf arpents de terres labourables à Pisseloup, moyennant 40 livres de monnaie forte (2). En décembre 1261, Robert de Chailly et Adeline, sa femme, vendirent à l'Hôtel-Dieu une saussaie à Pisseloup, moyennant 100 sous de forte monnaie (3).

(1) Voir *Archives hospitalières* de Soissons, inventaire par A. Matton, § 77, etc. Comptes de l'Hôtel-Dieu, fol. 7, 14, 17, 27, 76.
(2) Arch. hospit. de Soissons, liasse 77.
(3) Id.

En mai 1271, Henry, bailli de Plessis et sa femme Marie, vendirent à l'Hôtel-Dieu leurs droits sur le moulin qui existait à Pisseloup, moyennant 25 livres tournois comptant et 42 sous tournois pour wants et ventes (1). Ce moulin, qui s'appelait *moulin Cochon*, était situé sur le ruisseau qui prend sa source près de Fontaine-Dain et vient se jeter dans la Marne près de Pisseloup. Ce moulin a changé aujourd'hui de nom et de destination ; après avoir servi à moudre du blé d'une façon assez irrégulière, il est devenu en 1860 une usine pour la fabrication du caoutchouc, et il attend aujourd'hui une autre destination.

Si l'Hôtel-Dieu de Soissons avait la seigneurie de Pisseloup, il existait au commencement du seizième siècle une famille à Pisseloup, Jean et Nicolas Brayer, qui avaient fait construire une petite ferme appelée *Grange Rouge* ou *Rougette*, qui était relativement assez importante. Cette ferme consistait « en maison, étable, « cour, jardin avec six-vingt-douze arpens, tant terres, « hayes, buissons, montaignes, savarts, prez, herbes, « saulx à l'entour desdites maisons, tenant d'une part « au ru de la Fontaine-des-Bergeries, au long des bois « et terres de Pavant jusqu'à deux bornes faisant sépa- « ration des terroir de Pavant, Bassevelle et Pisseloup, « d'autre part à la rue de Reberchon..... au long du ru « qui descend jusqu'au moulin Cochon, aboutissant « d'un bout depuis le moulin dudit Cochon au long des « larris (terres incultes) de Pisseloup jusqu'au bois des

---

(1) Id. On appelait *want* le droit seigneurial qu'un vassal devait au seigneur à chaque mutation (Du Cange).

« Anoix, d'aultre bout aux terres de Bassevelle et y
« compris la fosse Potier (1). »

On a vu précédemment qu'Henri Estienne, le libraire
si connu, avait loué quelques terres à Drachy ; il en
avait loué également à Pisseloup, car on le trouve
fermier de terres à Pisseloup en 1504. Il était ainsi
locataire de l'Hôtel-Dieu de Pisseloup, et, en 1517, les
archives de cette maison nous apprennent qu'il a dû
payer, par arrêt du Parlement, 304 livres 12 sous parisis
d'arrérages pour les années 1504 à 1515. Il n'était pas
malséant alors que des magistrats reçussent quelques
petits présents, car on lit dans les mêmes archives que
Thibault, conseiller rapporteur, reçut quatre perdrix et
six bécasses achetées chacune quatre sous ; quant au
Président, il reçut six perdreaux.

Le 5 mai 1534, François Iᵉʳ avait déjà ordonné qu'on
fît le terrier de Drachy et de Pisseloup, afin de bien
spécifier les droits de l'Hôtel-Dieu de Soissons. Le
11 juin 1583, Henri III octroya de nouvelles lettres de
terrier qui nous font connaître les noms des personnes
qui avaient à payer des redevances à l'Hôtel-Dieu de
Soissons. Jacques De Villiers, notaire appartenant au
tabellionage de Meaux, coopéra à sa rédaction. Au
nombre de ces personnes étaient Baudouin de Renty,
seigneur de Citry, Henri Bersoire, curé de Pavant, Abel
de Renty, François de Rohan, archevêque de Lyon, abbé
de Saint-Médard de Soissons, Jean de La Boussière, etc.

(1) Id. Liasse 78, pièce 33, boîte 20, lettres de terrier de Drachy
et Pisseloup.

D'après ce terrier, on peut diviser Pisseloup en deux parties : 1° Pisseloup proprement dit, y compris le moulin Cochon, 2° la Grange Rougette, dont il ne reste plus que quelques pierres, près des chemins de Pavant à La Noue et à La Ferté-sous-Jouarre.

En 1649, la misère se fit sentir dans nos contrées, et, le 9 décembre, des lettres patentes autorisèrent la coupe de 260 arbres dans les bois de Pisseloup pour subvenir à la subsistance des pauvres et aux nécessités les plus urgentes. Ces bois furent adjugés 1,500 livres, dont 750 furent données à Pisseloup.

Lors de la suppression de l'église et de la paroisse de Drachy en 1748, Porteron et Drachy, comme nous venons de le voir, furent réunis à la paroisse de Charly; mais Pisseloup dépendit de la cure et paroisse de Pavant. Lors de la division de la France en départements en 1790, Pisseloup, pour des raisons qui nous sont inconnues, continua au point de vue religieux à dépendre de la paroisse de Pavant, mais fit partie de la commune de Charly.

La superficie de tout le terroir de Pisseloup, y compris l'ancienne ferme, qui est aujourd'hui une fabrique de boutons d'os, l'ancien moulin Cochon, les savarts, les bois, etc., est de 129 hectares environ.

Au point de vue géologique, Pisseloup est la partie la plus curieuse de la commune de Charly. Le ru du ravin de Pisseloup a des propriétés incrustantes. Quant au ravin, il a été étudié d'une façon spéciale par D'Archiac,

dans les Mémoires de la société géologique de France (1).
Il l'a trouvé composé de quatre groupes sur lesquels
repose une couche d'alluvion ancienne. Le premier
groupe est celui du *calcaire lacustre moyen*, s'étendant à
une profondeur de près de 60 mètres ; il contient par
ordre de superposition, en commençant par la couche
supérieure, de l'argile et de la meulière (4 mètres), des
marnes et calcaires avec silice (6 mètres), des marnes
vertes et du calcaire marneux. Cette dernière couche,
qui a 13 mètres de profondeur, contient de la glaise, de
la marne blanchâtre, du calcaire blanc et du calcaire
marneux. La quatrième couche, qui a 15 mètres 45 de
profondeur, est composée de gypse ou pierre à plâtre
qui est un prolongement du banc de gypse de Villaré,
de calcaire marneux, etc. La cinquième couche, qui a
une profondeur de 21 mètres 50, contient des marnes
calcaires.

Le deuxième groupe est celui des *sables* et *grès
moyens :* il contient une couche de calcaire marin, de
1 mètre 50 et une autre couche de sable et grès, de
8 mètres.

Le troisième groupe est celui du *calcaire grossier*, qui
comprend quatre couches savoir, des marnes d'un
blanc pur, du calcaire grossier supérieur, du calcaire
grossier et enfin une couche de glaucomie supérieure.
Ces quatre couches ont une profondeur de 35 mètres.

Le quatrième et dernier groupe est celui des *sables
inférieurs* qui s'étend jusqu'au niveau de la Marne.

(1) T. V, 1843, p. 203 et suiv.

On trouve dans le ravin de Pisseloup et dans les fouilles qu'on y exécute des fossiles, dont les principaux sont des graines de *chara*, le *planorbis inflatus*, la *lymnœa*, la *paludina* : cette dernière y est très commune. Dans le groupe des sables et grès moyens, on trouve une quarantaine de variétés de fossiles, dont la plus commune a pris son nom du voisinage de Pavant, c'est l'*Acieularia Pavantina*.

Le terroir de Pisseloup, dans sa partie méridionale, est traversé de l'est à l'ouest par l'aqueduc qui amène à Paris les eaux de la Dhuys. Le chemin de fer de l'Est le traverse en longeant la rive gauche de la Marne.

La terre de Pisseloup, qui appartenait depuis tant de siècles à l'Hôtel-Dieu de Soissons, a été vendue en plusieurs lots en 1875.

RUVÈT

Le hameau de Ruvêt est situé à un kilomètre à l'est de Charly, sur le bord d'un ruisseau qui sert de limite aux communes de Charly et de Saulchery. Il compte 74 feux et 200 habitants. Il paraît indiqué en 1543 dans les titres de l'Hôtel-Dieu de Château-Thierry. Nous n'avons connaissance d'aucun document antérieur à cette époque. Jusqu'à la Révolution de 1789, il formait une collecte de tailles distincte de Charly. Depuis l'érection de Saulchery en paroisse, en 1719, Ruvêt est resté uni à Charly dont il est la dépendance la plus importante.

RUDENOISE

Le hameau de Rudenoise, qui compte 36 feux et 101 habitants, est situé à l'ouest de Charly dont il est

RUVÁT

éloigné de quelques centaines de mètres. Il est bâti sur le bord d'un ruisseau qui passe à Coupru, Domptin, Villiers, traverse l'extrémité ouest de Charly et se jette dans la Marne, près du barrage. Ce hameau a tiré son nom du ru ou ruisseau qui en 1290 était appelé Ru Verdenoise. A cette époque, les religieux de Saint-Jean-des-Vignes et l'abbesse de Notre-Dame de Soissons prétendaient, de part et d'autre, avoir des droits de dîme sur Rudenoise. En 1373, l'évêque de Soissons, en faisant la déclaration de ses revenus, reconnut avoir une rente à Rudenoise, qui portait alors le nom de Rue Danoise. Le ruisseau était appelé ru *Danois*, dont on a fait par corruption le nom de ru *Danon*, sous lequel il est aujourd'hui connu à son entrée à Charly. L'histoire de Rudenoise a toujours été liée à celle de Charly.

PORTERON

Il y a deux hameaux qui portent ce nom. Ils sont situés à 3,500 mètres environ au sud-ouest de Charly, à mi-côte sur la rive droite de la Marne, et sont désignés sous les noms de petit Porteron et grand Porteron. Le petit Porteron fait partie de la commune de Croutes ; le grand Porteron appartient à celle de Charly. En 1250, Guillaume Du Boys et Agnès, sa femme, avaient des droits de justice, cens et rentes sur Porteron ; ils les vendirent en février 1250 à l'Hôtel-Dieu de Soissons, qui les conserva jusqu'à la Révolution. Porteron dépendait de la paroisse de Drachy, et a suivi le sort de cette localité. Lors de la suppression de la paroisse de Drachy en 1748, Porteron a été uni définitivement à Charly. Porteron compte 21 feux et 52 habitants. Il y avait à Porteron

une petite ferme appartenant à l'abbaye de Saint-Jean-
des-Vignes ; elle a été vendue en 1791 comme bien national.

LA MASURE

La ferme de la Masure, située à 4,500 mètres au nord
de la commune de Charly, constituait un fief qui est indiqué dès le treizième siècle. Il portait aussi les noms de
fief des Bois ou de Bois-Villiers, et il relevait de la châtellenie de Charly. En 1635, Antoine de Mesvilliers, conseiller et secrétaire du Roi, était seigneur de la Masure.
Il était parent par alliance de la famille de Colbert et
c'est chez lui qu'est né le 31 août 1625 Ambroise Colbert,
fils de Charles Colbert, Intendant général au Bailliage
du Vermandois et Président au Présidial de Reims. En
1664 la Masure portait le nom de Masure Niquaise. En
1783, la Masure appartenait à De Boisserolles, maître
des comptes à Montpellier, et sa veuve Jeanne Elisabeth
Eléonore Law y mourut le 30 nivôse an VII (19 janvier 1799). Son acte de décès est ainsi rédigé :

« Ce jourd'hui premier pluviôse an sept de la république française, une et indivisible, neuf heures du matin ; devant nous Louis François Viguier, agent municipal et officier de l'état civil de cette commune de Charly,
canton idem, département de l'Aisne.

S'est présentée la citoyenne Marie Jeanne Françoise
Souart, domiciliée en cette commune, épouse du feu
Nicolas Barthélemy Tranchard, notaire public en cette
dite commune, laquelle nous a déclaré que Jeanne
Elisabeth Eléonore Law, propriétaire à la Masure commune de Charly, épouse de feu Jean Louis Xavier Bois-
serolle, ci-devant ancien maître des comptes de la
chambre de Montpellier, était décédée le jour d'hier,

vers neuf heures du soir en sa maison de la dite Masure, âgée de soixante-douze ans environ ; d'après sa déclaration, nous nous sommes transporté en la susdite maison, accompagné des citoyens Jean Louis Leconte instituteur national de cette commune et Jean Dominique Mantel menuisier, majeurs et domiciliés audit Charly, après nous être assurés par nous-même du décès de la dite Jeanne Elisabeth Eléonore Law, nous avons de suite rédigé le présent acte sur le registre double à ce destiné qui a été signé de la déclarante, des témoins, de nous et autres ; fait en la maison d'administration les dits jour et an que dessus. »

Aujourd'hui la ferme de la Masure consiste en bâtiments d'exploitation et en 166 hectares de terres labourables, prés, pâturages, etc.

La Masure tire son nom de *Mansa*, qui était une habitation rurale.

La Masure possédait une petite chapelle domestique.

BEAUREPAIRE

Beaurepaire, ferme située à 5 kilomètres au nord de la commune de Charly, à 193 mètres au-dessus du niveau de la mer, tire son nom d'un bois qui recouvrait jadis son territoire, et ce nom est significatif. En 1234, il y avait trente arpents de bois qui appartenaient à l'abbesse de Notre-Dame de Soissons. En 1384, tout le terroir de Beaurepaire dépendait de la seigneurie de Charly. Beaurepaire consistait en 105 arpents de terres labourables, 60 arpents de savarts et bois, 24 arpents de prés, etc. Beaurepaire, comme la Masure, avait aussi une chapelle domestique. Quand éclata la Révolution, Beaurepaire appartenait encore à l'abbaye royale de

Notre-Dame de Soissons. Les biens des couvents ayant été vendus, comme biens nationaux, la ferme et les terres furent adjugées le 6 prairial an III (25 mai 1795) à Peluche et Vignon, qui les revendirent à madame Detchegoyen. La ferme passa ensuite au baron Pierre de Pérignon. Ses héritiers la revendirent à Franckaert. A la mort de ce dernier, arrivée d'une façon tragique et mystérieuse en 1864, Beaurepaire fut acheté par M. Boullenger qui en est actuellement propriétaire.

Beaurepaire consiste en 216 hectares, terres et bois.

MONT-REGNIER OU MONT-REGNY

La mauvaise prononciation a altéré le nom de cette dépendance de Charly, qu'on trouve écrit de diverses manières, *Monrgny Montgrigny* (1656), *Montergnier* (1720), *Montreignier* (1736). En 1364, c'était un fief appartenant aux Religieux de l'abbaye de Saint-Jean-des-Vignes de Soissons et qui provenait probablement des donations de Hugues, Prévôt de Charly. Il consistait en une maison et plusieurs terres d'un revenu annuel de 8 livres. Au commencement du dix-huitième siècle, Mont-Regnier appartenait à Jean-Jacques, marquis de Renty, décédé le 30 mars 1729. N'ayant pas d'enfants, il légua sa terre de Mont-Regnier à Louis Etienne de Laubespine, marquis de Verderonne son beau-père elle passa dans les mains de Hélène-Angélique-Rosalie de Laubespine qui épousa Jérôme Phélippeaux, comte de Pontchartrain. En 1775, Mont-Regnier passa dans les mains de Marie-Nicolle de Vassy de Bressé, veuve en premières noces de Jean-Jacques marquis de Renty. A sa mort, ses quatre filles vendirent Mont-Regnier à Jean-Alexis Henry De La Loge, administrateur général des domaines du roi et déjà propriétaire de Saint-Brisson, de La Bousselle, Porrigo, Porteron, etc. Après la mort de De La Loge, arrivée le 4 novembre 1800, Mont-Regnier échut en partage à l'une de ses filles Jeanne-Charlotte qui était veuve de Bernard de Limayrac (19 floréal an IX). En 1803 (7 ventôse an XI) elle vendit Mont-Regnier à Parizot de La Ferté-sous-Jouarre qui le revendit le 13 novembre 1832 à Jean-Baptiste Léguillette et à Catherine-Madeleine Dalibon, son épouse.

La cure de Charly possédait, à Mont-Regnier, une petite ferme qui fut vendue comme bien national.

Le nom de Mont-Regnier lui vient de sa situation sur le sommet de la montagne de Crouttes, à 155 mètres au-dessus du niveau de la mer et à environ 100 mètres au-dessus de la plaine de Charly. Quant à l'origine du mot Regnier ou Regny elle est inconnue.

Mont-Regnier est situé à l'ouest entre les deux communes de Crouttes et de Charly, et appartient beaucoup plus à la première.

Une légende, indigne d'une histoire sérieuse, était attachée à Mont-Regny et à de prétendues caves souterraines.

SAINT-BRISSON — LA BOUSSELLE

Saint-Brisson et La Bousselle étaient deux petites propriétés vassales de l'abbaye de Notre-Dame de Soissons.

Le fief de Saint-Brisson était situé entre la ferme, où était la résidence seigneuriale, et le petit domaine de La Bousselle. Ce dernier s'étendait jusqu'au chemin qui conduit à la Marne et peut-être primitivement jusqu'au ru Bousselle auquel il donna son nom et dont, par corruption, on a fait *ru Gousset*.

Depuis le seizième siècle, ces deux fiefs étaient entre les mains de la famille De La Haye. A cette époque, on trouve Jean II De La Haye qui avait épousé Jeanne de Margonivalle, lequel était sieur de Montreuil aux Lions, de la Bousselle, etc. Des documents nous autorisent à croire que le domaine de Saint-Brisson fut pendant quelque temps dans la famille de Mesvilliers (1620), mais nous retrouvons ces deux domaines dans la famille De La Haye jusqu'à la mort de Marc De La Haye, le 24 juin 1758. Marguerite de Polluau, veuve de Jean III De La Haye, ambassadeur à Constantinople, mourut dans le domaine de Saint-Brisson en 1683. Denis De La Haye qui avait succédé à son père à l'Ambassade de Constantinople, et qui avait été envoyé extraordinaire aux Cours de Bavière et de Venise, y mourut le 22 mars 1722 ; sa veuve y mourut le 17 février 1747. Denis René Marc De La Haye, procureur général des requêtes de l'Hôtel, y mourut le 23 mai 1752 et Marc De La Haye, son père, qui avait épousé Elisabeth Françoise de L'Escolle, et qui prenait les qualifications de seigneur de Saint-Brisson, La Bousselle, Drachy, Pisseloup et autres lieux y est mort le 24 juin 1758.

Son fils Charles De La Haye, né le 28 août 1733, qui était procureur général des requêtes de l'Hôtel et des grande et petite chancellerie de France, ne conserva pas ces propriétés qui furent acquises le 10 août 1760 par Jean-Alexis II Henry De La Loge, administrateur général des domaines à Montauban. La famille De La Loge n'était pas étrangère à Charly, et l'aïeul de ce dernier y avait épousé le 24 novembre 1678 Anne-Elisabeth de Mesvilliers (1), fille d'Antoine de Mesvilliers qui avait la

(1) *Registres de l'état civil de Charly :* « Alexis Henry, Ecuyer, sieur De La Loge, conseiller du Roy, commissaire ordinaire des guerres et Da-

terre et seigneurie de La Masure ou Bois-Villiers.

A ces propriétés Jean-Alexis II Henry De La Loge ajouta, le 22 mai 1787, la terre et seigneurie de Charly. Deux ans après, la Révolution abolit la féodalité ; une terre n'eut plus le pouvoir de donner à son possesseur un titre quelconque. Alexis Henry De La Loge cessa de porter le nom de Saint-Brisson et il mourut dans cette propriété le 4 novembre 1800.

A sa mort, les deux petites propriétés de Saint-Brisson et de La Bousselle ainsi que la ferme de Charly furent achetées par Lecompte, et aujourd'hui la ferme et Saint-Brisson appartiennent à M. Dalibon maire de Charly; La Bousselle appartient à M. Flichy, membre du conseil général du département de l'Aisne.

LE MONT-DORIN

Le Mont-Dorin, *Mondorin* (1661) n'apparaît que tardivement dans l'histoire locale. Aucun souvenir historique ne s'y rattache jusqu'à la Révolution. C'est une grande propriété située sur le chemin de grande communication n° 124 de la Ferté-Milon à Rebais (route de Villiers) et s'étendant jusqu'à Rudenoise. En 1673 Charles et Clément Brabant possédaient la seigneurie du Mont-Dorin: Charles avait épousé Marie-Jeanne de Frontignière, laquelle épousa en 1701 J.-B. De Midorge, qui devint sei-

moiselle Anne Elizabeth de Mevillers, l'un d'environ 30 ans et l'autre de 20 ans ont été solennellement mariez en prñce de leurs parents et amis et en vertu de procuration portant consentement de damoiselle Gabrielle Ythier, authorisée de Mᵉ Pierre Jouston (?) son mary, passée pardevant Bruant et Messageot, notaires à Provins, le 18 du mois de novembre 1678. Fait le 24 novembre de la susdite année 1678. *Signé :* Henry De La Loge, A.-G. de Mesvilers, Bottier, Marcq, etc., ».

LE MONT-DORIN

gneur du Mont-Dorin. Elle mourut en 1722. A la fin du dix-huitième siècle, le Mont-Dorin appartenait à De La Loge de Saint-Brisson : c'est là qu'il voulait faire construire sa résidence seigneuriale. La Révolution arrêta ses projets ; les communs seuls furent bâtis. Ses héritiers vendirent cette propriété, possédée aujourd'hui par M. Lenglet.

LA CANARDIÈRE — LA GENÈTE — BAS-FONDÉ

En 1632, on fit une déclaration des propriétés principales de Charly. C'est à cette date que nous trouvons l'indication des fermes de la Canardière, de la Genête et du Bas-Fondé.

A cette époque il existait deux fermes contiguës à La Canardière : il n'en reste plus qu'une seule aujourd'hui, ayant une superficie de 75 hectares, et appartenant à M. A.-V. Dalibon. La Canardière est située à 3 kilomètres au nord-est de Charly.

A la même époque, La Genête est indiquée sous le nom de Genest. C'est une ferme située à 4,500 mètres au nord-est de Charly, sa superficie est de 63 hectares de terres labourables et de 7 hectares de bois.

On appelle aujourd'hui Bas-Fondé une ferme située à 4,500 mètres au nord-est de Charly, ayant une superficie de 75 hectares.

Il existait à cette époque deux fermes voisines dont l'une s'appelait Haut-Fondé et l'autre Bas-Fondé. La première est détruite : quant à la seconde elle porte quelquefois le nom de Bois-Fondé, par corruption des mots Bas-Fondé.

CHAPITRE XXI

SOMMAIRE. — *Étude démographique sur le mouvement de la population.*

I. — *La population de Charly était-elle plus nombreuse autrefois qu'aujourd'hui ?*

Primitivement la population d'un pays se comptait par *manses* ou *maisons ;* plus tard on la compta par *feux*, ce qui était à peu près la même chose. Cette manière d'évaluer une population n'était qu'approximative, puisqu'il n'y a rien de fixe dans le nombre d'individus qui habitent une maison.

Au recensement fait dans la seconde moitié du dix-huitième siècle, Charly et les hameaux qui le composent comptaient 368 feux, ainsi répartis :

```
Charly. . . . . . . .   328 feux
Ruvêt. . . . . . . .     23   —
Drachy et Porteron .     17   —
```

Probablement Rudenoise était compté avec Charly. Dans la statistique de Brayer, en 1823, Rudenoise comptait 31 feux ; Ruvêt, 70 ; Porteron, 12.

Quant à la population par têtes, elle ne comprenait que les adultes ; les enfants étaient omis dans le recensement. En 1760, d'après Houllier, la population de Charly était de 1,100 communians. Il n'y eut jamais dans Charly d'individus appartenant aux autres cultes qu'au culte catholique. En 1800, on l'évaluait à 1,659 habitants ; — en 1847, elle était de 1,653 h. ; — en 1852, de 1,683 h. ; — en 1858, de 1,638 h. ; — en 1863, de 1,705 h. ; — en 1868, de 1,725 h. ; — en 1872, de 1,635 h. ; — en 1877, de 1,677 habitants.

On se demande assez souvent si la population de Charly était autrefois plus considérable qu'aujourd'hui. Elle a dû peu varier. Bien que les naissances fussent beaucoup plus nombreuses, ainsi qu'on le verra dans le tableau publié plus loin, il est avéré que la vie moyenne était beaucoup moins longue.

D'après les recherches statistiques de M. Michel Chevallier (1), il y avait en France, à la fin du dix-huitième siècle, 4 à 5 enfants en moyenne par mariage. Admettant 368 feux et chaque feu complet, c'est-à-dire comprenant le père, la mère et trois enfants seulement, nous aurions pour la population de Charly, $368 \times 5 = 1,840$ habitants. Ce chiffre se rapproche beaucoup plus de la vérité — et plus encore que ne l'indique Michel Chevallier, dont les chiffres donneraient une population de 2,208 habitants. Donc la population de Charly, depuis le dix-septième siècle, a dû varier entre 1,840 et 1,900 habitants, c'est-à-dire qu'elle a dû être un peu plus considérable qu'elle ne l'est aujourd'hui.

(1) Académie des Sciences, Mém. 1864.

II. — *Naissances.*

Charly et Saulchery n'ont fait qu'une seule paroisse jusqu'en 1719, année de la construction de l'église de Saulchery ; mais ce n'est qu'en avril 1735 qu'eut lieu la séparation définitive des deux paroisses. Les registres de Charly et de Saulchery manquent de 1566 à 1569 et de 1593 à 1606.

Ce n'est qu'en 1653 que commence l'enregistrement des inhumations ; mais le chiffre est insignifiant et incomplet jusqu'en 1668, époque où la loi obligea d'enregistrer les mariages et les inhumations. A partir de cette époque, nous avons des registres exacts et des données précises, qui nous permettent de dresser le tableau suivant pour les deux paroisses réunies de Charly et de Saulchery, que nous comparerons pendant une période de cinquante ans, à 132 ans d'intervalle.

	NAISSANCES	DÉCÈS		NAISSANCES	DÉCÈS
1671 à 1680	1104	1022	1803 à 1812	668	730
1681 à 1690	1137	938	1813 à 1822	639	600
1691 à 1700	998	1037	1823 à 1832	507	631
1701 à 1710	1017	1146	1833 à 1842	485	509
1711 à 1720	1004	856	1843 à 1852	452	519
TOTAL. . . .	5260	4999		2751	2989
MOYENNE ANNUELLE	105.2	99.9		55.2	59.78

Le tableau ci-dessus indique les naissances et les décès pour les deux communes de Charly et de Saulchery ; le tableau ci-dessous ne concerne que Charly de 1803 à 1852 inclusivement.

	NAISSANCES	DÉCÈS	MARIAGES
1803 à 1812	492	489	284
1813 à 1822	432	394	155
1823 à 1832	359	477	146
1833 à 1842	363	388	149
1843 à 1852	351	384	108
Total.	1997	2132	842
Moyenne annuelle. . .	39.94	42.64	16.80

Nous pouvons ainsi établir une comparaison entre les deux siècles et formuler la moyenne annuelle des naissances et des décès :

De 1671 à 1721, en moyenne 105,2 naissances ; 99,9 décès.
De 1803 à 1853,   —   —   55,2   —   59,78 —

D'après ce qui précède nous voyons que si, pendant 50 ans, de 1671 à 1721, le nombre des naissances pour Charly et Saulchery a été de 5,260 ou en moyenne annuelle 105,2 ; il a été de 1803 à 1853, de 2,751, ou en moyenne annuelle 55,2 ; c'est-à-dire à peu près la moitié en moins. Nous y voyons de plus qu'au dix-septième siècle et au dix-huitième siècle, le chiffre des naissances l'emportait sur celui des décès, tandis qu'aujourd'hui c'est le contraire qui a lieu ; d'où surviendrait fatalement une diminution considérable de la population de Charly, si les vides ne se remplissaient par les étrangers qui viennent y terminer leurs jours. Nous y voyons, en outre, la diminution croissante des naissances dans chaque période décennale.

Si maintenant nous voulons établir pour Charly et Saulchery le rapport des naissances au dix-septième siècle à celui des naissances au dix-neuvième siècle, nous avons la proportion suivante :

$$5260 \ : \ 2751 \ :: \ x \ : \ 1 = \frac{1,91}{1}$$

c'est-à-dire que le chiffre des naissances au dix-septième siècle est à celui des naissances au dix-neuvième siècle, comme 1,91 est à 1, c'est-à-dire à peu près le double.

Il est donc établi que la fécondité a diminué à Charly comme dans une grande partie de la France, mais beaucoup plus dans notre pays, où, à moins de rares exceptions, on ne trouve plus ces familles patriarcales composées de 4 et 5 enfants. Cette diminution de fécondité qu'ont constatée tous les statisticiens s'explique :

1° Par l'imprévoyance des femmes pauvres dans les rapports matrimoniaux au dix-septième siècle ; — 2° par l'augmentation de l'aisance des classes ouvrières et par la crainte que les enfants ne diminuent cette aisance ; ce qu'on appelle la *contrainte morale.*

D'après Louis Mathieu (1), il est établi qu'en France,

(1) Annuaire du Bureau des Longitudes, pour 1870, p. 236.

pendant 44 ans (de 1817 à 1860), il y a eu en moyenne

1 naissance sur 34,81 habitants.

A Charly seulement, il y a eu, en 50 ans, 1997 naissances, c'est-à-dire 39,94 en moyenne annuelle, ou

1 naissance sur 40,94 habitants.

Ce qui prouve qu'à Charly le chiffre des naissances est au-dessous de la moyenne de toute la France.

S'il y a en France 1 naissance par 34,81 habitants, il devrait y avoir à Charly, dont la population moyenne de 1847 à 1877 est de 1680 habitants, 46,96 naissances ; mais il n'y en a que 39,94, chiffre inférieur à la moyenne générale des naissances.

III. — *Décès.*

Nous avons vu qu'au dix-septième et au dix-huitième siècles, le chiffre des décès pour Charly et Saulchery, était en moyenne de 99,9, tandis qu'aujourd'hui, pour les deux localités, il est de 59,78, et pour Charly seulement, de 42,64.

En moyenne pour toute la France, on compte 1 décès pour 41,48 habitants.

A Charly, de 1803 à 1853, le chiffre des décès a été de 2132, ou en moyenne 42,64. Or, divisant le nombre total des habitants (1680) par 41,48 — moyenne des décès pour toute la France, on a 40,50. C'est-à-dire que le

nombre des décès à Charly est un peu plus considérable
que dans le reste de la France, puisqu'il devrait y avoir
à Charly 40,50 décès, tandis que pendant cinquante ans,
la moyenne a été de 42,64. Cette augmentation de la
léthalité ou du chiffre des décès n'est qu'apparente : elle
est occasionnée par le contingent des étrangers qui
viennent terminer leurs jours à Charly, car il est avéré
que la vie moyenne est très élevée dans cette localité :
elle a été de 40 ans en prenant la moyenne d'une longue
période.

IV. — *Rapport des naissances aux decès.*

Vers 1770, d'après Duvillard, sur 1000 naissances, il
restait :

583 individus à 5 ans et 502 à 20 ans.

De 1817 à 1823, d'après Demontferrand, il restait :

720 individus à 5 ans et 638 à 20 ans.

De 1840 à 1859, d'après Bertillon, il restait :

723 individus à 5 ans, et 643 à 20 ans.

Au dix-huitième siècle, ainsi que le prouve la table de
Duvillard, 20 ans après la naissance, presque la moitié
des enfants avaient péri, c'est-à-dire que sur 10 enfants
il en restait 5,02. De 1840 à 1859, sur 10 enfants il en
restait 6,43.

Si de 1671 à 1772, il y eut pour Charly et Saulchery
5260 naissances, 20 ans après la naissance de ces enfants,
il en restait 2640, 52, en vertu de la proportion suivante :

$$1000 : 5290 :: 502 : x = 2640,52$$

De 1803 à 1853, il y eut pour les deux communes de Charly et de Saulchery 2751 naissances ; c'est-à-dire qu'à 20 ans il en restait 1768, 89. Pour Charly seulement, où il y eut 1997 naissances, nous trouvons que le nombre des survivants à 20 ans est de 1287,07.

En résumé, pour Charly et Saulchery, de 1671 à 1721, sur 5260 naissances, après 20 ans il survivait 2640, 52. Pour les deux mêmes communes, de 1803 à 1853, le nombre des survivants à 20 ans était de 1768, 89. Si nous voulons savoir le rapport des survivants de 20 ans aux dix-septième et dix-huitième siècles, nous aurons :

$$2640,52 : 1768,89 = 1,49.$$

C'est-à-dire que, malgré les causes plus nombreuses de mortalité, au bout de vingt ans, le nombre des survivants au dix-septième siècle était au nombre des survivants au dix-neuvième siècle comme 1,49 est à 1 ; ce qui s'explique par le plus grand nombre des naissances à cette époque.

V. — *Rapport des mariages aux naissances.*

En France, à la fin du dix-huitième siècle, il y avait par mariage, 4 et 5 enfants.

De 1819 à 1832, il y en avait	3,73
De 1832 à 1846, il y en avait	3,28
De 1847 à 1860, il y en avait	3,10

Les deux communes de Charly et de Saulchery sont encore au dessous de cette moyenne. En effet, il y a eu dans ces deux communes, de 1803 à 1853, 1217 mariages et 1751 naissances, c'est-à-dire 2,26 enfants par mariage. En prenant chaque commune à part, on trouve qu'à

Charly il y a eu, pendant cette période, 842 mariages et 1997 naissances, c'est-à-dire 2,37 enfants par mariage. Saulchery est encore au-dessous de Charly, puisque les 375 mariages n'ont donné que 734 naissances, ou 2,01 par mariage.

Pour toute la France, 100 mariages donnent 335 naissances.

A Charly, 100 mariages donnent 237 naissances.

A Saulchery, 100 mariages donnent 201.

On compte:

Pour toute la France, 100 naissances pour 84 décès.

Pour Charly, il y a 100 naissances pour 106,7 décès.

Pour Saulchery, 100 naissances pour 113, décès.

En résumé, Charly et Saulchery sont au-dessous de la moyenne pour le nombre d'enfants que doit fournir chaque mariage et. en outre, le chiffre des décès l'emporte sur celui des naissances.

VI. *Mariages.*

Les relevés des mariages contractés à Charly et à Saulchery au dix-huitième siècle n'ayant pas été consignés dans les registres de l'état civil, nous pouvons approximativement en savoir le nombre en divisant le chiffre des naissances (5260) par le chiffre moyen des enfants que donnait chaque mariage à cette époque. Ce chiffre étant fixé entre 4 et 5, prenons 4 1/2 et nous aurons 5260 : 4,5 = 1168,88.

Si en cinquante ans il y eut pour Charly et Saulchery 1168,88 mariages, ce serait une moyenne annuelle de 23,37, en admettant seulement 4 enfants par mariage.

De 1803 à 1853, on compte pour :

Charly,   842 mariages, en moyenne : 16,80
Saulchery, 375 mariages, en moyenne :   7,48
                  ———————   ———————
                  1217   24,28

C'est-à-dire que pour les deux communes de Charly et Saulchery, le nombre des mariages est à peu près aujourd'hui ce qu'il était au dix-septième siècle.

D'après les recherches de Louis Mathieu, il y a actuellement pour la France

1 mariage pour 126,78 habitants.

A Charly, de 1803 à 1853, il y eut, en prenant 1680 comme moyenne de la population

1 mariage pour 99,76 habitants.

Ce qui établit qu'à Charly le chiffre des mariages est plus élevé que dans les autres contrées de la France.

En résumant toutes les données précédentes, on voit que, d'après la moyenne de toute la France où l'on compte

1 mariage pour 126,78 habitants.
1 naissance pour 34,81 habitants.
1 décès pour   41,48 habitants.

il devrait y avoir à Charly, chaque année, pour une population moyenne de 1680 habitants :

13,25 mariages,
48,40 naissances,
40,50 décès ;

landis qu'il y a, eu en moyenne annuelle pendant 50 ans, de 1803 à 1853.

16,80 mariages,
39,94 naissances,
42,64 décès.

D'où il faut conclure qu'à Charly le nombre des mariages est relativement plus considérable que dans les autres localités, mais que le chiffre des naissances est non seulement inférieur à la moyenne ordinaire, mais encore inférieur au chiffre des décès ; ce qui amènerait la dépopulation de Charly, si les bonnes conditions hygiéniques et climatériques n'y appelaient des étrangers qui viennent y terminer leur existence et y compenser ainsi l'infécondité relative des mariages.

D'après le dernier recensement fait en 1877, la population de Charly est de 1677 habitants, ainsi répartis :

Charly	1,199	habitants.
Ruvêt	200	—
Rudenoise	101	—
Porteron	54	—
Pisseloup	33	—
Drachy	17	—
Le Bac	17	—
Mont Dorin	14	—
Bas Rez	12	—
Beaurepaire	12	—
Genêtre	4	—
Masure	2	—
Ferme Neuve	2	—
Canardière	5	—
Bas Fondé	5	—

CHAPITRE XXII

ODELINE DE DRACHY

ODELINE, de Drachy, localité qui, à cette époque était
également désignée sous le nom de Trachy, fut la vingt-
septième abbesse de Notre-Dame de Soissons. Elue en
1257, elle fut une des plus remarquables abbesses du
monastère. Elle fit faire des réparations considérables
à l'abbaye ; elle fit creuser des puits, construire des
prisons pour ses vassaux rebelles, des salles pour les
plaids de sa justice, des fontaines, des arcades d'une
structure délicate ; elle fit réparer les granges et les
fermes de l'abbaye. Elle sut résister avec une rare
énergie à tous les empiètements sur les privilèges et
immunités du monastère, fit face à tout et, après seize
ans d'une administration remarquable, elle donna sa
démission d'abbesse en 1273, accablée par l'âge et les

infirmités. Elle vécut quelques années encore, aussi remarquable par sa soumission comme simple religieuse qu'elle l'avait été par son intelligente énergie comme abbesse. (Germain, *Histoire de l'abbaye de Notre-Dame de Soissons,* p. 187 et preuves).

PIERRE LE GIVRE

Vers 1618 est né à Charly Pierre Le Givre, fils de Le Givre, marchand à Charly et de Marie Lagille, sa femme. Il fit d'excellentes études médicales qu'il alla perfectionner à l'hôpital de la Charité à Paris. Il alla ensuite se fixer à Noyers en Bourgogne, puis à Provins, où il épousa, en 1649, Marthe d'Origny, fille du lieutenant au grenier au sel de cette ville. Il a publié différents travaux sur les eaux minérales, et ses ouvrages, considérablement vieillis aujourd'hui, ont eu à leur apparition un certain retentissement. Ce sont les suivants :

1° *Anatomie des eaux minérales de Provins*, Paris, 1654, in-8°.

2° Le même ouvrage sous ce titre : *Traité des eaux minérales de Provins,* contenant leur anatomie, la différence des fontaines, leurs propriétés, vertus, et effets admirables, etc. Paris, 1659, petit in-8°.

3° *Le secret des eaux minérales acides,* nouvellement découvert par une méthode qui fait voir quels sont les minéraux qui se meslent avec les eaux de Provins, de Forges, de Spa, de Pougues, de Chasteau-Thierry, etc., etc. Paris, 1667, in-12. Ce dernier ouvrage a été traduit en latin sous le titre : *Arcanum acidularum novissimè proditum, Amstelodami,* 1682.

4° Une quatrième édition parut en 1677 ; in-12 ; Paris.

5° Lettres de MM. Guérin et Le Givre.... touchant les minéraux qui entrent dans les eaux de Sainte-Reine et de Forges.

Le nom de Pierre Le Givre appartient à la science et à l'hydrologie minérale et il est très honorablement cité dans les dictionnaires biographiques. Pierre Le Givre est mort à Provins le 5 juin 1684, à l'âge de soixante-six ans et sa mort fut un véritable deuil pour le pays où sa probité et son assiduité auprès des malades lui avaient acquis l'estime générale. Il a laissé trois enfants qui sont toujours restés étrangers à Charly : 1° Pierre Le Givre, avocat à Provins, mort sans enfant le 10 janvier 1729 : — 2° Claude Le Givre, médecin, mort sans enfant le 9 septembre 1692 ; — 3° Marie-Marthe Le Givre, qui épousa Jean Josse, officier du roi. (Voir Nicéron, *Mémoires pour servir à l'histoire des hommes illustres*, Paris, 1734, t. XXIX, p. 58).

DELAHAYE

La famille Delahaye est l'une des plus anciennes et des plus remarquables de Charly. Elle se divise en plusieurs branches dont nous n'avons pu suivre la filiation. En 1580, un Martin Delahaye était délégué de Charly à la rédaction des coutumes de la Vicomté et de la Prévôté de Paris, et y représentait avec Charles Taupin le Tiers-Etat de Charly.

En 1628 est mort Claude Delahaye qui était receveur et administrateur de la ferme de Beaurepaire.

En 1638 est mort Charles Delahaye qui avait été bailli de Charly de 1627 à 1638.

En 1642, Nicolas Delahaye était bailli de Charly ; il avait épousé Marie Labouret, receveuse de la terre de Charly pour les Dames de Soissons. Il est mort le 9 juin 1662. Ce Nicolas Delahaye eut pour fils Charles-Henri Delahaye, né le 14 février 1642. On lui fit un baptême splendide, car il eut pour parrain le Prince de Lorraine, et pour marraine l'abbesse de Notre-Dame de Soissons, ainsi que le constate son acte de baptême extrait des registres de l'état civil de Charly : « Charles-Henri filz de M. Nicolas Delahaye, Bailly de Charly et de damoiselle Marie Labouret ses père et mère a esté baptisé le vj septembre 1648 et nay le xiiij février 1642. Son parrain haut et puissant Prince messire Charles de Lorraine, duc d'Elbeuf, Pair de France, comte d'Harcourt Lislebonne, des Rieux et Bussantois ; gouverneur et lieut.-gñal (général) pour le Roy de la province de Picardie, Boulonnois, Calais, et pays reconquis. La marraine haute, illustre et révérendissime Princesse Madame Henriette de Lorraine, dame et abbesse de l'Eglise et abbaye Royale Notre-Dame de Soissons, Dame de ce lieu. »

Il épousa Géneviève Berson, fut lieutenant au bailliage de Charly, puis procureur fiscal, mourut le 27 février 1674 et fut inhumé le 28 dans la chapelle Notre-Dame.

Une Marie Delahaye épousa en 1665 Félix Plansson, notaire à Charly : elle est morte le 24 juin 1694.

On trouve encore parmi les membres de cette famille :

Nicolas Delahaye, lieutenant au bailliage de Charly, mort subitement en 1710, à l'entrée du bois de Charly.

Antoine Delahaye, chirurgien à Charly, mort le 27 janvier 1728, etc., etc.

L'autre branche de la famille Delahaye était à Charly

du temps de Louis XII. Il existe actuellement encore à la ferme de Charly, une plaque de cheminée aux armes de Delahaye et portant la date de 1511. On trouve ce nom écrit tantôt en un seul mot, tantôt en trois mots séparés.

Le premier que nous ayons à signaler est JEAN DELA-HAYE qui était seigneur de la Bousselle, de Montreuil-aux-Lions, etc. Il avait épousé Jeanne de Margonivalle et eut pour fils Hilaire Delahaye. Hilaire fut auditeur des comptes et conseiller du roi Henri IV, position que lui valut sa conduite pendant la ligue. Il habitait tantôt Charly, tantôt une maison à Paris, située rue de la Chanvrerie. Il est mort le 27 mai 1626, et a été inhumé à Saint-Nicolas-des-Champs. De son mariage avec Marie Gilles, il avait eu quatre enfants : — Jean, — Georges, qui fut jésuite, puis évêque de Nicée ; et deux filles, — Marie, qui épousa Claude De Midorge, — Madeleine qui épousa Denis Doujat. Des discussions d'intérêt firent faire l'inventaire de son mobilier à Charly, le 7 juillet 1626, par Nicolas Gorlidot, notaire royal à Charly. C'est un document de cent quarante-six pages, fort intéressant, qui ne peut être reproduit ici, à cause de sa longueur, et qui nous fait connaître ce que possédait Delahaye et la valeur des objets à cette époque.

Le fils aîné, JEAN DELAAYE, fut seigneur de Ventelet, de la Bousselle, etc., Conseiller au Parlement de Paris, sous Louis XIII, puis il fut nommé ambassadeur à Constantinople, de 1641 à 1665. En 1660 on fit courir le bruit à Paris que le grand-vizir, furieux de ce que la France avait envoyé des secours aux Vénitiens dans l'île de Candie, qui voulait son émancipation, avait fait arracher les cheveux et les dents à l'ambassadeur Delahaye, qui en serait mort de douleur. C'est Guy Patin qui le raconte dans ses lettres ; mais, un peu plus loin, il dit que ce bruit est inexact, que l'ambassadeur a été maltraité, mis en prison pendant quelque temps, puis relâché (1). Delahaye a habité Charly, et avait épousé Madeleine de Polluau, qui y mourut en 1683.

Il existe à la Bibliothèque nationale (2) plusieurs lettres de Delahaye au gouvernement du roi, lettres datées de Péra, sa résidence à Constantinople, le 23 février et le 12 avril 1645, le 10 mars 1646, et une autre de Louis XIV, datée du 2 janvier 1650, dont nous extrayons un passage qui fait honneur à l'ambassadeur et au monarque. Louis XIV faisait le plus grand cas des services de son représentant à Constantinople.

..... « Je me suis résolu de vous ordonner de conti-
« nuer un employ dont vous ne serez pas de sitost
« relevé, parce qu'il seroit difficile qu'un autre pust si
« bien mesnager ces deux importantes affaires que vous
« qui avez acquis envers moy et mes alliez beaucoup
« d'estime. Je vous donne un moyen d'accroistre de
« mérite, estant bien asseuré que vous en profiterez.
« Aussy devez vous croire que les récompenses vous
« seront distribuées selon vos services et que c'est du
« meilleur de mon cœur que je prie Dieu qu'il vous ait,
« Monsieur Delahaye Ventelay en sa sainte garde.
« Escrit à Paris le IIe jour de janvier 1650.

Signé : « LOUIS. »

(1) Guy Patin, *Lettre* 557, du 1er fév. 1661 ; Edit. Réveillé-Parise, t. III, p. 318, 332. — Lamartine, *Histoire de la Turquie*, t. VI.

(2) Collection Clairambault, T. 398, fol. 8111, 8855. — T. 404, fol. 3381. — T. 425, fol. 7941.

Jean Delahaye eut sept enfants. DENIS DELAHAYE, l'aîné, né en novembre 1625, lui succéda en 1665 à l'ambassade de Constantinople où il resta quatre ans. Il a publié la relation de son ambassade (1) dans une lettre à Louis XIV, lettre de 52 pages. Il raconte qu'il est arrivé à Constantinople en novembre 1665, qu'il résidait à Péra, que les deux premières audiences du Sultan ont été plus que froides ; que le Sultan ne s'étant pas levé à la première audience, Delahaye, à la seconde, s'est assis de suite sur le tabouret préparé pour lui, sans saluer comme cela se pratique ; qu'il avait emmené avec lui De Polluau ; qu'il fit tirer 2,000 coups de canon à l'occasion de la conquête des Flandres, ce qui ne manqua pas de frapper d'étonnement le Sultan et fut considéré comme un acte très hardi ; qu'il eut beaucoup de difficultés pour se maintenir à la hauteur d'une situation très tendue ; qu'il sut toujours faire respecter son titre de représentant du Grand Roi et qu'après une résidence de quatre ans (1665-1669) il fut rappelé, par lettres royales en date du 15 avril 1669, et s'embarqua le 7 décembre de la même année. Il fut nommé ensuite envoyé extraordinaire en Bavière, où il séjourna douze ans, et de là nommé ambassadeur à Venise en 1685, où il resta dix-huit ans. Il fut rappelé en France sur sa demande, et, en récompense de ses longs services, Louis XIV le nomma conseiller d'État et lui accorda une pension. Il se retira à Charly en 1703 et y mourut le 22 mars 1722, dans son château de Saint-Brisson, âgé de quatre-vingt-seize ans et cinq mois. Pendant son ambassade en Bavière, il

(1) Des Molets, *Continuation des mémoires de littérature et d'histoire*, in-12, T. IV, p. 243-295.

négocia le mariage de la Princesse de Bavière, fille du
Grand Electeur, avec le Dauphin, aïeul de Louis XV (1).

Son acte de décès dans les registres de l'état civil
de Charly est ainsi conçu : « Messire Denis Delahaye-
« Ventelet, chevalier, seigneur de Saint-Brisson et
« autres lieux, Conseiller d'Etat et cy-devant Ambassa-
« deur pour le Roy dans plusieurs cours étrangères
« mort et décédé en son chasteau de Charly-sur-Marne,
« âgé de quatre-vingt-dix-huit ans environ, fut inhumé
« dans sa chapelle audit lieu, dans l'église paroissiale
« de la paroisse le vingt-deux mars 1722. »

Il avait épousé en secondes noces Catherine Groppo,
veuve de Jean-Jules-César de Béatian, laquelle avait un
fils, Denis de Béatian, chevalier de Saint Georges, seigneur de Mont-Désert, baron souverain et héréditaire
d'Icarie, qui mourut à Charly à l'âge de vingt-sept ans
et fut inhumé dans l'église paroissiale, dans la chapelle
Delahaye le 19 janvier 1713, en présence de son beau-
père.

Quant à Catherine Groppo, veuve de Denis Delahaye, elle est morte à Charly le 17 février 1747 à l'âge
quatre-vingt-trois ans, et a été inhumée dans sa chapelle le 18 février 1747, ainsi que le constate son acte
de décès : « Dame Madame Catherine Groppo, veuve
« de Messire Denis Delahaye, chevalier, seigneur de
« Saint-Brisson, de la Bousselle et autres lieux, vivant
« Conseiller d'Etat et Ambassadeur pour le Roy en
« plusieurs cours étrangères, est morte âgée de quatre-
« vingt-trois ans environ, le dix-sept et a été inhumée
« dans sa chapelle, qui est dans cette église, le dix-huit

(1) Journal historique sur les matières du temps, ou Journal de
Verdun, juin 1722, p. 450.

« février mil-sept cent-quarante-sept, en présence des
« témoins soussignés. » (*Reg. de l'état civil de Charly*).

Denis Delahaye avait plusieurs frères et sœurs qui
moururent sans postérité. Sa sœur Angélique, née vers
1620, épousa au mois de décembre 1664 De La Mothe
Le Vayer, qui avait été précepteur de Louis XIV et
était historiographe de France. Il était âgé de soixante-
dix-huit ans lors de ce mariage et il mourut huit ans
après (1). Denis Delahaye eut pour fils Marc Delahaye
né à Venise en 1693, qui épousa Elisabeth-Françoise
de L'Escolle et qui mourut à Charly le 24 juin 1758 :
il était seigneur de Saint-Brisson, la Bousselle, Drachy,
Pisseloup, etc. — Il eut six enfants dont cinq fils : l'un
d'eux, Denis-René-Marc Delahaye, né en 1732, devint
procureur général des requêtes de l'Hôtel ; il avait été
mousquetaire de la Garde du Roi. Il est mort célibataire
à Charly, le 23 mai 1752. Voici son acte d'inhumation,
d'après les registres de la paroisse :

« Messire Marcq marquis Delahaye, âgé de soixante-
« cinq ans environ, chevalier, seigneur de La Bousselle,
« Saint-Brisson, Drachy, Pisseloup et autres lieux, veuf
« de feue Dame Françoise-Elisabeth De L'Escolle, est
« mort le 24 de ce mois à 3 heures du matin, après
« avoir reçu les sacrements de l'Eglise, et a été enterré
« en sa chapelle size en l'Eglise de ce lieu, le 25 juin
« 1758, en présence de messire Etienne-Robert de L'Es-
« chassier, chevalier, seigneur de Méry, conseiller du
« Roy en sa Cour des Aides et de maître Claude-Antoine
« Fayet, notaire royal et procureur fiscal audit Charly
« et autres témoins soussignés. »

(1) Guy Patin, *Lettre* du 30 décembre 1664. T. III, p. 32.

Le dernier représentant de cette importante famille était CHARLES DELAHAYE, né le 28 août 1733. Il avait été, comme son frère, mousquetaire de la Garde du Roi, 2ᵉ compagnie, et devint en 1756, procureur général des requêtes de l'Hôtel et des Grande et Petite Chancellerie de France.

Le blason de Delahaye était : *Parti de trois traits, chevronné et contre chevronné d'or et de gueules, de l'un et l'autre.*

ANTOINE REMIOT

Il vivait à Charly au commencement du dix-septième siècle, et fut reçu en 1633 apothicaire de la reine Anne d'Autriche. Son brevet est daté de Saint-Germain en Laye, le 5 décembre de la même année. Il épousa Marie Potel de Charly et eut pour fille Marguerite Remiot, qui épousa Jean Morin, lequel fut apothicaire à Charly à la place de son beau-père. Son portrait, peint à l'huile, est conservé dans la famille Boullenger.

ANTOINE DE MESVILLIERS

Il était fils d'Antoine de Mesvilliers, qui est mort revêtu de la charge de secrétaire du roi, du nombre des cinquante-quatre. Il est né en 1615, devint conseiller et secrétaire du roi, maison Couronne de France. Il avait la seigneurie de la Masure ou Bois-Villiers. Il est mort à Charly, et a été inhumé dans l'église de la paroisse, le 1ᵉʳ décembre 1679, âgé de 64 ans. Sa famille était alliée avec la famille De La Loge et avec la famille Colbert, c'est ce qui explique la naissance d'Ambroise Colbert à Charly, le 31 août 1635. Sa fille Anne-Elisabeth de Mesvilliers, née à Charly en 1658, avait épousé le 24 novembre 1678 Alexis Henry De La Loge, conseiller du roi et commissaire ordinaire des guerres.

Armes : *D'or au chevron de gueules, chargé d'une patte de griffon d'argent et accompagné en chef de deux merlettes de sable et en pointe d'un serpent ondoyant d'azur, lampasse de gueules.*

LES ABBÉS ROMELOT

Cette famille très ancienne a fourni à Charly un instituteur, Jean-Jacques Romelot et plusieurs prêtres, Pierre-Antoine Romelot, Charles-Bruneau-Bonaventure Romelot, et Jean-Louis Romelot. Charles-Bruneau-Bonaventure Romelot est mort en 1837, curé de Saint-Jean Baptiste à Elbeuf, complètement oublié à Charly. Il n'en est pas de même des deux autres.

ROMELOT, Pierre-Antoine, né à Charly le 26 février 1705, était fils de Nicolas Romelot et de Marie Téret. Ordonné prêtre, il devint grand vicaire et doyen de l'église de Bourges, syndic du clergé. Il fut élu prieur commendataire de l'abbaye des bénédictins Saint-Pierre et Saint-Paul de Coincy. Il est mort à Bourges le 13 septembre 1777, âgé de 72 ans, et fut inhumé dans l'église, souterraine de la cathédrale, près la porte d'entrée du sépulcre à gauche. On lit sur sa pierre tumulaire l'inscription suivante : *Hic jacet Petrus Antonius* ROMELOT, *Caroli loco ad Matronam natus, sacræ Facultatis Parisiensis licentiatus, hujus ecclesiæ decanus, obiit 13 septembris 1777, ætatis 72.* C'est le dernier doyen de l'église de Bourges qui soit mort en possession de cette première dignité de

l'ancien chapitre. C'était un des prêtres les plus distin-
gués de la cathédrale de Bourges.

ROMELOT, Jean-Louis, né à Charly le 13 janvier 1766,
était fils de Louis-Simon Romelot, tonnelier et de Catherine Beaumont. Après ses études ecclésiastiques, il fut
nommé chanoine de la cathédrale de Bourges où il avait
été précidé par son oncle l'abbé Pierre-Antoine Romelot.
L'abbé Romelot était un homme d'une grande modestie.
Lorsque la Révolution éclata, il émigra en Angleterre
jusqu'en 1793. Il revenait à Charly chez sa mère, lorsqu'il fut arrêté près de La Ferté-sous-Jouarre et déporté
à Cayenne, où il séjourna jusqu'en 1801. De retour en
France, il revint à Laon, où il connut les noms de ses
dénonciateurs. Le 8 septembre 1822, l'abbé Leconte et
lui, après plus de vingt ans de séparation, s'étaient donné
rendez-vous à Charly, y chantèrent une messe solen-
nelle, et y visitèrent leurs nombreux parents. Ce fut la
dernière visite de l'abbé Romelot à Charly. Il mourut le
27 mai 1826, dans son canonicat de Bourges. Bien qu'il
eût perdu pendant la Révolution une partie de ce qu'il
possédait à Charly, il consacra ce qui lui restait de fortune à la fondation d'une bourse au séminaire de Soissons pour l'un des membres de sa famille. J.-L. Romelot a publié une *Description historique et monumentale de
l'église de Bourges*, un volume in-8, avec quatre planches,
imprimé à Bourges en 1824.

FAYET

Très ancienne famille aujourd'hui éteinte. Elle a
fourni des notaires à Charly depuis 1635 jusqu'en 1801,
c'est-à-dire pendant cent-soixante-six ans. Le dernier

membre de cette famille fut Claude-Antoine Fayet, qui fut notaire de 1775 à 1801. Il exerça pendant trois ans les fonctions de bailli (1787-1790), et lorsque ces magistrats furent remplacés par des juges de paix nommés à l'élection, il fut élu pour remplir ces fonctions. Il est mort le 17 nivôse an XI (6 janvier 1803), à l'âge de quatre vingt-deux ans.

MORIN

Ancienne famille originaire du Poitou, arrivée à Charly au commencement du dix-septième siècle, éteinte aujourd'hui.

Le premier, Jean MORIN, né à Mortagne, fut apothicaire à Charly et y épousa la fille de Remiot. Parmi ses enfants, Jean MORIN (1660-1697) fut apothicaire comme lui. Ce dernier eut cinq enfants, et l'un de ses fils, Jean Morin, fut chirurgien à Charly. Le chirurgien Jean Morin eut quatre enfants, une fille et trois garçons, François Morin, Jean-Pierre Morin et Nicolas Morin, qui tous trois furent chirurgiens, le premier à Nogent-l'Artaud, le second à Charly, le troisième à Paris. Jean-Pierre Morin eut trois garçons dont l'aîné fut chirurgien à Charly, le cadet prêtre et le troisième, orfèvre. De telle sorte que la famille Morin a exercé la chirurgie à Charly pendant plus d'un siècle.

Nicolas MORIN, qui fut chirurgien à Paris, est né à Charly en 1735. Il se fit recevoir maître en chirurgie à Versailles. En 1762, il était à Goettingue (Hanovre) avec nos armées ; en 1773 il devint chirurgien ordinaire ou du commun de la reine Marie-Antoinette. Quand éclata la Révolution, il vint se réfugier au hameau de Porteron, et est mort célébataire à Charly, chez son oncle, le 17 juin 1795. Il n'a rien écrit. Son portrait à l'huile est conservé dans la famille Boullenger.

Louis-Alexandre MORIN, dit Cadet, né à Charly en 1754, fut nommé prêtre vers 1783 ou 1784. Il devint chanoine de Sainte-Geneviève, professa la philosophie pendant un an, et fut en 1785 nommé prieur curé de Crouttes. Lors de la Révolution, il prêta le serment civique et se maria en 1802 à Solange Pétel. C'était un homme d'un esprit fin, sceptique, d'un grand savoir. En 1796, il fut élu président de l'administration municipale du canton de Charly, pour la transcription des mariages, naissances et décès. Cette fonction dura peu de temps et ce fut le seul rôle qu'il joua à Charly. Il mourut sans postérité le 11 mars 1847.

Ambroise-Marie-Théodore MORIN se fit recevoir chirurgien et exerça sa profession à Charly, pendant près d'un demi-siècle : il mourut le 15 août 1825.

DE LA LOGE DE SAINT-BRISSON

Le premier membre de cette famille que nous trouvions à Charly est Alexis Henry De La Loge, né vers 1644. Il était écuyer, sieur De La Loge, conseiller du Roi, commissaire ordinaire des guerres et avait épousé le 24 novembre 1678 Anne-Elisabeth De Mesvilliers qui était parente de Marguerite De Mesvilliers, femme de Charles Colbert, Intendant général du Bailliage du Vermandois et président au présidial de Reims, oncle du grand Colbert. C'est très probablement cette alliance qui le fixa à Charly. Il est mort à Charly le 22 mars 1716, à l'âge de soixante-douze ans et a été inhumé dans l'église.

Du mariage d'Alexis Henry de La Loge avec Elisabeth de Mesvilliers sont nés six enfants : 1° Gaspard-Alexis, né le 16 août 1676, — 2° Jean-Alexis Ier, né le 5 novembre 1681, — 3° Simon, né le 17 octobre 1682, mort le 9 septembre 1694, — 4° Charles, né le 3 avril 1684, mort le 29 mai 1684, — 5° Jean, né le 25 novembre 1685, — 6° Gabrielle, née le 27 mai 1687, morte à Nogent-l'Artaud le 4 avril 1655.

De Jean-Alexis Ier et de Anne Jolly, son épouse, est né en 1714, Jean-Alexis II qui épousa Charlotte-Colombe Sannois. C'est lui qui fut le dernier seigneur de Charly. Il avait été administrateur général des domaines à Montauban. De son mariage sont nés quatre enfants : 1° Charles-Jean Henry De La Loge, — 2° Louis-Ferdinand Henry De La Loge, — 3° Jeanne-Charlotte Henry De La Loge, — 4° Augustine-Marie Henry De La Loge. Des intérêts de famille rappelèrent en 1754 à Charly Jean-Alexis Henry De La Loge. Il acheta le 10 août 1760 le château et le fief de Saint-Brisson, dont il ajouta le nom à celui De La Loge. En 1787, il acheta la seigneurie de Charly. On connaît la persécution dont il a été l'objet lors de la Révolution. Il mourut à Charly le 14 brumaire an VIII (4 novembre 1800) et fut inhumé dans le cimetière près de la chapelle qui avait été celle du château. Sa femme était morte un an auparavant (13 prairial, an VII, 3 juin 1799.)

Louis-Ferdinand Henry De La Loge épousa Marie-Françoise Baudon et est resté tout à fait étranger à Charly. Il est mort à Passy-sur-Marne (Aisne) le 12 décembre 1839. Il eut pour fils Alexis-Armand Henry De La Loge, décédé à Passy, le 23 mars 1804, à l'âge de vingt-deux ans et inhumé à Charly, et Alphonse-Charles Henry De La Loge. Ce dernier eut pour fils Georges-Louis-Marie De La Loge, né à Passy le 16 octobre 1827, actuellement existant. En 1873 il s'est pourvu auprès du garde des Sceaux, à l'effet d'obtenir l'autorisation d'ajouter à son nom celui de De La Chesnaye, nom de son aïeul maternel, décédé sans postérité mâle.

Jeanne-Charlotte Henry De La Loge épousa Bernard Limeyrac.

Augustine-Marie Henry De La Loge épousa Pierre Jolly, directeur de l'enregistrement à Toulouse.

Charles-Jean HENRY DE LA LOGE, qui devint prêtre, est né à Montauban le 29 novembre 1752. Il fit de remarquables études classiques à Juilly et, étant sur les bancs, il collabora d'une façon anonyme à la *Telemachiada*, traduction du Télémaque en vers latins par le P. Viel. Il fut ordonné prêtre en 1777 à Saint-Jean-des-Vignes, à Soissons, et très jeune encore, fut nommé vicaire général à Montauban. La Révolution venant d'éclater, son père voulut fuir ; le jeune vicaire général qui avait accompagné son évêque, député du clergé aux états généraux, vint rejoindre sa famille à Charly en 1791. L'abbé De La Loge s'était fait aimer à Charly, avant que les événements le forçassent à y venir chercher une retraite. Il continua à y dire la messe en secret et à baptiser dans quelques maisons sûres. Arrêté avec son père et conduits tous deux à Château-Thierry, ils furent bientôt mis en liberté. En 1795 il put redire publiquement la messe à Charly, devint curé de Crouttes jusqu'en 1802, époque où il fut rappelé à Soissons. Il y fut nommé successivement chanoine honoraire, grand pénitencier, puis chanoine titulaire en

1808, vicaire général en 1815 et plus tard supérieur du couvent des Minimes et de la Congrégation de Notre-Dame de Bon-Secours de Charly. Il mourut à Soissons le 16 novembre 1837.

Cette famille est aujourd'hui tout à fait étrangère à Charly.

Le nom patronymique de De La Loge est Henry. Les armes étaient : *D'azur à une croix d'or cantonnée de quatre losanges de même et au chef cousu d'azur (?) chargé d'un lion passant d'argent, lampassé et armé de gueules.*

TRANCHARD.

TRANCHARD (A.-B.), était fils de Nicolas-Barthélemy Tranchard, notaire à Charly. Il fit des études de jurisprudence relatives au notariat. On a de lui la brochure suivante : « *Coup de finances* de 311,125,000 francs ou exposé de la situation actuelle du notariat, de l'arpentage et de l'enregistrement, relativement au fisc, à l'intérêt général et à celui des familles, etc. 15 octobre 1817. Paris, in-4°, chez Dondey-Dupré. » C'est tout ce qui a paru. Tranchard est resté étranger à Charly.

L'ABBÉ LECONTE.

Louis-Dominique LECONTE est né à Charly le 12 février 1760. Son père Jean Louis Leconte était organiste et instituteur, avait été syndic en 1760 et fut maire en 1790. A l'âge de douze ans, le 2 juin 1772, il fut reçu organiste chez les Bénédictins de Rebais ; en 1777 il fut clerc tonsuré à l'abbaye de Saint-Jean-des-Vignes, fut ordonné prêtre à Rouen en 1787, devint chanoine et principal du collège de Bayeux en 1816. Il est mort dans cette ville en 1841. C'était un homme d'une grande bonté, d'un esprit fin et délicat.

MARIE-ANNE-FRANÇOISE LECONTE.

Marie-Anne-Françoise LECONTE, est née à Charly le 5 mars 1761. Elle se fit religieuse Bernardine à l'abbaye

Marie-Anne-Françoise Leconte.

royale de Pont-aux-Dames, près Meaux. Pendant la période la plus agitée de la Révolution, elle se réfugia à Charly et sut, par un jugement et un tact exquis, malgré

sa jeunesse, échapper à toutes les tribulations auxquelles sa profession religieuse et ses convictions sem-
blaient devoir l'exposer. C'est le 3 mars 1806 qu'elle
fonda, avec mesdemoiselles Delaplace et Lemaire, la
maison de Notre-Dame de Bon-Secours pour l'éducation des jeunes filles. Elle est décédée à Charly le 8 janvier 1844, au milieu de sa communauté. Son cœur repose dans la chapelle du couvent.

LE COLONEL PÉTEL.

François-Crescent PÉTEL est né à Charly le 16 avril
1769 ; il était fils de Nicolas Pétel et de Marie-Madeleine
Fleury. Quand la patrie fut déclarée en danger, il s'em-
gagea volontairement le 21 juillet 1791. Le 21 mars
1794, il était capitaine au premier bataillon de tirailleurs
de la frontière, passait le 20 mai 1796 au 27° régiment
d'infanterie légère, puis au 3ᵉ en 1798. Le 30 mai 1807,
il fut promu chef de bataillon, au 22° régiment d'infanterie légère, était major en second en 1811, major en
premier en 1812, et le 24 janvier 1814, il était promu
colonel du 75ᵉ régiment d'infanterie de ligne. Le 12 mai
1815, il fut nommé commandant de place à Haguenau,
fut mis en non-activité la même année. Le 24 septembre
1830, il reprit du service comme commandant de place
à Givet et fut mis définitivement à la retraite le 28 octobre 1833. Il est mort à Paris le 26 mars 1848, âgé de
79 ans.

Le colonel Pétel fut un héroïque soldat. Il avait fait
les campagnes du Nord, des Alpes, d'Italie, des côtes de
l'Océan, de la Grande Armée, de Naples, d'Italie, de
Calabre, d'Espagne et du Rhin. Au combat d'Amstettin,
contre les Russes, le 5 novembre 1805, il reçut deux

balles qui ont traversé les deux cuisses ; à Leipzig il fut encore blessé d'une balle à la jambe gauche.

Le 27 janvier 1814, à l'affaire de Saint-Dizier, il contribua beaucoup au succès de cette journée. Commandant la première brigade de la division Duhesme, il passa le premier le pont avec une douzaine d'hommes du 2ᵉ de ligne, malgré le feu de l'infanterie ennemie et une grêle de mitraille qui tombait sur le pont ; ensuite il contint l'ennemi et facilita le passage à l'armée. Le même soir, le général Duhesme (1) demandait dans son rapport de l'avancement pour le colonel Pétel. (Documents officiels du Ministère de la guerre.)

Le colonel Pétel comptait 36 années de services, 24 campagnes et 3 blessures. Il fut nommé chevalier de la Légion d'honneur le 5 novembre 1804, officier le 17 mars 1815, chevalier de l'ordre royal des Deux-Siciles le 9 juillet 1811 et chevalier de Saint-Louis pendant la Restauration.

LE COMMANDANT CORNETTE.

Amand-Prosper CORNETTE est né à Charly le 7 juillet 1772. Il partit volontaire en 1792, fut promu sous-lieutenant le 23 septembre 1800, lieutenant le 7 septembre 1803, capitaine le 9 juin 1808, chef de bataillon le 14 mars 1813, et admis à la retraite après trente ans de services révolus le 19 août 1822.

Il fut nommé chevalier de la Légion d'honneur le 6 août 1811.

---

(1) Le général Duhesme, blessé à Waterloo, a été achevé par les Prussiens de Blucher, en dépit des principes sacrés de la guerre et de l'humanité.

Il fit les campagnes du Nord, du Danube, du Rhin, du Hanovre, de la Grande Armée, de l'armée d'Espagne et les dernières campagnes de 1813 et 1814. Il fut blessé en Espagne et en Allemagne. Il appartenait au 8ᵉ régiment d'infanterie de ligne.

Lorsque la Révolution de Juillet 1830 eut renversé les Bourbons de la branche aînée et que la garde nationale fut rétablie dans toute la France, le commandant Cornette fut élu chef du bataillon de Charly. Il est mort dans sa maison de Ruvêt le 21 mars 1847, à l'âge de soixante-quinze ans, et selon sa volonté, il fut inhumé dans un tombeau qu'il avait fait creuser dans son jardin, et revêtu de son vieil uniforme de commandant. Son portrait peint par Noté est conservé dans sa famille.

LE CAPITAINE BOULLENGER.

François-Amand Boullenger, fils de Louis Boullenger greffier à Charly, est né le 14 septembre 1775. Il partit volontairement avec ses trois frères en 1792, à la formation du 5ᵉ bataillon du département de l'Aisne. Ses deux frères périrent sur le champ de bataille. Il fut nommé sous-lieutenant le 13 octobre 1801, lieutenant le 2 juin 1803, capitaine le 3 mars 1807. Le 1ᵉʳ octobre de la même année, il était nommé chevalier de la Légion d'honneur. Il appartenait au 8ᵉ régiment d'infanterie de ligne et comptait dix-neuf campagnes. Il est mort à Charly le 18 avril 1863, aimé et estimé de tous, comme le plus brave, le plus loyal, le plus délicat des hommes. Il conservait précieusement une pieuse relique, un lambeau de son drapeau du 8ᵉ régiment de ligne, qu'il avait juré de ne pas quitter. C'était un bonheur pour lui de montrer cette relique, aux couleurs passées, trouée par la mitraille et sur laquelle on lisait encore cette devise en lettres d'or *Honneur et Patrie*. C'était aussi celle du capitaine Boullenger. Comme son ami le commandant Cornette, il fut inhumé, revêtu de son vieil uniforme.

JEANNE-CHARLOTTE LEVIEL.

Jeanne Charlotte LEVIEL est née à Charly le 12 novembre 1777. Elle acquit à Paris dans le commerce une belle fortune qu'elle consacra en partie à des œuvres de bienfaisance et à des fondations charitables à Charly. C'est à elle que l'on doit l'école des frères des Écoles chrétiennes. Elle légua également sa maison et des revenus pour la fondation d'un hospice pour les vieillards à Charly. Cette maison hospitalière a été établie dans l'ancien presbytère de la paroisse le 22 avril 1860. Mademoiselle Leviel voulut y finir ses jours et elle y mourut le 21 novembre 1865 ; selon la parole de l'Evangile, elle avait passé sa vie en faisant le bien.

HOSPICE DE CHARLY.

L'hospice de Charly est dirigé par les sœurs de Notre-Dame de Bon-Secours, sous le contrôle et sous la surveillance d'un conseil d'administration.

Il est à la fois un hospice pour la vieillesse et une maison de retraite pour les personnes peu fortunées. Les pensionnaires des deux sexes y sont admis aux conditions suivantes :

Le prix de la pension en commun est de 600 francs par an, — de 800 francs en chambre particulière, — et plus, suivant les appartements occupés, les soins et la nature des services exigés.

Les pensionnaires en entrant doivent apporter leur lit complet, sans couchette pour les chambres communes, trois paires de draps au moins, et le linge convenable pour leur usage.

Les pensionnaires en chambre fournissent leurs meubles, mais il pourra leur en être fourni par arrangement.

Les pensionnaires ont la jouissance du jardin, d'une assez grande étendue, très agréable et bien aéré.

On peut tous les jours assister à la messe dans l'église paroissiale, à laquelle on communique du jardin.

Les pensionnaires sont assujettis aux règles de la maison pour rentrer aux heures prescrites pour le service intérieur.

La nourriture donnée est saine et abondante ; chaque pensionnaire reçoit par jour un demi-litre de vin. En payant un supplément, on peut se faire servir du vin de Bordeaux.

Le montant de la pension se paye exactement par trimestre et d'avance entre les mains du receveur de l'établissement ; tout trimestre commencé est dû en totalité.

Le pensionnaire doit en entrant constater son état civil par son acte de naissance, de baptême, ou son acte de mariage.

BIENS NATIONAUX.

Un décret des 2-29 décembre 1789 avait mis les biens du clergé à la disposition de la nation, qui devait prendre à sa charge les frais du service ecclésiastique, des hôpitaux, des bureaux de charité, etc.

L'Assemblée Constituante avait décrété (13 mai 1790) la vente de tous ces biens, sous la dénomination de *biens nationaux*. C'est ce décret qui amena la vente des biens que possédaient à Charly l'abbaye de Notre-Dame de Soissons, l'abbaye de Saint-Jean des Vignes, le prieur curé, la fabrique et le bureau de charité de Charly.

I. *L'abbaye de Notre-Dame de Soissons* avait vendu le 22 mai 1787 la seigneurie de Charly à Henry de la Loge (p. 71). Il lui restait encore :

1° La ferme de Beaurepaire, qui fut vendue le 6 prairial an III à Peluche et Vignon;

2° Le bois de Beaurepaire, de 33 arpents;

3° Le bois de la Hargne, de 150 arpents, qui furent vendus en deux fois.

II. *L'abbaye de Saint-Jean aes Vignes* possédait :

1° La petite ferme de Saint-Jean des Vignes, connue sous le nom de Saint-Jean, près de la ferme, et comprenant les bâtiments et 25 arpents de terre. Elle fut vendue le 22 février 1791, moyennant 37,900 livres, à Henry de la Loge, qui la revendit le 3 juillet.

2° La ferme de Porteron, comprenant les bâtiments et 85 arpents. Elle fut vendue le 20 juin 1791, moyennant 29,800 livres.

3° Deux maisons à Charly, vendues le 22 février 1791, moyennant 5,500 livres.

III. *La cure de Charly* possédait :

1° 1 arpent et 43 perches de terres à Saulchery, vendus le 15 avril 1791.

2° 2 arpents et 25 perches de terres à Charly, vendus les 15 et 19 avril 1791.

3° 75 perches de vignes à Charly, vendues le 20 juillet 1791.

4° La petite ferme de Montregnier, comprenant les bâtiments et 117 arpents de terres, vendue le 4 avril 1791, à Jean Antoine Léguillette, qui l'exploitait.

5° Trois maisons près la halle, vendues 8,805 livres.

6° Deux petites maisons, près la maison du curé, avec la porte Bas-Col, vendues 680 livres.

7° Elle possédait encore 2 arpents 44 perches à Pavant.

IV. *La Fabrique* possédait :

1° 2 arpents, 55 perches à Drachy.

2° 33 perches en trois parties à Charly, qui furent vendues 3,725 livres.

3° Mathieu Vigour remit, le 2 floréal an III, 1,500 livres en assignats, provenant du remboursement des rentes de la fabrique.

4° 94 perches à Pavant.

V. *La Charité* de Charly possédait :

1° Une maison à Charly, près de l'église, qui fut vendue à Rouillon.

2° Une maison place de la Grande-Croix, qui fut vendue à Viguier et à Louis Leroux.

3° Une maison près de l'église, qui fut vendue à Louis Bourgeois.

4° 21 livres de rentes.

INDEX BIBLIOGRAPHIQUE

GALLIA CHRISTIANA, t. IX, X.

GERMAIN, *Histoire de l'abbaye royale de Notre-Dame de Soissons*, 1675, 1 vol. in-4.

DE LOUEN, *Histoire de l'abbaye de Saint-Jean-des-Vignes de Soissons*, 1710, 1 vol. in-12.

PÉCHEUR, *Annales du diocèse de Soissons*, 1863-1875, 3 vol. in-8.

Cartulaire de l'abbaye royale de Notre-Dame de Soissons, mis en ordre par François Miquel, en 1739, aux archives de l'Aisne.

CHARTES ET DIPLOMES (*Manuscrits de Don Grenier*), Bibl. nationale.

LEQUEUX, *Antiquités religieuses du diocèse de Soissons*, 1856, 2 vol.

HOULLIER, *Etat ecclésiastique et civil du diocèse de Soissons*, 1783.

DON TAILLANDIER, *Projet d'une Histoire générale de Champagne et de Brie*, 1783, in-4.

MELLEVILLE, *Dictionnaire du département de l'Aisne*, 1863, 2 vol. in-8.

La ruze Mazarine descouverte, etc... 1652, pièce in-4.

LEREDDE, *Notice sur l'abbé de la Loge*, 1838, in-8.

Recueil des édits et déclarations concernant les hôpitaux et maladreries de France, 1675, in-f°.

DON GRENIER, *Cartulaire de l'abbaye de Saint-Jean-des-Vignes*. (Bibl. nationale, manuscrits.)

CLAUDE HATTON, *Mémoires*... de 1553 à 1582, 2 vol. in-4.

MATTON, *Dictionnaire topographique de l'Aisne*, 1871, 1 vol. in-4.

MATTON, *Inventaire sommaire des archives hospitalières de Soissons*, 1875, 1 vol. in-4.

LISTE DES SOUSCRIPTEURS[1]

Bahin (abbé), archiprêtre de Château-Thierry. 1
Bahu, Albert, à Château-Thierry 1
Barbey, ancien notaire, à Château-Thierry. 3
Barbot, pharmacien à Charly. 1
Bardin (élève de Torchet), à Paris. 1
Baron-Leroi, à Saulchery. . . . 1
Barras, Amédée à Charly. . . . 1
Barthélemy, ancien notaire. . . 1
Bataille, Armand, à Paris. . . 2
Bataille, Frédéric (madame), à Charly. 1
Bataille, H., cons. d'arron¹. . . 5
Bataille, Paul, à Passy-en-Valois. 2
Bataille, Pierre, à Charly. . . 2
Batardy, notaire à Paris. . . . 1
Baulant (madame), à Charly. . 3
Beaupère (madame), à Paris. . 1
Berthélemy, à Charly. 1
Bibliothèque de la Société populaire de Château-Thierry. . . 1
Bibliothèque de la ville de Château-Thierry. 1
Bigorgne, père, à Marigny. . . 1
Bigorgne, fils, à Marigny. . . . 1
Blaireau, à Charly. 1
Blanchard, abbé, curé de Nogent-l'Artaud. 1
Blaviez, à Charly. 1
Bosquillon, juge de paix à Charly. 4
Boudin fils, à Paris 1

Boullenger-Bailleux, à Paris. . 1
Boullenger (madame), à Charly. 1
Bouquery, à Charly 1
Bourniche, de Saulchery. . . . 1
Brejon, Emile, à Pavant. . . . 1
Briet, à Charly. 1
Briet, à Saulchery. 1
Brulé (l'abbé), curé de Remansart. 1
Bruneau, à Charly. 1

Cabaret-Boéjat, à Charly. . . . 1
Camus, aîné, à Charly. 2
Carré, à Epieds. 2
Carré-Catinaux, à Charly . . . 2
Cazelles, Dr en droit, à Paris. . 2
Chaloin, avoué, à Château-Thierry. 1
Champion, libraire, à Paris. . 4
Champion, père à Longpont . . 1
Champion, Paul, à Beaurepaire. 1
Chartier, contrôleur, à Paris . . 1
Chassin, à Paris. 2
Chevalier, conseiller d'arrondissement, à Saulchery 1
Chrétien, à Charly 1
Clozier-Salmon, à Bassevelle. . . 1
Cocu, à Nogent. 1
Copinet, à Charly. 1
Coutelier, Emile, à Charly. . . 3
Coutelier, avoué à Château-Thierry. 2
Couture, à Paris. 3

(1) Le chiffre indique le nombre d'exemplaires demandés par chaque souscripteur.

Dalibon, maire de Charly. . . . 2
Darié, à Château-Thierry. . . . 1
Dartevelle (madame), à Charly. 1
Debout, médecin-major, à Rouen. 1
Delahaye-Pinçon à Charly . . . 1
Delaplace, chanoine à Soissons. 1
Delaplace, Alexandre, à Charly. 1
Delaplace-Bréjon (madame), à
    à Charly. 1
Delaplace, Louis, id. 1
Delaplace, Pierre, id. 1
Delettre, greffier, id. 1
Démarcq, Henri, id. 1
Demoncy, Alfred, id. 1
Demoncy, Aristide, à Paris. . . 1
Demoncy, Emile, à Charly. . . 1
Desgranges, à Charly. 1
Donon, D⟨r⟩ médecin, à Saint-Cyr. 1
Dubois, père, à Charly. 1
Duclert, à Charly. 4
Duclert (madame), à Château-
    Thierry 1
Duclert, à Montreuil-aux-Lions. 1
Dumont-Nitot, à Paris. 4
Dupuis, notaire, à Château-
    Thierry 1

Encelain, avoué, à Château-
    Thierry 1
Epron, D⟨r⟩ Médecin, à Château-
    Thierry 1

Ferton, maire de Chierry. . . 1
Figuet, père, à Ruvêt. 1
Fisseux-Menusier, à Charly . . . 1
Fitremann, Avoué à Paris. . . 1
Flichy, Conseiller général, à
    Charly. 20
Flichy, Léon, licencié en droit . 5

Gautier, à Charly. 1
Garnier, à Ruvet. 1
Garnier-Chouart, à Charly. . . 1
Garnier, Emile, de Domptin. . 1

Garousse, à Charly 1
Gencourt, à Charly 1
Geoffroy (l'abbé), curé de Fresnoy. 2
Gilquin (l'abbé), à Chauny. . . 5
Gilquin, Alphonse, à Charly. . 1
Gilquin, Alphonse, à Paris. . . 1
Gobert, notaire, à Charly. . . . 10
Godefroy, Léon, à Paris. . . . 1
Gosse, curé doyen de Charly. . 1
Gourdon, Amédée, à Charly. . . 1
Gouy (Marquis de), à Villiers. . 1
Gratiot, Frédéric (madame), à
    Charly. 1
Gratiot-Marteau, à Saulchery. . 1
Gratiot, percepteur à Charly. . 2
Groult, Camille, à Paris. . . . 1
Guérinet, Léon, à Charly. . . . 1
Guillaume, agent - voyer, à
    Neuilly 1
Guyot, agent-voyer, à Charly. 1
Guyot Senicourt, à Charly. . . 1

Hachette, Inspecteur général
    des Ponts et chaussées, à Paris. 1
Haquin, Constant, à Charly. . . 1
Henriet, avoué, à Paris. 1
Hivet, instituteur, à Charly. . . 2

Institution de N.-D. de Bon-
    Secours. 5

Jannesson, à Charly 1
Josse, agent-voyer, à Château-
    Thierry 1
Jovenay (l'abbé), à Château-
    Thierry. 1

Kerouartz (comte de), à Nogent 4

Ladoucette (baron de), à Viels-
    Maisons. 2
Laforge, instituteur à Bézu. . . 1

Lambert (l'abbé), docteur en théologie, chanoine honoraire, vicaire à N.-D des Victoires à Paris 1

Lamerre, Pierre, à Charly. . . . 1

Lamiche (madame), à Château-Thierry. 1

Langlet-Guérinet, à Charly. . . 1

La Rochethulon (comte de) . . . 2

Latizeau, Oscar, à Charly. . . . 1

Lecoq, Léon, à Paris. 1

Leduc de Latournelle (madame), à Charly. 5

Lefranc-Beaucôté, id. 1

Lefranc-Boucher, id. 1

Lefranc, Jules, médecin à Saint-Gobain 1

Lefranc, Louis-Pierre, à Charly. 1

Lefranc-Ragot, id. 1

Léguillette, aîné, id. 1

Léguillette, Charles, père, id. . 10

Léguillette, licencié en droit . . 5

Léguillette-Duclert, à Yssonge. 1

Léguillette, Frédéric (madame), à Charly. 5

Léguillette, marchand de grains, à Charly. 1

Léguillette, à Pavant. 2

Lemaire, abbé, à l'Ommelet. . 1

Lhomme, licencié ès lettres à Beauvais 2

Loquin-Nitot, à Paris. 1

Lourdez, à Paris. 1

Maciet, Jules, à Paris. 10

Madelain, Auguste, à Charly. . 1

Madelain Emile, id. 1

Madelain Lamiche (madame), id. 1

Madelain à Ruvet. 1

Mantel, à Charly. 1

Mantel (madame), id. 1

Mantel-Pétel (madame), à Château-Thierry. 1

Marteau, Louis, à Charly 1

Martinet à Charly. 1

Masson-Potel (madame), id. . . 1

Masson, à Nogent. 1

Mathelin, Léon, à Paris. 1

Mayeux, à Château-Thierry. . 1

Michel, Amand, à Charly. . . . 1

Michel, à Citry. 5

Millot, Dr médecin, à Beauvais. 1

Milon, directeur d'école communale, à Paris. 1

Mitteaux père, à Charly. 1

Molin, à Nogent. 1

Moreau, Frédéric, à Paris. . . 1

Morlot, licencié en droit, à Paris. 5

Moulin père, à Château-Thierry. 2

Moulin fils, notaire à Sainte-Menehould. 1

Niclot, à Charly. 20

Niquet, à Paris. 2

Nitot (madame), à Charly. . . 1

Odiot, curé de Fargnier. . . . 1

Pascal, à Charly. 1

Péricart, père, à Charly. . . . 1

Périn, juge honoraire, à Soissons 1

Pétel, Léon, à Charly. 2

Pétel (madame), à Charly. . . . 1

Petit, Dr médecin, à Charly. . 1

Petit, Dr médecin, à Château-Thierry. 1

Petit-Lorrain, à Charly. 1

Pigalle, Conseiller de préfecture, à Alger. 1

Pille, Maire de Chézy. 2

Pinçon, à Charly. 1

Poiré (madame), à Charly. . . 2

Poirel-Barbier, à Charly. . . . 1

Potel, Eugène, à Charly. 5

Potel, Lucien, à Charly. 5

Prat, Dr Médecin à Paris, membre de la Société d'anthropologie. 1

Pupin, Employé à la Faculté de médecine. 1

Quillé, licencié en droit, à Paris. 1

Rabec-Pinçon, à Paris. 1
Ransillia-Moulin, à Vincennes. 1
Regnault-Delaplace (madame), à
    Charly. 1
Remy, Jules, à Charly. 1
Réthoré, à Jouarre. 1
Rollet, à Château-Thierry. . . . 1
Romagny, à Château-Thierry. . 1
Romelot, Henri, à Charly. . . . 1
Rouyer (madame), à Charly. . . 1
Roux, à Charly. 1
Royer, Louis (Essômes). 1

Sabine, père, à Charly. 1
Salmon, père, à Charly. 1
Salmon, Edmond, à Charly. . . 5
Salmon, L., notaire, à La Ferté-
    sous-Jouarre 2
Sarazin, à Charly. 1
Schmitz, avocat, à Paris. . . . 1
Société historique de Château-
    Thierry. 1

Taupin, à Château-Thierry. . . 1
Thibierge, D, médecin, à Paris. 1
Thiercelin, à Charly. 1
Tillancourt (vicomte de), . . . 1
Thomas, sous-bibliothécaire à la
    Faculté de médecine. 1

Varlet fils, à Charly. 2
Vérette, Principal honoraire
    à Château-Thierry 1
Véron-Clozier (madame), à Charly 1
Vervost, à Nogent. 1
Vignon, C., à Romeny 1
Vignon, géomètre, à Charly. . . 1
Vuilbert, curé à Saulchery. . . 1

Wagner, à Charly. 1

Yvonnet, à Charly. 1

Chedaille (abbé), supérieur du collège Saint-Charles, à Chauny. . . . 1
Fournaise (mesdemoiselles Eugénie et Joséphine), de Neufchâtel-sur-
    Aisne. 1
Hourlier-Fournaise, à Reims. 1
Lalouette, à Marle. 1
Lecoq, conseiller général, à Jaulgonne. 1
Palant (abbé), curé de Cilly. 1
Pécheur (abbé), curé de Crouy (Aisne). 1
Vincent (abbé), vicaire général, à Soissons. 1

ERRATA

Page 40, ligne 15, au lieu de 20 onces,   *lisez :* 12 onces.
— 163, — 13, — Tillet, L.-A., — Anseric.
— 204, — 23, — Lenglet, — Langlet.
— 252, — 7, — Lenglet, — Langlet.

TABLE

Additions :

9 782013 495691